Ich Komme Von Dort, Wo Die Sonne Untergeht

Geschichten, Träume und Legenden der Schamanen Nordamerikas

Herausgegeben
von Thomas Jeier

WILHELM HEYNE VERLAG
MÜNCHEN

HEYNE ALLGEMEINE REIHE
Nr. 01/10673

Umwelthinweis:
Das Buch wurde auf chlor- und säurefreiem
Papier gedruckt.

Copyright © 1999 by Wilhelm Heyne Verlag GmbH & Co. KG, München
http://www.heyne.de
Printed in Denmark 1999
Umschlagillustration: LOOK/Christian Heeb, München
Umschlaggestaltung: Atelier Ingrid Schütz, München
Satz: (3226) IBV Satz- und Datentechnik GmbH, Berlin
Druck und Bindung: Nørhaven, Viborg

ISBN 3-453-13668-3

Inhalt

Reise in eine andere Welt 7

SCHWARZER HIRSCH
Das große Gesicht 11

JOHN LAME DEER/RICHARD ERDOES
Zu den Eulen und Schmetterlingen sprechen 33

MARI SANDOZ
Die Adlergrube 59

THOMAS JEIER
Das Lied der Cheyenne 81

WALTER HANSEN
Die Reise des Prinzen Wied zu den Indianern 99
Brauchtum, Mythen und Magie

AMINA AGISCHEWA
Die Stimme, die mich rief 119

ADOLF HUNGRY WOLF
Ein alter Indianer erzählt ... 141

WILL HENRY
Der lange Winter in Lapwai 153

JAMES FENIMORE COOPER
Die Frau aus der Bibel 193

THOMAS BERGER
Little Big Man 211

DOROTHY M. JOHNSON
Bittere Medizin 229

RUTH BEEBE HILL
Hanta Yo 247

CARLOS CASTANEDA
Die Lehren des Don Juan 259

Reise in eine andere Welt

Die Erde ist unsere Mutter: Die nordamerikanischen Indianer sahen den Menschen als Teil eines Kosmos, in dem alle Dinge und Lebewesen lebendig waren und über eine Seele verfügten. Er war genauso abhängig vom Willen der Geister und Dämonen wie Tiere und Pflanzen, Berge, Flüsse und Steine, Erde und Sand. Die Indianer mußten der Natur mit großer Ehrfurcht begegnen, weil sie durch ein rücksichtsloses Vorgehen das Gleichgewicht gestört und ihre Existenz gefährdet hätten. Durch aufwendige Zeremonien und Gebete, Tänze und Gesänge versuchten sie die Geister zu besänftigen, denn diese kontrollierten das ganze Leben im Kosmos und konnten Sandstürme, Überschwemmungen und andere Katastrophen schicken. Die ständige Furcht vor den Geistern zwang die Indianer, die Natur mit anderen Augen zu sehen, als es die »zivilisierten« Weißen taten, die für Naturereignisse und Katastrophen einfache Erklärungen fanden und den Geisterglauben der Indianer als Hokuspokus abtaten. Ein Wirbelsturm braust über das Land, weil die Menschen ein Tabu verletzt haben. Ein Feuer zerstört die Wälder, weil das Volk keine Opfer gebracht hat. Die Büffel oder Antilopen bleiben aus, weil die Männer vor der Jagd nicht getanzt haben.

Heilige Männer, auch Schamanen oder Medizinmänner genannt, vermittelten zwischen der realen und der anderen Wirklichkeit, reisten in die andere Welt, um mit den Geistern zu sprechen. Von dieser »anderen Wirklichkeit« sprach schon der griechische Philosoph Plato im 4. Jahrhundert vor Christus, als er das Beispiel eines angeketteten Gefangenen brachte, der in den Schatten an der Zellenwand die eigentliche Bedeutung seines Daseins erkannte. Die

Schamanen fungierten als Vermittler zwischen den Menschen und den geheimnisvollen Kräften des Universums und bemühten sich nach besten Kräften, die Geister zu versöhnen und Unheil vom Stamm abzuhalten. Ein Schamane war Priester, Arzt, Politiker, Unterhalter und Zauberer in einer Person und bei vielen Völkern angesehener als der Häuptling.

Der Mensch als Teil einer Natur, in der alle Lebewesen gleichberechtigt waren – so sahen die Indianer sich selbst, und so erklärt sich ihre Ehrfurcht vor allen Ereignissen oder Begegnungen, die für sie geheimnisvoll oder unerklärbar waren. Von solchen Begebenheiten berichtet diese Sammlung. In den Geschichten und Buchauszügen wird deutlich, welche außerordentliche Rolle die Geisterwelt bei den nordamerikanischen Indianern spielte, und welche Bedeutung tagelange Zeremonien wie der Sonnentanz hatten. Das hat sich bis heute nicht geändert. Obwohl das Christentum auch die Reservate erobert hat, glauben viele Indianer noch an Geister, und in den Bergen von Wyoming und Montana wird noch immer der Sonnentanz abgehalten. Denn die Natur hat ihre Geheimnisse niemals verraten.

Thomas Jeier

»Meine Brüder und meine Freunde, die ihr heute vor mir steht. Der Große Geist hat uns alle erschaffen, und er hört, was ich euch heute zu sagen habe. Der Große Geist hat uns alle erschaffen. Er hat euch Land gegeben, und er hat uns Land gegeben. Ihr kamt zu uns, und wir haben euch als Brüder empfangen. Als der Allmächtige euch erschuf, gab er euch eine weiße Haut und Kleider. Als er uns erschuf, gab er uns eine dunkle Haut, und wir waren arm. Als ihr vor vielen Wintern kamt, waren wir viele und ihr wenige. Ihr wißt nicht, wer zu euch spricht. Ich repräsentiere die originale amerikanische Rasse, die ersten Menschen auf diesem Kontinent. Wir sind gut und nicht schlecht. Die Berichte, die ihr über uns lest, sind einseitig. Ihr hört, daß wir Mörder und Diebe sind. Das ist nicht wahr. Wenn wir mehr Land hätten, würden wir es euch geben, aber wir haben keins mehr. Wir wurden auf eine kleine Insel getrieben und wollen, daß ihr uns helft! Wir wollen den Frieden! Werdet ihr uns helfen?«

Red Cloud in Washington, D.C. (1870)

SCHWARZER HIRSCH

Das große Gesicht

Was nach diesem bis zu dem Sommer, da ich neun Jahre alt wurde, sich ereignet hat, ist keine Geschichte. Winter gingen dahin und Sommer, und sie waren gut; denn die Uaschitschun hatten ihre Eisenstraße der Platte entlang gebaut und reisten auf ihr. So wurde die Büffelherde in zwei Teile geteilt, doch die, die in unserem Land geblieben, waren nicht zu zählen, und wir bewegten uns ungestört durch unser Land.

Hin und wieder, wenn ich allein im Freien war, kehrten die Stimmen zurück, so als rufe mich jemand, doch wußte ich nicht, was sie wünschten. Das geschah nicht sehr oft, und wenn es nicht geschah, vergaß ich es bald; denn ich wurde nun größer; ich ritt Pferde und konnte mit meinem Bogen Präriehühner und Kaninchen schießen. Die Knaben meines Volkes begannen sehr früh das Tun der Männer aufzunehmen, und niemand lehrte uns; wir lernten, indem wir einfach taten, was wir sahen, und wir waren Krieger in einem Alter, da heute die Jungen noch wie Mädchen sind.

Es war in dem Sommer, als ich neunjährig wurde; unser Volk zog langsam gegen die Rocky Mountains hinauf. Wir lagerten eines Abends in einem Tal bei einem kleinen Fluß, gerade bevor dieser in das Fette Gras einfließt, und da war ein Mann, genannt Mann-Hüfte (Man Hip), der mich gut mochte und mich einlud, mit ihm in seinem Tipi zu essen.

Als ich aß, kam eine Stimme, die sagte: »Es ist Zeit; nun rufen sie dich.« Die Stimme war so laut und deutlich, daß ich ihr glaubte, und ich dachte, ich sollte gerade hingehen, wo sie mich haben wollte. So stand ich auf und ging hinaus. Als ich aus dem Tipi trat, begannen mich beide Schenkel zu schmerzen. Dann war mir, als erwache ich aus einem Traum, und da war keine Stimme. So ging ich in das Tipi zurück, aber ich wollte nicht mehr essen. Mann-Hüfte blickte mich merkwürdig an und fragte mich, was denn geschehen sei. Ich sagte ihm, daß meine Beine mich schmerzten.

Am nächsten Morgen rückte das Lager wieder weiter, und ich ritt mit einigen Knaben zusammen. Wir hielten an, um an einem Bach zu trinken. Doch als ich vom Pferd stieg, gaben meine Beine unter mir nach, und ich konnte nicht gehen. So halfen mir die Jungen und setzten mich auf mein Pferd. Als wir an diesem Abend das Lager aufschlugen, war ich krank. Am Tag darauf zog das Lager gegen einen Ort, wo die verschiedenen Gruppen unseres Volkes zusammentreffen sollten, und ich fuhr in einem Pony-Wagen, denn ich war sehr krank. Meine beiden Beine und beide Arme waren arg geschwollen, und mein Gesicht war gedunsen.

Als wir wiederum lagerten, befand ich mich in unserem Tipi, und Mutter und Vater saßen neben mir. Ich konnte durch die Öffnung im Zelt hinaussehen. Plötzlich kamen zwei Männer aus den Wolken, Kopf voran, schräg wie Pfeile herabgeglitten, und ich wußte, es waren dieselben, die ich früher gesehen hatte. Jeder trug einen langen Speer, an dessen Spitze ein zackiger Blitz zuckte. Sie stiegen diesmal vollständig auf den Boden nieder, standen in einiger Entfernung, blickten mich an und sagten: »Eile! Komm! Deine Großväter rufen dich!«

Dann wandten sie sich ab und fuhren schräg aufwärts, wie von einem Bogen geschnellt. Als ich mich erhob, um ihnen zu folgen, schmerzten mich meine Beine nicht mehr, und ich fühlte mich sehr leicht. Ich trat aus dem Tipi, und von dort, wo die Männer mit den flammenden Speeren hingegangen, nahte sehr rasch eine kleine Wolke. Sie kam und ließ sich herab, dann nahm sie mich in sich auf und kehrte zurück, von wo sie gekommen, mit großer Geschwindigkeit. Und als ich hinabblickte, konnte ich dort meine Mutter und meinen Vater sehen. Es tat mir leid, daß ich sie verließ.

Und dann war nichts mehr als die Luft und die Eile der kleinen Wolke, die mich trug, und jene beiden Männer, die noch immer höher strebten, bis dort weiße Wolken wie Berge in einer weiten, blauen Ebene übereinandergeschichtet standen, in denen Donnerwesen wohnten, die hinliefen und aufleuchteten.

Dann aber war plötzlich nichts mehr als eine einzige Welt von Wolken, und wir drei waren dort allein in einer großen, weiten Steppe mit schneeigen Hügeln und Bergen, die uns entgegenstarrten; und es war sehr still; aber da war ein Geflüster.

Und die beiden Männer redeten miteinander, und sie sagten: »Sieh es an, das Wesen mit vier Beinen!«

Ich schaute hin und sah ein rotbraunes Pferd dort stehen, das zu sprechen begann: »Sieh mich an!« sagte es, »meine Lebensgeschichte sollst du sehen.« Und dann lief es nach der Richtung, wo die Sonne hinabgeht, und sprach: »Schau sie an! Du sollst ihre Geschichte erfahren.«

Ich sah hin, und da waren dort zwölf schwarze Pferde, alle nebeneinander, mit Halsketten aus Büffelhufen, und sie waren schön; aber ich fürchtete mich, denn ihre Mähnen waren Blitze, und Donner kam aus ihren Nüstern.

Dann lief das rotbraune Pferd nach der Richtung, wo der große weiße Riese wohnt (nach Norden), und sagte: »Sieh her!« Und da standen nebeneinander zwölf weiße Pferde. Ihre Mähnen fluteten wie ein Schneesturm. Ein Brüllen kam aus ihren Nasen, und weiße Gänse flogen und kreisten über ihnen. Dann rannte das rotbraune Pferd nach der Richtung, wo die Sonne ständig scheint (nach Osten), und hieß mich schauen. Dort standen nebeneinander in der Reihe zwölf fuchsrote Pferde, mit Halsketten aus Hirschzähnen, mit Augen funkelnd wie der Morgenstern und Mähnen wie Morgenlicht.

Dann lief das rotbraune Pferd wiederum und blickte nach dem Ort, wo ihr immer hinseht (nach Süden), und dort standen zwölf rehbraune Pferde, alle nebeneinandergereiht, mit Geweihen auf den Köpfen und Mähnen, die lebten und wuchsen wie Bäume und Gras.

Nachdem ich all das gesehen, sprach das rotbraune Pferd: »Deine Großväter halten einen Rat. Sie werden dich aufnehmen; darum sei mutig.«

Und alle Pferde stellten sich in Reih und Glied, immer vier nebeneinander – die schwarzen, die weißen, die fuchsroten und die rehbraunen –, und hielten sich hinter dem rotbraunen, das sich jetzt nach Westen wandte und wieherte. Plötzlich tauchte dort am Himmel ein schrecklicher Sturm von Pferden aller Farben herauf, der die Welt mit seinem Donner erschütterte und Antwort wieherte.

Jetzt wandte sich das rotbraune Pferd gegen Norden und wieherte. Dort dröhnte der ganze Himmel von einem gewaltigen Sturm rennender, vielfarbener Pferde, die zurückwieherten.

Und als es gegen Osten wieherte, war auch dort der Himmel erfüllt von glühenden Wolken und Mähnen und Schweifen vielfarbener Pferde, die zurücksangen.

Dann rief es nach Süden, und er war erfüllt von vielfarbenen, fröhlichen Pferden und ihrem Wiehern.

Nun sprach das rotbraune Pferd wiederum zu mir: »Sieh, wie alle deine Pferde zum Tanz kommen!« sagte es. Ich blickte hin, und da waren Pferde, Pferde überall – ein ganzer Himmel voller Pferde, die mich im Tanz umzogen.

»Beeile dich!« sagte das rotbraune Pferd; und wir gingen zusammen, Seite an Seite, indessen die schwarzen, die weißen, die fuchsroten und die rehbraunen in Viererreihen folgten.

Wieder blickte ich mich um, und plötzlich verwandelten sich die zahllosen tanzenden Pferde in Tiere und in Vögel jeder Art, und diese flohen nach den vier Himmelsrichtungen, woher die Pferde gekommen, und verschwanden. Darauf, während wir gingen, sahen wir vor uns aufgetürmt eine Wolke, die sich in ein Tipi verwandelte, durch dessen Eingang blickend ich sechs alte Männer in einer Reihe sitzen sah.

Die zwei Männer mit den Speeren standen nun neben mir, an jeder Seite einer, und die Pferde, zugeordnet den vier Himmelsrichtungen, blieben in ihrer Vierer-Aufstellung und schauten hinein. Und der älteste von den Großvätern sprach in freundlichem Ton: »Komm ganz herein und fürchte dich nicht.« Sowie er also sprach, da wieherten mir alle Pferde aus den vier Himmelsgegenden aufmunternd zu. Nun ging ich hinein und stellte mich vor die sechs, und sie sahen älter aus, als Menschen je sein können – wie Berge alt, wie Sterne.

Der Älteste redete wiederum: »Deine Großväter, welche die Großväter der ganzen Welt sind, halten einen Rat, und sie haben dich hierhergerufen, um dich zu unterrichten.« Seine Stimme klang sehr freundlich, aber ich bebe vor Furcht an allen Gliedern, denn ich wußte, daß dies keine alten Männer waren, sondern die Mächte der Welt. Und der erste war die Macht des Westens; der zweite die des Nordens; der dritte die des Ostens; der vierte die des Südens; der fünfte die des Himmels; der sechste die der Erde. Ich wußte dies und war darob erschrocken, bis der erste Großvater wieder anhob: »Betrachte sie dort, wo die Sonne hinabgeht, die Donnerwesen! Sehen und haben sollst du von ihnen meine Kraft; und sie werden dich zu der hohen und einsamen Mitte der Erde bringen, damit du das siehst. Selbst an den Ort, wo die Sonne ständig scheint, werden sie dich hinbringen, damit du verstehst.«

Und als er vom Verstehen sprach, blickte ich auf und sah den Regenbogen mit vielfarbigen Flammen über mich hinlaufen. Jetzt aber hielt er eine hölzerne Schale in der Hand, und sie war gefüllt mit Wasser, und in dem Wasser ruhte der Himmel.

»Nimm dies«, sagte er, »es ist die Kraft, Leben zu schaffen, und sie gehört dir.«

Jetzt hielt er einen Bogen in seinen Händen. »Nimm dies«, sprach er. »Es ist die Macht zu zerstören, und sie gehört dir.« Darauf zeigte er auf sich selbst und sprach: »Sieh ihn gut an, der nun dein Geist ist, denn du bist sein Leib, und sein Name ist Adlerschwinge-spreitet-sich (Eagle Wing Stretches).«

Sowie er dies sagte, erhob er sich. Er war gewaltig groß, ging hinaus und eilte in die Richtung, wo die Sonne untergeht; und plötzlich war er ein schwarzes Pferd, das anhielt und sich wandte und zu mir zurücksah. Das Pferd aber sah sehr schwach und krank aus; seine Rippen standen hervor.

Da erhob sich der zweite Großvater, der vom Norden, mit einem heilkräftigen Kraut in seiner Hand und sagte: »Nimm dieses und mach schnell.« Ich nahm es und hielt es dort unten dem schwarzen Pferde hin. Es nahm zu, wurde munter und kam stolzierend an seinen Platz zurück, wo es wieder der erste Großvater war, der dort saß.

Der zweite Großvater, der aus dem Norden, sprach nun erneut: »Fasse Mut, junger Bruder«, sagte er, »auf Erden sollst du ein Volk zum Leben bringen, denn dein wird sein Kraft von des weißen Riesen Flügel, der reinigende Wind.« Dann stand er auf, sehr groß und ging und rannte gegen Norden; als er sich aber gegen mich umwandte, war er eine kreisende weiße Gans. Jetzt blickte ich um mich, und die Pferde im Westen waren Donner, und die Pferde des Nordens waren Gänse. Und der zweite Großvater sang zwei Sänge, die lauteten:

>»Sie erscheinen, mögest du sie sehen!
>Sie erscheinen, mögest du sie sehen!
>Das Donnervolk erscheint, so sieh!
>Sie erscheinen, mögest du sie sehen!
>Sie erscheinen, mögest du sie sehen!
>Das weiße Gänsevolk erscheint, so sieh!«

Und nun hob der dritte Großvater zu sprechen an, der, von wo die Sonne beständig scheint. »Fasse Mut, junger Bruder«, sagte er, »denn sie werden dich quer über die Erde bringen!« Dann zeigte er dorthin, wo der Morgenstern glänzte, und unter dem Stern flohen zwei Männer hin. »Von ihnen wirst du Macht empfangen«, sagte er, »von ihnen, die alle Dinge auf der Erde erweckt haben, mit Wurzeln oder Beinen oder Flügeln.« Und als er dies sagte, hielt er in seiner Hand eine Friedenspfeife, auf deren Rohr ein gefleckter Adler ausgestreckt war. Dieser Adler schien lebendig, denn er lag dort und flatterte, und seine Augen schauten zu mir her. »Mit dieser Pfeife«, sagte der Großvater, »wirst du über die Erde wandern, und was immer krankt, machst du wieder heil.« Dann wies er auf einen Mann, der war über und über glänzend rot, von der Farbe des Guten und der Fülle. Sowie er auf ihn zeigte, legte der rote Mann sich nieder; er wälzte sich und verwandelte sich in einen Büffel, um als solcher aufzustehen und den fuchsroten Pferden des Ostens entgegenzugaloppieren, und auch sie wurden Büffel, stattlich und in großer Zahl.

Und nun sprach der vierte Großvater, der von dem Ort, nach dem man immer hinsieht (dem Süden), woher die Kraft des Wachstums kommt. »Junger Bruder«, sagte er, »mit den Mächten der vier Orte sollst du zusammengehen als ihr Verwandter. Schau, die lebendige Mitte eines Volkes werde ich dir geben, und damit wirst du viele erretten.« Und ich sah, er hielt in seiner Hand einen glänzenden roten Stab, der war lebendig, und als ich ihn betrachtete, begann er an seinem Ende zu sprossen und Zweige auszusenden. Aus den Zweigen wuchsen viele Blätter hervor, die rauschten, und in den Zweigen fingen die Vögel zu singen an. Und nach einer kurzen Weile schien mir, ich sehe darunter, im Schatten, umzäunte Dörfer von Menschen und alle lebendigen Dinge, mit Wurzeln oder Beinen oder Flügeln, und alle waren fröhlich. »Ich werde in der Mitte vom Kreise des Volkes stehen«, sagte der Großvater, »als Stab, daran zu wandern, und sein eines Volkes Herz. Durch deine Kraft sollst du es blühen machen.«

Und nachdem er kurze Zeit dem Gesang der Vögel gelauscht, sprach er aufs neue: »Betrachte die Erde!« So schaute ich hinab und sah sie unten liegen wie einen Reifen voller Menschen, und in der Mitte blühte der heilige Stab, der jetzt ein Baum war, und an seinem Fuße kreuzten sich zwei Straßen, eine rote und eine schwarze. »Von dort, wo der Riese wohnt (dem Norden), bis dorthin, wo man stets hinsieht (dem Süden), führt die rote Straße, die Straße des Guten«, sagte der Großvater, »und sie soll dein Volk begehen. Die schwarze Straße führt, von wo die Donnerwesen wohnen (dem Westen), dorthin, wo die Sonne ständig scheint (nach Osten), eine gefahrvolle Straße, ein Weg der Wirrsal und des Krieges. Auch auf dieser Straße sollt ihr gehen, und von ihr erhältst du die Macht, eines Volkes Feinde zu vernichten. In vierfachem Anstieg sollt ihr mit Macht über die Erde ziehen.«

Ich glaube, er meinte, ich sollte vier Geschlechter sehen, das meinige mitgerechnet, und jetzt sehe ich das dritte.

Dann erhob er sich, sehr groß, und ging hinaus und eilte gegen den Süden und war ein Wapiti; doch als er dort bei den Rehfarbigen stand, da waren auch sie lauter Wapitis. Nun sprach der fünfte Großvater, der älteste von ihnen allen, der Geist des Himmels. »Mein Junge«, sagte er, »ich habe nach dir geschickt, und du bist gekommen. Meine Macht sollst du sehen!« Er breitete seine Arme aus und wurde zu einem gefleckten kreisenden Adler. »Sieh«, sagte er, »alle geflügelten Tiere der Luft werden zu dir kommen, und die Winde und die Sterne werden wie deine Verwandten sein. Du wirst mit meiner Kraft begabt über die Erde ziehen.« Dann erhob sich der Adler hoch über meinen Kopf und schlug in der Höhe mit seinen Flügeln; alsbald war der Himmel von freundlichem fliegendem Getier erfüllt, das gegen mich herabgeschwebt kam.

Nun, wußte ich, war der sechste Großvater an der Reihe zu sprechen, er, welcher der Geist der Erde ist, und ich sah: Er war sehr alt, viel älter als Menschen sind. Sein Haar war lang und weiß, sein Gesicht ganz von Runzeln durchfurcht, und seine Augen saßen tief und waren trübe. Ich sah ihn fest an, denn etwas an ihm schien mir bekannt; und wie ich ihn so anblickte, verwandelte er sich langsam und wuchs zurück in seine Jugend. Sowie er wieder zum Knaben geworden, da wußte ich, daß ich selbst es war, mit all den Jahren, die schließlich die meinen sein würden. Als er wieder alt geworden, sagte er: »Mein Junge, fasse Mut, denn meine Kraft soll die deine sein, und du wirst sie nötig haben, denn dein Volk wird auf Erden viel Schweres erleiden. Komm.«

Er stand auf und wankte hinaus durch das Regenbogen-Tor. Und als ich ihm folgte, ritt ich auf einmal auf dem rotbraunen Pferd, das zuerst zu mir gesprochen und mich an diesen Ort geführt hatte.

Dann hielt das rotbraune Pferd an und schaute nach den schwarzen Pferden des Westens, und eine Stimme sagte: »Sie haben dir die Schale mit dem Wasser gegeben, um den grünenden Tag zu beleben, und auch den Bogen und die Pfeile zum Zerstören.« Das Rotbraune wieherte, und die zwölf schwarzen Pferde kamen und stellten sich, Seite an Seite, in Viererreihen, hinter mir auf.

Das Rotbraune schaute nach den Fuchsroten des Ostens, und ich sah, daß sie Morgensterne auf ihren Stirnen trugen. Diese Sterne hatten einen wunderbaren Glanz. Da sprach die Stimme: »Sie haben dir die heilige Pfeife gegeben und die Kraft des Friedens und den guten roten Tag.« Das Rotbraune wieherte, und die zwölf Fuchsroten standen hinter mir, Seite an Seite.

Mein Pferd schaute nun nach den Rehbraunen des Südens, und eine Stimme sprach: »Sie haben dir den heiligen Stab gegeben und den Kreis deines Volkes sowie den gelben Tag. In die Mitte des Kreises sollst du den Stab setzen und ihn zu einem schirmenden Baum aufwachsen lassen und zu voller Blüte.« Das Rotbraune wieherte, und die zwölf Rehbraunen kamen und stellten sich hinter mich, Seite an Seite. Und da wußte ich, daß auf allen den Pferden hinter mir Reiter saßen, und eine Stimme sprach: »Nun sollst du mit diesen die schwarze Straße ziehen; und wenn ihr sie zieht, so werden alle Völker, die Wurzeln haben oder Beine oder Flügel, euch fürchten.«

So brach ich gen Osten auf, die gefahrvolle Straße hinreitend, und hinter mir die Berittenen in Viererreihen – die schwarzen, die weißen, die fuchsroten und die rehbraunen – und weit in der Höhe über der gefahrvollen Straße erhob sich, sehr trübe, der Morgenstern.

Ich schaute unter mich hinab, wo schweigend in einem grünlichen Schein die Erde lag, und ich sah die Hügel und das Gras auf den Hügeln und alle Tiere erschrocken aufblicken; und überall rings um mich waren Schreie aufgescheuchter Völker und das Rauschen fliehender Flügel. Ich war der Führer all jener reitenden Himmel, und als ich zurücksah, bäumten sich die zwölf Pferde und schlugen aus und donnerten, und ihre Mähnen und Schweife waren wirbelnder Hagel, und ihre Nüstern schnoben Blitze. Und als ich nochmals hinunterblickte, sah ich den schrägen Hagel fallen und den langen scharfen Regen, und wo wir vorbeikamen, verneigten sich die Bäume tief, und alle Hügel lagen in trübem Dunst.

Und jetzt war die Erde wieder hell, während wir ritten. Ich konnte die Hügel und Täler und die Bäche und Flüsse unter uns hinziehen sehen. Wir kamen an einen großen Platz, wo drei Ströme zu einem einzigen, großen wurden – eine Quelle mächtigen Gewässers –, und etwas Schreckliches war dort. Flammen stiegen aus dem Wasser, und in den Flammen wohnte ein blauer Mann. Rings über ihm in der Luft wölkte Staub, das Gras war kurz und verdorrt, die Bäume schlaff; zweibeinige und vierbeinige Wesen lagen keuchend und abgemagert herum, auch Vögel, die zu schwach zum Fliegen waren.

Darauf riefen die Reiter auf den schwarzen Pferden »Hoka hey!« und sprengten zum Angriff auf den blauen Mann, doch wurden sie zurückgewiesen. Und die weiße Truppe rief und ging vor und wurde geschlagen; danach auch die rote und die gelbe.

Und als sie alle abgewiesen worden, riefen sie miteinander: »Adlerschwinge-spreitet-sich, mache schnell!« Und allüberall ertönten Stimmen jeder Art, die mich ermutigten, so stieß ich zum Angriff vor. Ich hatte die Schale mit dem Wasser in der einen Hand, in der andern trug ich den Bogen, der zum Speer wurde, als ich und das Rotbraune vorgingen, und die Speerspitze war ein scharf leuchtender Blitz. Sie durchbohrte des blauen Mannes Herz, und als sie traf, hörte ich den Donner rollen und viele Stimmen rufen »Un-hi!« was bedeutete: Ich hätte getötet. Die Flammen erloschen. Bäume und Gräser waren nicht mehr welk und verschrumpft; sie murmelten freudig miteinander, und alles, was da lebte, gab mit der Stimme, wie es sie nun hatte, seiner Fröhlichkeit laut. Dann fielen die vier Reitergruppen über den Körper des Mannes her, und plötzlich lag da nur noch eine harmlose Schildkröte.

Du siehst, ich war mit den Sturmwolken gefahren und dann als Regen zur Erde gekommen, und ich hatte die Dürre mit der Kraft, welche mir die sechs Großväter gegeben, bezwungen. So ritten wir nun auf der Erde dem Fluß entlang, der flutend voll war von der Quelle der Gewässer, und bald sah ich vor mir das umzäunte Dorf eines Volkes im Tal. Und eine Stimme sagte: »Siehe ein Volk: Es ist deines. Beeile dich, Adlerschwinge-spreitet-sich!«

Reitend kam ich in das Dorf mit den vier Pferdegruppen hinter mir – der schwarzen, der weißen, der fuchsroten und der rehbraunen; und der Platz war erfüllt von Stöhnen und von Klagen um die Toten. Der Wind blies von Süden heran wie Fieber, und als ich mich umschaute, da sah ich fast in jedem Tipi die Frauen und die Kinder und die Männer sterbend neben den Toten liegen.

So ritt ich den Kreis des Dorfes ab und schaute auf die Kranken und Toten. Da fühlte ich in mir großes Weinen, während ich hinritt. Doch als ich hinter mich sah, erhoben sich alle Frauen, Kinder und Männer und kamen mit frohen Gesichtern heraus.

Und eine Stimme sprach: »Sieh, sie haben dir die Mitte des Stammeskreises gegeben, auf daß du sie lebendig machst.« Da ritt ich zur Mitte des Dorfes, mit der vierfältigen Pferdegruppe um mich, wo sich nun die Leute versammelten. Und die Stimme sprach: »Jetzt gib ihnen den blühenden Stab, auf daß sie gedeihen mögen, und die heilige Pfeife, auf daß sie die Macht kennen, welche der Friede ist, und den Flügel des weißen Riesen, damit sie Ausdauer erlangen und allen Winden mutig Trotz bieten.«

So faßte ich den glänzenden roten Stab, und in der Mitte des Stammeskreises stieß ich ihn in die Erde. Als er den Boden berührte, bewegte er sich mächtig in meiner Hand und war ein Uagatschun, der raschelnde Baum, sehr hoch und voll blättriger Äste und singender Vögel. Unter ihm waren alle Tiere mit den Menschen versammelt wie mit Verwandten und stießen Freudenschreie aus. Die Frauen stimmten ihr Freudengetriller an, und alle Männer riefen: »Hier werden wir unsere Kinder aufziehen und sein wie Küken unter Scheos Flügel.«

Darauf hörte ich den weißen Wind sachte durch den Baum wehen und singen, und von Osten kam die heilige Pfeife auf ihren Adlerflügeln geflogen; sie hielt vor mir dort unter dem Baume an und verbreitete rings um ihn tiefen Frieden. Und dann erhob sich der Morgenstern, und eine Stimme sagte: »Ich werde für sie ein Verwandter sein; und wer das sehen wird, der wird viel mehr sehen, denn von dort kommt Weisheit; doch die es nicht sehen, die werden dunkel sein.« Und alle Menschen kehrten ihre Gesichter nach Osten, und das Licht der Sterne beglänzte sie, und alle Hunde bellten laut, und die Pferde wieherten.

Als jedoch die vielen kleinen Stimmen schwiegen, sagte die große Stimme: »Betrachte den Kreis des Volkes, denn er ist heilig, da er kein Ende hat; und also werden alle Kräfte nur eine Macht sein in dem Volk ohne Ende. Jetzt sollen sie das Lager abbrechen und sich auf die rote Straße begeben, und euer Großvater wird mit euch ziehen.« Also brachen die Leute das Lager ab; sie betraten die gute Straße mit der weißen Schwinge über ihren Gesichtern; und die Ordnung, in der sie zogen, war folgende:

Zuerst kamen die Reiter auf den schwarzen Pferden mit der Wasserschale; dann die Reiter auf den weißen Pferden mit der weißen Schwinge und dem heilkräftigen Kraut; dann die Reiter auf den fuchsroten Pferden mit der heiligen Pfeife; dann die Reiter auf den rehbraunen Pferden mit dem blühenden Stab. Und diesen folgten im Zuge die kleinen Kinder und die Jungen und die Mädchen.

Zweitens kamen die vier obersten Häuptlinge des Stammes, und ihr Zug bestand aus lauter jungen Männern und Frauen.

Drittens: des Volkes vier Ratgeber; sie führten Männer und Frauen, die weder jung noch alt waren.

Viertens: die alten Männer, an ihren Stöcken humpelnd und auf die Erde schauend.

Fünftens: die alten Frauen, an ihren Stöcken humpelnd und auf die Erde schauend.

Sechstens: ich selbst, allein auf dem rotbraunen Pferd mit dem Bogen und den Pfeilen, welche der erste Großvater mir gegeben. Aber ich war nicht der letzte; denn als ich hinter mich blickte, waren da geisterhafte Völker, gleich ziehendem Nebel, so weit ich sehen konnte – Großväter und Großväter und Großmütter und Großmütter ohne Zahl. Und über diesen lebte eine große Stimme – die Stimme des Südens –, und ich konnte sie wahrnehmen, obwohl sie schwieg.

Und während wir weiterzogen, sagte die Stimme hinter mir: »Sieh, ein gutes Volk wandert auf heilige Weise durch ein gutes Land!«

Dann sah ich auf und erblickte vor mir vier Anhöhen, und das waren die Geschlechter, die ich kennen würde. Jetzt waren wir auf dem ersten Anstieg, und das ganze Land grüßte. Sowie nun der lange Zug ihn erklomm, da erhoben alle alten Männer und Frauen ihre Hände, mit den Flächen nach vorn, und stimmten zusammen einen leisen Gesang an, und der Himmel vor ihnen war erfüllt mit Wolken von Gesichtern kleiner Kinder.

Als wir auf der Höhe des ersten Anstieges angelangt waren, lagerten wir in dem heiligen Kreis wie zuvor, und in der Mitte stand der heilige Baum, und noch immer war das Land um uns grün.

Darauf machten wir uns an den Anstieg und schritten so wie vorher. Noch war das Land grün, aber es wurde allmählich steiler. Und als ich geradaus blickte, verwandelten sich alle Leute in Wapitis und Büffel und selbst in Vögel, alle wanderten miteinander in heiliger Weise auf der guten roten Straße. Und ich selbst war ein gefleckter Adler, der über ihnen hinschwebte. Doch gerade bevor wir anhielten, um auf der Höhe dieses zweiten Anstiegs zu lagern, wurden alle wandernden Tiere unruhig und ängstlich, weil sie nicht waren, was sie gewesen, und sie fingen an, Stimmen der Besorgnis auszusenden und ihren Führern zu rufen.

Und die Stimme sagte: »Sieh dein Volk, und denke an das, was deine sechs Großväter dir gegeben haben, denn hinfort wird dein Volk in Beschwernis wandern.«

Dann brach das Volk das Lager wieder ab und sah vor sich die schwarze Straße, die dort hinführt, wo die Sonne niedergeht und von wo schwarze Wolken heraufkommen; aber sie wollten sie nicht betreten, doch konnten sie nicht bleiben. Und als sie die dritte Anhöhe erstiegen, da rannten alle Tiere und Vögel, die das Volk ausmachten, hierhin und dorthin, denn jedes schien seine eigene kleine Schauung zu haben, der es folgte, und sein eigenes Gesetz; und durch das ganze All konnte ich den Streit der Winde hören, die wie wilde Tiere kämpften.

Als wir die Staffel des dritten Anstiegs erreichten und dort lagerten, da zerbrach der Kreis des Volkes wie ein Rauchband, das zerfetzt wird und sich zerstreut, und der heilige Baum schien hinzusterben, und alle seine Vögel waren verschwunden. Und als ich vorwärts blickte, da erkannte ich, daß der vierte Anstieg schrecklich sein würde.

Als dann aber die Leute sich anschickten, den vierten Anstieg zu beginnen, war die Stimme wie die eines Weinenden, und sie sagte: »Sieh dorthin auf dein Volk.« Und als ich hinabschaute, waren alle in Menschen zurückverwandelt, und sie waren mager, mit spitzen Gesichtern, denn sie hungerten. Ihre Ponies waren nur noch Haut und Knochen, und der heilige Baum war nicht mehr.

Und als ich solches sah und weinte, da gewahrte ich im Norden des Hungerlagers einen heiligen Mann, der am ganzen Leibe rot bemalt war. Der Mann trug einen Speer und trat in die Mitte des Volkes, und dort legte er sich nieder und wälzte sich. Als er sich wieder erhob, stand da ein wohlgenährter Büffel; und wo der Büffel stand, sproßte ein heiliges Kraut aus dem Boden, da wo in der Mitte des Stammeskreises der Baum gestanden war. Das Kraut wuchs und trug vier Blüten an einem einzigen Stiel, als ich es betrachtete – eine blaue, eine weiße, eine scharlachrote und eine gelbe – und ihre glänzenden Strahlen flammten gen Himmel.

Ich weiß nun, was das bedeutete: daß der Büffel die Gabe eines guten Geistes war und unsere Kraft, doch sollten wir sie verlieren; und durch denselben guten Geist mußten wir eine andere Kraft finden. Denn alle Leute schienen sich wieder wohler zu fühlen, als das Kraut gewachsen und erblüht war. Die Pferde schwangen ihre Schweife und wieherten und brüsteten sich, und ich sah einen leichten Hauch von Norden her unter das Volk schweben, gleich einem Geist; und auf einmal war der blühende Baum wieder dort in der Mitte des Stammeskreises, wo das vierstrahlige Kraut in Blüte gewesen.

Ich war noch immer der fliegende gefleckte Adler, und ich sah, daß ich mich bereits auf dem vierten Aufstieg befand, als sich die Leute dort auf dem dritten langen Hügel lagerten. Es war finster und schrecklich um mich her, denn alle Winde der Welt lagen miteinander im Kampf. Und es war wie Gewehr-Schnellfeuer, wie wirbelnder Rauch, und wie wenn über die ganze Welt hin Frauen und Kinder wehklagten und wie das Schreien von Pferden.

Ich sah meine Leute dort herumlaufen, die Stangen für die Rauchklappen einsetzen und ihre Tipis gegen den Wind befestigen, denn die Sturmwolke kam sehr rasch und schwarz auf sie zu, und zahllose erschreckte Schwalben flogen vor der Wolke her.

Dann erhob sich in mir ein Lied der Kraft, und ich sang es dort auf der Mitte dieses schrecklichen Platzes, wo ich mich befand. Er lautete also:

> »Ein gutes Volk will ich leben machen.
> Dies hat das Volk in der Höhe gesagt.
> Sie haben mir dazu die Macht gegeben.«

Nachdem ich das Lied gesungen, sprach eine Stimme: »Nach den vier Gegenden sollst du eilen und Hilfe holen, und nichts soll stark sein vor dir. Schau es an!«

Nun saß ich wieder auf meinem rotbraunen Pferd, weil das Pferd von der Erde ist, und dort sollte meine Kraft gebraucht werden. Sowie ich der Stimme gehorchte und hinschaute, sah ich ein Pferd dort im Westen, ganz Haut und Knochen, von mattem bräunlichem Schwarz. Und eine Stimme sprach: »Nimm dies und bring ihm Genesung.« Und es war das vierstrahlige Kraut, das ich in der Hand hielt. So ritt ich im Kreis um das arme Pferd herum, und während ich das tat, hörte ich drüben das Volk um Geisteshilfe rufen: »A-hey! a-hey! a-hey! a-hey!« Da wieherte das arme Pferd, wälzte sich, stand wieder auf und war ein großer, glänzender schwarzer Hengst mit vielen Flecken, und seine Mähne lag um ihn wie eine Wolke. Er war der Führer aller Pferde; und wenn er schnaubte, gab es blitzendes Licht, und seine Augen waren wie der Abendstern. Er rannte nach Westen und wieherte, und der Westen war erfüllt von einem Staub von Hufen, und Pferde ohne Zahl tauchten aus dem Staub hervor. Darauf rannte er gegen den Norden und wieherte, und nach Osten und Süden, und die Staubwolken antworteten, indem sie unzählige Pferde herausgaben – weiße und fuchsrote und rehbraune, wohlgenährt, glänzend und sich ihrer Flinkheit und Stärke freuend. Das war schön, doch es war auch schrecklich.

Dann hielten sie alle plötzlich an, richteten sich auf, umstanden in einem großen Kreis ihren schwarzen Führer und verhielten sich still. Als sie dort standen, traten in den Kreis vier Jungfrauen, schöner als irdische Frauen sein können, in Scharlach gekleidet, aus jeder Himmelsrichtung eine; eine hielt die hölzerne Wasserschale, eine die weiße Schwinge, eine die Pfeife und eine den Ring des Stammes. Das ganze Weltall schwieg und lauschte; dann erhob der große Hengst seine Stimme und sang. Und dieses war sein Sang:

»Meine Pferde, bäumend kommen sie.
Meine Pferde, wiehernd kommen sie;
In stolzer Haltung kommen sie.
Über das ganze Erdrund kommen sie.
Sie wollen tanzen; mögest du sie betrachten! (viermal)
Ein Pferdevolk, sie wollen tanzen;
Mögest du sie betrachten!« (viermal)

Seine Stimme klang nicht laut, doch drang sie über die ganze erschaffene Welt und erfüllte sie. Da war nichts, das sie nicht vernommen hätte, und sie war schöner als irgend etwas sein kann. So schön klang sie, daß nirgendwo etwas war, das sich des Tanzens enthalten konnte. Die Jungfrauen tanzten und alle die Pferde im Kreis. Die Blätter an den Bäumen, die Gräser auf den Hügeln und in den Tälern, die Wasser in den Schluchten und in den Flüssen und Seen, die Vierbeiner und die Zweibeiner und die geflügelten Vögel der Luft – alle tanzten zusammen zur Weise von des Hengstes Gesang.

Und als ich auf meine Leute dort hinabblickte, glitt die

Wolke über sie hin und segnete sie mit einem freundlichen Regen; und im Osten und über ihr stand ein flammender Regenbogen.

Da schritten alle Pferde singend an ihre Plätze unterhalb des vierten Anstiegs zurück, und alle Dinge sangen mit ihnen, während sie dahinzogen.

Eine Stimme aber sagte: »Über dem ganzen Erdrund haben sie einen Tag des Glücks vollbracht.« Und hinabschauend erblickte ich das ganze weite Tagesrund; das war in großer Pracht und grün, und alle Früchte waren im Wachstum und alle Dinge freundlich und gütig.

Dann sagte eine Stimme: »Sieh diesen Tag, er soll dein Werk sein. Jetzt wirst du auf der Mitte der Erde stehen, um zu schauen, denn dorthin werden sie dich bringen.«

Ich saß noch auf meinem rotbraunen Pferd, und einmal mehr fühlte ich, daß die Reiter des Westens, des Nordens, des Ostens und des Südens hinter mir aufgestellt waren wie zuvor. Wir zogen nach Osten, und geradausblickend sah ich die Berge, mit Felsen und Wäldern, und von den Gebirgen flammten alle Farben aufwärts zum Himmel. Dann aber stand ich auf dem höchsten von allen diesen Bergen und ringsum unter mir in der Tiefe lag der ganze Erdkreis. Und während ich dort stand, sah ich mehr, als ich sagen kann, und ich verstand mehr, als ich sah; denn ich schaute auf heilige Weise die Gestalten aller Dinge im Geiste, und die Gestalt aller Gestalten, wie sie zusammen leben müssen, gleich wie *ein* Wesen. Da sah ich, daß der heilige Ring meines Volkes einer von vielen Ringen war, die einen Kreis bildeten, weit wie Tageslicht und wie Sternenlicht. In der Mitte aber wuchs ein üppig blühender Baum zum Schutze all der Kinder einer Mutter und eines Vaters. Und ich erkannte all dies als heilig.

Dann, als ich dort stand, kamen zwei Männer aus Osten, den Kopf voran wie fliegende Pfeile, und zwischen ihnen erhob sich der Morgenstern. Sie traten herzu, reichten mir ein Kraut und sagten: »Mit diesem wirst du auf Erden alles beginnen und ausführen.« Es war das Morgenstern-Kraut, das Kraut des Verständnisses, und sie hießen mich, es auf die Erde fallen zu lassen. Ich sah es fallen, tief, und als es die Erde berührte, begann es zu wurzeln. Es wuchs und trieb Blüten, vier Blüten an einem Stengel, eine blaue, eine weiße, eine scharlachrote und eine gelbe; und ihre Strahlen strömten aufwärts zu den Himmeln, so daß alle Geschöpfe es sehen konnten und an keinem Ort mehr Dunkel herrschte. Dann sagte die Stimme: »Deine sechs Großväter – nun wirst du zu ihnen zurückkehren.«

Ich hatte bis dahin nicht darauf geachtet, wie ich gekleidet war, nun aber sah ich, daß ich vollkommen rot bemalt war, und meine Gelenke waren schwarz mit weißen Streifen. Mein rotbraunes Pferd hatte über seinen ganzen Leib Streifen aus Blitz, und seine Mähne war Gewölk. Und wenn ich atmete, so war mein Atem Blitz.

Und jetzt führten mich die zwei Männer kopfvoran wie fliegende Pfeile, aufwärts – die beiden, welche mich von der Erde gebracht hatten. Und als ich ihnen auf dem rotbraunen Pferd folgte, verwandelten sie sich in vier Gänsezüge, die kreisend flogen, über jeder Weltgegend eine, und während ihres Fluges schickten sie eine heilige Stimme aus: »Br-r-r-p, br-r-r-p, br-r-r-p, br-r-r-p!«

Dann sah ich vor mir den Regenbogen flammen, über dem Tipi der sechs Großväter, errichtet aus Wolken und mit Wolken gedeckt und geschnürt mit Gurten aus Blitz; und unter ihm waren alle Vögel der Luft und unter ihnen die Tiere und Menschen. Und sie alle freuten sich, auch der Donner klang wie glückliches Lachen.

Als ich durch das Regenbogen-Tor hindurchschritt, drang aus dem ganzen All her frohes Begrüßen, und ich sah die sechs Großväter in einer Reihe sitzen; sie streckten mir die Arme entgegen und die Hände, mit den Handflächen nach außen; und hinter ihnen, im Gewölk, drängten sich Gesichter ohne Zahl, von dem Volk, das erst noch sein sollte.

»Er hat gesiegt!« riefen die sechs miteinander und donnerten. Als ich vor ihnen vorbeiging, gab mir jeder wieder die Gabe, die er mir früher gegeben – die Wasserschale und Bogen und Pfeil, die Macht, Leben zu schaffen und zu vernichten; die reinigende Vogelschwinge; das heilkräftige Kraut; die heilige Pfeife; den blühenden Stab. Ein jeder sprach, der Reihe nach von Westen nach Süden, und erklärte seine Gabe, wie er das früher getan, doch jeder, der sprach, schmolz hinab in die Erde und erhob sich wieder; und wie jeder das tat, fühlte ich mich der Erde näher.

Darauf sagte der Älteste von ihnen allen: »Großsohn, das ganze All hast du erblickt. Jetzt sollst du mit Kraft begabt an den Ort zurückkehren, von dem du gekommen, und dort soll es geschehen, daß Hunderte geheiligt, Hunderte zu Flammen werden! Sieh!«

Ich schaute hinab und sah dort mein Volk, und alle waren wohlauf und heiter, einer ausgenommen, der dort lag wie tot und dieser eine war ich selbst. Da sang der älteste Großvater, und so lautete sein Sang:

»Dort liegt einer auf dem Boden in heiliger Weise.
Dort ist einer – auf der Erde liegt er.
Auf heilige Weise hab ich ihn wandern lassen.«

Jetzt begann das Tipi, aus Gewölk geschaffen, mit Wolke gedeckt unter einem Winde vor- und rückwärts zu schwanken, und der flammende Regenbogen war trübe. Von draußen hörte ich Stimmen aller Art schreien. »Adlerschwinge-spreitet-sich kommt heraus. Seht ihn an!«

Als ich durch die Tür schritt, erschien mir das Gesicht des Erdentages mit dem Morgenstern auf seiner Stirn; und die Sonne ging auf und schaute auf mich, und ich schritt allein fürbaß.

Doch wie ich so allein dahin ging, da hörte ich die Sonne während ihres Aufsteigens singen, und also sang sie:

»In sichtbarer Form erschein ich.
Auf heilige Weise erschein ich.
Ich erfreue die grünende Erde.
Ich habe die Mitte des Stammesrings erfreut.
In sichtbarer Form – schaut mich an!
Die Vier- und die Zweibeiner, ich lehrte sie gehen;
Die Beschwingten in der Luft, ich lehrte sie fliegen.
In sichtbarer Form erschein ich.
Heilig machte ich meinen Tag.«

Als der Gesang verstummte, fühlte ich mich verloren und sehr einsam. Da sprach eine Stimme über mir: »Schau hinter dich!« Es war ein gefleckter Adler, der über mir schwebte und sprach. Ich sah zurück, und wo das flammende Regenbogen-Tipi, aus Gewölk erbaut und mit Wolke gedeckt, gestanden, sah ich jetzt nur den großen Felsenberg in der Mitte der Welt.

Ich war nun ganz allein auf einer weiten Ebene, und meine Füße schritten auf der Erde – allein, nur mit dem gefleckten Adler als Wächter über mir. In weiter Ferne vor mir konnte ich das Dorf meines Volkes sehen, und ich holte kräftig aus, denn Heimweh hatte mich ergriffen. Dann erblickte ich mein eigenes Tipi, und in seinem Innern sah ich meine Mutter und meinen Vater sich über einen kranken Knaben beugen, der ich selber war. Sowie ich in das Tipi eintrat, sagte jemand: »Der Junge kommt wieder zu sich; es wäre gut, ihm etwas Wasser zu geben.«

Dann richtete ich mich auf; ich war traurig, weil meine Mutter und mein Vater nicht zu wissen schienen, daß ich so weit weg gewesen.

JOHN LAME DEER / RICHARD ERDOES

Zu den Eulen und Schmetterlingen sprechen

Wir wollen uns alle hier niederlassen, hier in der offenen Prärie, wo nirgendwo eine Highway oder ein Zaun zu sehen ist. Laßt die Decken, auf die ihr euch sonst setzt jetzt mal weg, fühlt den Boden mit eurem Körper, fühlt die Erde, fühlt das biegsame Strauchwerk. Wir wollen das Gras als Matratze benutzen, seine scharfen Ränder kennenlernen und seine sanfte Weichheit spüren. Wir wollen wie Steine, Pflanzen und Bäume werden. Wir wollen Tiere sein und denken und fühlen wie sie.

Horcht auf die Luft. Ihr könnt sie hören, fühlen, riechen und schmecken. *Woniya wakan* – die heilige Luft – die durch ihr Atmen alles erneuert. *Woniya, woniya wakan* – das bedeutet Geist, Leben, Atem, Erneuerung, alles zusammen. *Woniya* – wir sitzen zusammen, berühren uns nicht, aber irgend etwas ist da: Wir fühlen es zwischen uns, wir fühlen seine Gegenwart. Der richtige Moment, um über Natur nachzudenken und über sie zu sprechen. Sprecht so zu ihr und zu den Flüssen, den Seen und den Winden, als seien sie eure Verwandten.

Ihr habt es uns ziemlich schwer gemacht, heutzutage Natur auf die gute alte Weise zu erfahren, nämlich Teil von ihr zu sein. Sogar hier draußen ist mit uns ständig das Bewußtsein, daß irgendwo in den Hügeln Raketenlager und Radarstationen stehen.

Die Weißen nehmen immer die wenigen, noch nicht verschmutzten, schönen und eindrucksvollen Flecken Natur, um für diese Abscheulichkeiten einen Platz zu finden. Ihr habt dieses Land geraubt und vergewaltigt, immer ein »gimme, gimme, gimme« (gebt her) auf den Lippen, und ihr habt nie etwas zurückgegeben. Ihr habt 200 000 acres unserer Pine Ridge Reservation genommen und sie in ein

Bombenabwurfgelände verwandelt. Dieses Land ist so schön und seltsam, daß einige von euch jetzt auf die Idee kommen, einen Nationalpark daraus zu machen. Der einzige Nutzen, den ihr aus dem Land gezogen habt, seit ihr es in Besitz genommen habt, war, dieses Land in die Luft zu sprengen. Ihr habt nicht nur die Erde, die Felsen und die Bodenschätze geplündert – Dinge, die ihr tot nennt, die aber sehr wohl Leben in sich haben –, ihr habt auch die Tiere verändert, die Teil von uns sind, Teil des Großen Geistes. Ihr habt sie auf so schreckliche Weise verändert, daß keiner sie mehr erkennen kann. In einem Büffel steckt Kraft – spirituelle, magische Kraft –, aber es steckt keine Kraft in einem Angus oder in einem Herfordrind.

Es ist Kraft in einer Antilope, aber keine Kraft in einer Ziege oder einem Schaf, die stillhalten, während man sie schlachtet, und die einem die Zeitung auffressen, sofern man sie läßt. Auch der Wolf hatte allerhand Kraft, sogar der Kojote. Ihr habt den Wolf zu einem Krüppel gemacht – zu einem Spielzeugpudel, zu einem Pekinesen, zu einem Schoßhund. Mit einer Katze kann man nicht so umspringen; sie ist wie ein Indianer – schwer zu ändern. Also behebt ihr diesen Zustand: Ihr verändert sie, entfernt die Krallen und durchschneidet ihre Stimmbänder, damit ihr in euren Labors ungestört hantieren könnt und euch das Schreien nicht bei euren Experimenten stört.

Das Rebhuhn, das Birkhuhn, die Wachtel, der Fasan – ihr habt sie alle zu Suppenhühnern zerzüchtet, zu Kreaturen, die nicht mehr fliegen können, die eine Art Sonnenbrille brauchen, damit sie sich gegenseitig die Augen nicht auspicken, zu »Vögeln mit Hackordnung«. In einigen Farmen züchten sie extra Hühner für Hühnerbrust. Diese Tiere werden in niedrigen Käfige gehalten und ständig herumgescheucht, damit sie in Bewegung bleiben und sich die Brustmuskeln entwickeln. Die Käfige werden mit sanfter Musik berieselt – ein lautes Geräusch –, und die Hühner töten sich selbst am Maschendraht. Dieses lebenslange

Ducken gibt ein unnatürliches, verrücktes, schlechtes Vogelfleisch. Und das wiederum macht unnatürliche, untaugliche Menschen.

Damit sind wir schon beim nächsten Punkt, wo ihr euch selbst zum Narren haltet: Ihr habt nicht nur eure geflügelten und vierbeinigen Verwandten verändert, ihre Krallen beschnitten und sie verunstaltet – ihr habt es auch mit euch selbst getan. Ihr habt Männer zu Angestellten erniedrigt, zu Büroarbeitern, zu Stechuhrdrückern. Aus den Frauen habt ihr Hausdrachen gezüchtet, wahrliche Schreckensgestalten. Ich war einmal in so ein Haus eingeladen:

»Passen Sie auf die Asche auf, bitte nicht rauchen, Sie vergilben den Vorhang. Passen Sie auf das Goldfischglas auf. Blasen Sie den Wellensittich nicht an. Lehnen Sie sich mit dem Kopf nicht gegen die Tapete, womöglich haben Sie fettiges Haar. Spritzen Sie keinen Alkohol auf die Tischplatte, die besondere Politur, Sie verstehen. Sie hätten sich die Füße abstreifen sollen, der Boden ist frisch gebohnert. Tun Sie dies nicht, tun Sie das nicht...« – Das ist verrückt. Wir wurden nicht geboren, um das auszuhalten. Ihr Weißen lebt in Gefängnissen, die ihr euch selbst gebaut habt. Ihr nennt sie Zuhause, Büro, Fabrik. Wir haben jetzt einen neuen Witz auf der Reservation: »Was ist kultureller Abstieg?« Antwort: »Ein weißes Ober-Mittelklasse-Kind zu sein und in einer Etagenvorstadtwohnung mit Farbfernseher zu leben.«

Manchmal denk ich mir, daß sogar unsere armseligen Teerpappenverschläge besser sind als eure luxuriösen Wohnungen. Der Gang dreihundert Meter weit zum Plumpsklo in einer frostklaren Winternacht, man muß durch Matsch oder Schnee stapfen, das ist immerhin eine kleine Verbindung zur Natur. Oder im Sommer im Hinterland, du läßt die Tür deines Hauses offen, läßt dir Zeit bei allem, lauschst dem Summen der Insekten, durch die dünnen Bretter dringt die Sonne und wärmt deine Knochen auf; Vergnügen solcher Art sind euch fremd.

Die Amerikaner wollen alles hygienisch einwandfrei haben. Ohne Gerüche! Nicht einmal den guten natürlichen Geruch von Mann und Frau. Weg mit dem Geruch unterm Arm, weg mit dem Geruch der Haut. Lösch ihn aus und sprüh oder tupfe etwas nichtmenschlichen Geruch auf dich, möglichst teuer die Tinktur, so zehn Dollar die Unze, damit du weißt, daß sie auch gut riecht. »B. O.«* – schlechter Atem – Odor Spray für die weibliche Intimsphäre – ich sehe es alles immer im Fernsehen. Bald werdet ihr Menschen züchten, die keinerlei Öffnungen mehr am Körper haben.

Manchmal glaube ich, die weißen Menschen sind so erschüttert von der Welt, die sie selber geschaffen haben, daß sie sie weder sehen, fühlen, riechen noch hören wollen. Zum Beispiel das Gefühl von Regen und Schnee auf dem Gesicht, steif sein von einem eisigen Wind und dann auftauen vor einem rauchigen Feuer, aus einem Schwitzbad kommen und in einen eisigen Fluß eintauchen, das sind Dinge, die dich fühlen lassen, daß du lebendig bist, aber was soll's – ihr wollt das ja gar nicht mehr.

Ihr lebt in Schachteln, die die Hitze des Sommers und die Kälte des Winters nicht spüren lassen. Ihr lebt in einem Körper, der nach nichts mehr riecht. Ihr lauscht der Hi-Fi-Anlage statt den Klängen der Natur. Ihr beobachtet im Fernsehen einen Schauspieler, der aus zweiter Hand Erfahrungen vermittelt anstatt die Erfahrungen selbst zu machen. Ihr eßt Lebensmittel ohne Geschmack – das ist euer Stil. Das ist nicht gut. Ihr behandelt eure Nahrung wie euren Körper, nehmt ihr alle natürlichen Eigenschaften, den Geschmack, den Geruch, die Frische – und wenn alles weg ist, kommt ihr mit künstlicher Farbe und künstlichem Geschmack. Rohe Leber, rohe Nieren – das haben wir altmodischen Vollblutindianer gern zwischen den Zähnen. In den alten Tagen pflegten wir in einem Wettkampf

---

* Body Odor (Körperspray)

die Därme des Büffels zu essen: Zwei Kerle nahmen je ein Ende des Darms zwischen die Zähne, stellten sich auf und begannen sich zur Mitte vorzuessen. Das nenn ich essen. Diese Büffeldärme waren natürlich voll von halbfermentierten und halbverdauten Kräutern und Gräsern, wenn du das drunten hattest, dann waren keine Pillen oder Vitamine mehr nötig. Zum Würzen nimm das Bittere der Galle an Stelle von raffiniertem Zucker oder Salz. *Wasna*, das war getrocknetes Fleisch, zusammengeknetet mit Nierenfett und getrockneten Beeren; ein Klumpen von diesem süßen *wasna* konnte einen Mann leicht den ganzen Tag bei Kräften halten. Das war Nahrung, da war Power drin! Nicht das Zeug, das ihr uns heute verabreicht: Trockenmilch, Trockeneier, pasteurisierte Butter und Hühner, die nur aus Keulen und Brust bestehen, vom ursprünglichen Vogel ist da nicht mehr viel übrig,

Ihr wollt den Vogel ja gar nicht. Ihr habt den Mut nicht, ihn ehrenhaft zu töten: Kopf abschneiden, rupfen, ausnehmen – das mögt ihr nicht mehr. Heute kommt alles in einem niedlichen Plastikbeutel in der Küche an, sauber und bratfertig, ohne Geschmack und ohne Schuld. Ihr mit euren Nerz- und Seehundmänteln, ihr wollt nichts davon wissen, wieviel Blut und Schmerz es gab, bis sie fertig waren. So ist auch eure Vorstellung von Krieg: in einem Flugzeug sitzen, weit unter euch die Wolken, einen Knopf drücken, die Bomben fallen lassen und keinen Blick mehr auf die Wolken unter euch werfen – das ist der geruchlose, schuldlose, hygienische Weg. Als wir den Büffel töteten, wußten wir, was wir taten. Wir baten seinen Geist um Entschuldigung, versuchten ihm klarzumachen, warum wir ihn getötet hatten, mit einem Gebet ehrten wir die Knochen jener, die ihr Leben gaben, um uns am Leben zu erhalten, wir beteten um ihre Rückkehr, wir beteten für das Leben unserer Brüder, der Büffelnation, so wie wir für das Leben unseres eigenen Volkes beteten. Ihr könnt das nicht verstehen, und drum kam es ja auch zum Washita Massaker, zum

Sand Creek Massaker und zu den toten Frauen und Kindern am Wounded Knee. Darum haben wir heute Song My and My Lai.

Für uns ist Leben – alles Leben! – heilig. Der Staat Süd-Dakota hat Pestkontrollbeamte eingesetzt. Sie üben ihren Beruf im Fliegen aus und schießen Kojoten aus der Luft ab. Sie führen genau Buch über ihre Tötungsaktionen. Die Rancher und Schafzüchter bezahlen sie. Kojoten fressen hauptsächlich Nagetiere, Feldmäuse und so. Nur hin und wieder reißen sie ein verirrtes Lamm. Sie sind unsere natürlichen Abfallmänner und Gesundheitspolizisten, sie räumen die Fallen und stinkenden Reste weg. Wenn du ihnen eine Chance gibst, können sie zu guten Haustieren werden. Doch ihr Leben in Freiheit könnte einen Mann einige Cents kosten, und daher müssen sie aus der Luft abgeschossen werden, die Kojoten. Sie waren hier, lange bevor das Schaf auftauchte, aber sie sind im Weg; man kann kein Geld aus ihnen machen. Immer mehr Tiere sterben aus. Die Tiere, die der Große Geist auf die Erde gesetzt hat, sie müssen gehen. Nur die von Menschen geschaffenen Tiere dürfen bleiben – so lange, bis sie zur Schlachtbank transportiert werden. Es ist eine widerliche Arroganz des weißen Mannes, sich über Gott zu stellen und zu sagen: »Dieses Tier werde ich leben lassen, denn es bringt Geld.« Oder: »Dieses Tier muß weg, es rentiert sich nicht, der Raum, den es besetzt, kann ertragreicher genutzt werden. Der einzige gute Kojote ist ein toter Kojote.« Sie behandeln Kojoten fast schon so schlecht, wie sie früher Indianer behandelt haben.

Ihr Weißen verbreitet den Tod. Ihr kauft und verkauft Tod. Mit all euren Deodorants riecht ihr nach Tod, doch ihr habt Angst vor der Wirklichkeit. Ihr habt Angst, dem Tod gegenüberzustehen. Ihr habt den Tod hygienisch gemacht, ihr habt ihn verpackt, ihm seine Ehre genommen. Wir Indianer denken oft an den Tod. Ich auch. Heute wäre ein guter Tag zum Sterben – nicht zu heiß und nicht zu kalt. Ein Tag, an dem man etwas von sich zurückläßt, um es streuen zu lassen. Ein Tag für einen glücklichen Mann, um ans Ende seines Wegs zu kommen. Ein froher Mensch mit vielen Freunden. Andere Tage sind nicht so gut. Sie bleiben den Eigennützigen und Einsamen vorbehalten, jenen, die sich nur schwer von dieser Erde trennen können. Für euch Weiße wäre wahrscheinlich jeder Tag ein schlechter Tag.

Vor achtzig Jahren tanzten unsere Leute den Geistertanz; sie sangen und tanzten, bis sie vor Erschöpfung umfielen, ohnmächtig wurden und Visionen hatten. Sie tanzten diesen Tanz, um so ihre Toten und den Büffel zurückzuholen. Ein Prophet hatte ihnen erzählt, durch die Kraft des Geistertanzes würde sich die Erde aufrollen, aufrollen wie ein Teppich, mit allem, was der weiße Mann bereits abgestellt hatte: die Zäune und Bergwerkstädte mit ihren Puffs, die Fabriken und Farmhöfe mit ihren stinkenden, unnatürlichen Tieren, die Eisenbahnschienen und Telegrafenmasten, das ganze Zeug halt. Und unter der zusammengerollten Welt des weißen Mannes, so sagte der Prophet, würden wir wieder eine blühende Prärie vorfinden, unverschmutzt mit Büffelherden und Antilopen und Wolken von Vögeln, sie würden jedem gehören und alle erfreuen.

Ich nehme an, die Zeit war damals noch nicht reif, aber es kommt noch, ich fühle es in meinen Knochen, wie es warm wird. Es wird nicht der alte Geistertanz sein, auch nicht das Aufrollmanöver – aber ein neuer alter Geist wird kommen, nicht nur unter Indianern, sondern auch bei den Weißen und Schwarzen, besonders bei den jungen Leuten. Es ist wie mit den Regentropfen: Viele Tropfen geben einen kleinen Bach, viele Bäche geben einen Fluß, viele Flüsse geben einen starken Strom, der Dämme bricht. Wir, die wir dieses Buch zusammen machen und reden – wir sind ein paar dieser Regentropfen.

Hör zu, vor nicht allzu langer Zeit sah ich dieses Bild vor

mir: Das elektrische Licht wird erlöschen. Zuviel Elektrizität ist verbraucht worden für TV und Mondflüge. Der Tag rückt näher, da die Natur die Elektrizität beenden wird. Die Polizei wird ohne Taschenlampen sein, das Bier wird im Kühlschrank warm, Flugzeuge fallen vom Himmel, nicht einmal der Präsident kann einen Telefonanruf machen. Ein junger Mann wird kommen – vielleicht auch mehrere Männer –, und er wird wissen, wie man den Elektrizitätshahn ein für allemal zudreht. Es wird schmerzhaft sein wie eine Geburt. Überfälle im Dunkeln wird es geben, die Winos brechen in die Schnapsläden ein, es wird viel Zerstörung geben. Die Leute sind nämlich zu klug geworden: Kaum halten die Maschinen an, sind sie rat- und hilflos, sie haben vergessen, wie man ohne Maschinen auskommt. Ein Lichtermensch wird kommen und ein neues Licht bringen. Es wird passieren, noch bevor dieses Jahrhundert zu Ende geht. Der Mann, der diese Kraft hat, wird auch gute Dinge tun – er wird sämtliche Atomkraft vernichten, er wird Kriege beenden, einfach, indem er die weiße Elektrizität ausbläst. Ich hoffe, ich kann das noch erleben, obwohl ich gleichzeitig auch etwas Angst habe. Doch was sein wird, wird sein.

Ich denke, wir bewegen uns in einem Kreis, oder besser gesagt in einer Spirale: mit jeder Drehung ein bißchen höher, doch immer wieder zum gleichen Punkt zurückkommend. Wir bewegen uns wieder mehr in Richtung Natur. Ich fühle es, du fühlst es, deine zwei Söhne fühlen es auch. Es wird nicht schlecht sein, ohne die vielen Dinge auszukommen, an die wir jetzt gewöhnt sind; Dinge, die der Erde entnommen und idiotisch vergeudet werden. Du kannst sie nicht ersetzen, und sie halten auch nicht ewig. Irgendwann hört der Nachschub auf. Dann werdet ihr euch mit eurem Lebensstil etwas an uns Indianer anpassen müssen. Die Menschen werden das nur widerstrebend tun, doch ihre Kinder werden sich schnell ändern. Die Maschinerie wird, so hoffe ich, zum Stillstand kommen, noch bevor sie elektrische Maiskolben* für die Plumpsklos der armen Indianer erfinden.

Wir werden dann aus unseren Schachteln krabbeln und das Wetter wiederentdecken. In den alten Tagen hast du das Wetter genommen, wie es kam, bist den Kranichen gefolgt und mit den Herden nach Süden gezogen. Hier in Süd-Dakota gibt es eine Redensart: »Wenn dir das Wetter nicht paßt, dann warte fünf Minuten.« Es kann sein, daß es nachmittags 100 Grad Fahrenheit im Schatten hat und plötzlich kommt ein Hagelsturm mit Körnern so groß wie Golfbälle, die Prärie ist weiß, und deine Zähne klappern. Das ist gut – eine kleine Gedächtnisauffrischung, daß ihr nur ein winziger Teil der Natur seid, nicht so mächtig, wie ihr denkt.

Ihr Weißen versucht dem Wetter zu entfliehen, und fliegt nach Miami, wo es immer Sommer ist. Aber ihr versäumt den Regen und versäumt den Schnee. Das ist schade. Bis 1925 gab es bei uns einige alte Männer, die hatten so eine Art Club, wo sie immer zusammenkamen. Irgendwie konnten sie das Wetter voraussagen. Sie brauchtes dazu keinen Berichterstatter mit seinem dummen Geschwätz und keine Satelliten und was ihr noch alles benützt. Sie hatten nur ihre Weisheit, etwas, das ihnen sagte, was die Natur vorhatte.

Einige Medizinmänner haben die Macht, Wetter zu beeinflussen. Diese Kraft wird nicht leichtfertig eingesetzt, sondern nur, wenn es unbedingt erforderlich ist. Wenn wir unseren Sonnentanz abhalten, versuchen wir immer, das beste Wetter zu haben. Erinnerst du dich, als wir letztes Frühjahr die Hochzeitszeremonie in Winner hatten, habe ich die Figur einer Schildkröte in die Erde gezeichnet. Das Zeichen habe ich von unseren Alten. Als ich ein kleiner Junge war, gab es einmal ein Fest, und wir wollten spielen. Es regnete leicht, und ich war sauer. Da sagte

---

* bis in die 30er Jahre Klopapierersatz der Farmer im Süden und Südwesten

meine Großmutter: »Warum zeichnest du nicht das Bild einer Schildkröte?« Noch bevor wir mit der Schildkröte fertig waren, hörte es auf zu regnen. Ich könnte das Land austrocknen; mit einer besonderen Schildkröte, die auf dem Kopf steht, könnte ich alles überfluten. Du mußt nur das richtige Gebet dazu wissen, die rechten Worte, die dazu gehören. Ich werde sie dir nicht verraten. Das ist zu gefährlich. Damit spielt man nicht herum. Ich sehe den typischen Ausdruck des weißen Mannes auf deinem Gesicht. Du glaubst mir nicht. Frag meinen Freund und Bruder Pete Catches, auch ein Medizinmann.

Pete Catches: »John hat recht. Dieser Sonnentanz, den er erwähnte – als wir den Sonnentanzpfahl holten, mußten wir einen Baum fällen. Dieser Baum darf die Erde nicht berühren. Wir standen in einer Reihe, ich war dem Baumstumpf am nächsten, und als der Baum fiel, traf er mein Bein genau über dem Knie. Ich tanzte den Sonnentanz trotz der Schmerzen. Und ich fühlte mich gut. Mein Sonnentanz war dem Ursprung der Zeremonie so nahe wie möglich. Ich durchbohrte mein Fleisch am Morgen und riß mich gegen drei Uhr nachmittags los, das war das längste *Piercing*, seit wir den Sonnentanz wieder zum Leben erweckt haben. Nachdem ich mich losgerissen hatte, sahen wir eine große Gewitterwolke, die sich im Westen bildete. Viele Leute wollten gehen, um daheim zu sein, bevor das Unwetter losbrach. Und die Wolkenwand rückte schnell näher. Sie brachten mir meine Pfeife, die Pfeife, die ich immer benütze. Ich nenne sie meine Häuptlingspfeife. Ich nahm sie und bat den Großen Geist, den Donner zu teilen, ihn in zwei Hälften zu teilen, auf daß wir unseren Sonnentanz beenden könnten. Für alle sichtbar, teilte sich die Wolke, bevor sie uns erreichte. Ein Teil ging nach Norden, tobte im White River Land, riß die Dächer von den Häusern, zerstörte die Gärten und Felder und ließ nichts auf seinem Platz. Die Wolkenhälfte, die nach Süden zog, in Richtung Pine Ridge, bedeckte alles mit Hagel. Auf dem Tanzplatz schien ohne

Unterbrechung die Sonne. Für mich war es der mächtigste Sonnentanz, dem ich je beigewohnt habe. Das war 1964.

Und das Schildkrötenzeichen, von dem dir John erzählt hat, wir wissen, daß das stimmt. Das Herz von *keha*, der Schildkröte, ist wahrscheinlich das Mächtigste, was es gibt. Es schlägt noch zwei Tage, nachdem du das Tier getötet hast. Ungeahnte Stärke und Ausdauer steckt in ihm. Wer solch ein Herz ißt, wird widerstandsfähig. Wer es ißt, nimmt diese Kraft in sich auf. Meine Schwester hat ein Schildkrötenherz gegessen. Sie mußten es in zwei Hälften schneiden, damit sie es schlucken konnte. Es machte sie zu einer starken Frau, tapfer wie ein Krieger. Sie hatte ein Gewächs in ihrer Brust. Die Ärzte sagten, es sei Krebs. Sie zündete fünf Zigaretten an, gab sie ihren Kindern und sagte, sie sollten ziehen, damit die Glut nicht ausginge. Dann nahm sie eine nach der anderen und brannte das böse Ding in ihrem Fleisch bis tief in ihre Brust aus, und ihr Gesicht blieb während der ganzen Zeit ruhig; nicht ein Muskel zuckte. Sie ist jetzt geheilt. Ein Schildkrötenherz hat diese Kraft.

Alle Tiere haben Mächte in sich, denn der Große Geist wohnt in allen, auch in einer kleinen Ameise, in einem Schmetterling, auch in einem Baum, in einer Blume und in einem Felsen. Die moderne Zivilisation des weißen Mannes hält diese Mächte von uns fern und verwässert sie. Um sich der Natur zu nähern, ihre Kraft zu spüren, sie helfen zu lassen, braucht man Zeit und Geduld. Zeit, um nachzudenken und alles herauszufinden. Ihr habt so wenig Zeit, um in euch zu gehen – ihr seid immer in Hetze, Hetze, Hetze. Dieses Hetzen und Hinterherlaufen verkürzt das Leben. Unsere Alten sagen, daß die Indianer der letzten Jahrhunderte keine Herzbeschwerden hatten. Und die Krankheiten, die sie hatten, wußten sie auch zu heilen. Krebs kannten sie nicht. Doch zwischen 1890 und 1920 wurden die meisten Arzneien und Heilmittel, die Tierbündel, die Pfeifen, die alten, geheimen Dinge, die wir über Jahrhunderte aufbewahrt hatten, vom B. I. A. und der Regierungspolizei beschlagnahmt oder zerstört. Sie rissen unsere Schwitzhütten nieder, sie drangen in unsere Wohnungen ein, zerbrachen die Pfeifen, warfen die Medizinbeutel ins Feuer und fegten die Weisheit von Generationen weg. Aber einem Indianer kannst du nicht alles nehmen, auch wenn du ihm scheinbar alles genommen hast: Er hat immer noch seinen Mund, um zu beten, und weiß die uralten Lieder zu singen. Er kann immer noch seine *yuwipi*-Zeremonie im dunklen Zimmer abhalten, kann eine kleine Trommel schlagen und kann Kraft und Weisheit zurückkehren lassen. Das tat er auch, doch nicht alle Kräfte konnte er zur Umkehr zwingen. Die Hirschmedizin ist verschwunden. Ebenso die Bärenmedizin. Wir hatten flußaufwärts einen Medizinmann, der vor fünfzehn Jahren starb. Er war der letzte Bärenmedizinmann, den ich kannte. Und er war ein guter dazu. Er war wirklich gut.«

Aber sie kommt zurück, diese Bärenkraft. Wir machen Bärengeräusche und sprechen die Bärensprache, wenn wir in Kampfstimmung sind. »Harruh« – und du hast so gut wie verloren. Eine Bärenklaue, sorgfältig behandelt, ist das richtige Instrument für das *Piercing* beim Sonnentanz – ein Mann, den du damit durchbohrst, fühlt keinerlei Schmerzen. Ich will dir von der Bärenkraft erzählen, davon, was passiert, wenn die natürliche Tierkraft sich mit der künstlichen, nicht-tierischen Kraft messen muß.

Es ist schon lange her, ich war noch ein kleiner Bub und mit meinem Vater unterwegs. Wir waren auf dem Rückweg nach Standing Rock. Da hielt mein Vater plötzlich auf der Straße an. Er hatte Lust auf ein Pokerspiel und ging in den Saloon. Im Nebenraum saß ein junger Bär auf der Theke, fast noch ein Bärenbaby. Er war angekettet, was jämmerlich aussah. Sie neckten ihn, und er mußte sich auf zwei Beine aufrichten.

Die Kartenspieler waren in ihr Spiel vertieft und kümmerten sich nicht um ihn. Jeder hatte einen Turm Silberdollars vor sich aufgehäuft. Ich saß unter dem Tisch. Ich mochte diese großen, runden, glänzenden Silberstücke. Ich langte unter dem Tisch hervor und bediente mich. Niemand nahm Notiz davon, vielleicht war es ihnen auch egal. Da kam ein großer weißer Mann in einem schwarzen Fellmantel und mit einem Bowler auf dem Kopf herein und nahm an der Bar Platz. Er führte eine riesige Bulldogge mit sich, wirklich ein riesiges Tier.

»Ihr habt einen niedlichen Teddybär hier«, sagte der weiße Mann zum Barkeeper und kaute dabei an seiner großen Zigarre. »Aber ihr solltet ihn lieber im Auge behalten. Wenn mein Hund sich losreißt, wird euer Bär schnell durchgekaut sein.« – »Diese Bulldogge taugt nicht viel. Sie würde bei meinem Petz den Kürzeren ziehen«, war die Antwort.

»Ich wette 50 Dollar, daß mein Hund Ihr Vieh sehr wohl unterkriegen kann. Ich will großzügig sein, ich wette 5:1, daß mein Hund dieses Bärlein in Stücke reißt. Wie wär's mit einem großen Kampf!«

Alle kamen mit ihrem Geld, und die Kartenspieler fielen vor Eifer übereinander. Die Bulldogge und der Bär wurden nach draußen zu einem großen braunen Zelt gebracht, das sonst als Versammlungsraum benützt wurde. Es gab bereits vier oder fünf Cowboyhüte voll Wettgeld für den Hund und den Bär. Die Nachricht über den Kampf verbreitete sich wie ein Präriefeuer, der Zustrom der Leute nahm kein Ende.

Mein Vater hatte Vieh verkauft und daher etwas Geld bei sich. »Sohn«, sagte er zu mir, »ich werde hundert Dollar auf den niedlichen kleinen Bär setzen.« Der große weiße Mann mit dem Bowler war sich seines Sieges so sicher, daß er ganze Hände voll gegen meinen Vater einsetzte – Goldmünzen, Silbermünzen und jene alten großen Zwanzig-Dollar-Scheine. Sie zogen einen Kreis auf dem Boden. Niemand durfte diese Linie überschreiten. Diejenigen, die Geld eingesetzt hatten, durften in der ersten Reihe sitzen. Sie knieten oder kauerten, damit die anderen auch etwas sehen konnten. Bänke gab es keine. Einige Decken wurden als Zaun aufgehängt, um die Tiere innerhalb der Arena zu halten. Innerhalb des Kreises saßen der Hundebesitzer, der Wirt und der Mann, der die Bank verwaltete. Ich habe nie wieder so viel Geld auf einem Haufen gesehen. Sie pafften alle ihre Zigarren und füllten das Zelt mit Rauch. Schließlich verkündete der große Mann mit dem Hund: »Noch fünf Minuten, dann werden keine Wetten mehr angenommen!«

In der Menge entstand Bewegung. Jeder versuchte, sein Geld noch einzubringen. Die Gemüter erhitzten sich so stark beim Streit darüber, wer wohl gewinnen würde, daß es über den ganzen Platz zu Raufereien kam und das Geld am Boden rollte. Das waren die guten alten Glücksspieltage. »Kein unnötiges Durcheinander, wettet lieber!« sagte der große Mann. Dann zog er seine Uhr aus der Tasche. »Die Zeit ist um. Keine weiteren Einsätze mehr!« Er drehte sich zu seinem Hund um und zog ihn ein wenig an den Ohren. »Okay, faß den Bär! Mach ihn fertig, den kleinen Bastard! Reiß ihn in Stücke!«

Der arme kleine Kerl von einem Bär saß aufrecht da wie ein Baby, so, als ginge ihn der ganze Zirkus nichts an. »Eine Runde, mehr nicht«, sagte der Wirt, »eine Runde bis zur Entscheidung.« Immer noch kamen Rancher und Cowboys mit Geld angerannt. Sie hatten kein Glück mehr, oder sie hatten gerade Glück, kommt drauf an, auf wen sie setzen wollten; sie kamen zu spät, denn der Hundebesitzer nahm ein Gewehr und feuerte den Startschuß ab.

Der arme kleine Bär saß immer noch aufrecht auf dem Boden, als sie den Hund auf ihn hetzten. Junge, der Bär bewegte sich vielleicht langsam! Im Licht der alten Gaslampen sahen seine Augen blau aus. Der Hund knurrte und bleckte die Zähne, so daß seine Nase mehr Falten hatte als mein Gesicht heute. Der Bär bewegte sich nur um eine Fußlänge näher heran und ließ sich dann wieder auf sein Hinterteil fallen. Er schaute auf das knurrende Ding vor sich, aus dem das weiße Gebiß blitzte. Der kleine Bär rieb seine Pranke auf dem Boden und schmierte etwas Dreck auf seinen Kopf. Vielleicht hatte der Hund mehr Verstand als sein Herr. Jedenfalls merkte er etwas. Er fletschte die Zähne, knurrte böse, gab einen drohenden Ton von sich, hielt aber respektvollen Abstand. Der große Mann mit dem Bowler wurde ungeduldig. »Los, mach ihn schon fertig!« sagte er und gab dem Hund einen Tritt in den Arsch. Der Hund rappelte sich auf und stürmte schließlich los.

Der Bär holte einfach mit einer Pranke aus, die einzelnen Klauen schossen heraus wie viele Messer, ein Schlag in Richtung des Hundes, ein Schlag nur und die alte Bulldogge ist nicht mehr, tot und kalt ist sie, die Kehle aufgerissen, tot und vorbei. Der kleine Bär aber ließ sein Kampfgeräusch hören – »harruh« –, wie ein Sioux.

Mein Vater gewann über 700 Dollar durch den kleinen Bär. Die meisten Weißen hatten auf den Hund gesetzt, die Indianer hingegen alle auf den putzigen Bär. Sie wußten von seiner Kraft.

Mit den Büffeln ist es das gleiche. Sie haben Kraft und Weisheit. Wir Sioux haben eine starke Beziehung zum Büffel. Er ist unser Bruder. Wir haben viele Legenden, in denen sich Büffel in Menschen verwandeln. Und die Indianer sind auch wie Büffel gebaut – breite Schultern, schmale Hüften. In unserem Glauben spielt »Buffalo Woman«, die Büffelfrau, die uns die Pfeife, das Herz unserer Religion, brachte, eine große Rolle. Sie war ein wunderschönes Mädchen, und nachdem sie unseren Stämmen den Gebrauch der Pfeife gezeigt hatte, verwandelte sie sich in ein weißes Büffelkalb. Der Büffel ist für uns daher besonders heilig. Ihr könnt die Natur nicht verstehen, auch unser Verhältnis zur Natur nicht, wenn ihr nicht versteht, wie nahe wir dem Büffel waren. Dieses Tier war fast ein Teil von uns, ein Teil unserer Seele.

Der Büffel gab uns alles, was wir zum Leben brauchten. Ohne ihn waren wir nichts. Unsere Tipis waren aus seiner

Haut gemacht. Sein Fell war unser Bett, unsere Decke, unser Wintermantel. Seine Haut war unsere Trommel, die durch die Nacht klang, lebendig, heilig. Aus dieser Haut machten wir unsere Wassersäcke. Sein Fleisch gab uns Kraft, wurde in uns wieder zu Fleisch. Nicht der kleinste Teil wurde vergeudet. Sein Magen wurde zum Suppenkessel; dazu füllten wir ihn mit rotglühenden Steinen. Aus den Hörnern entstanden Löffel, aus den Knochen Messer und die Ahlen und Nadeln der Frauen. Aus den Sehnen machten wir Bogensehnen und Faden. Die Rippen wurden zu Kinderschlitten umgearbeitet, aus den Hufen wurden Rasseln. Sein mächtiger Schädel war unser Altar. Gegen ihn wurde die heilige Pfeife gelehnt. Der Name des größten Mannes der Sioux war Tatanka Iyotake – Sitting Bull*.

Als ihr den Büffel getötet habt, habt ihr auch den Indianer getötet – den echten, natürlichen, »wilden« Indianer.

Der Büffel ist weise. Die von Menschen gezüchteten Rinder – sie kommen ja aus der Fabrik – haben keinen Verstand mehr. Diese mexikanischen Kampfstiere lassen sich jedes Mal mit dem Tuch an der Nase herumführen. Sie sind tapfer, zugegeben, aber im Kopf mangelt es. Stell dir nur mal vor, diese Stierkämpfer hätten mit einem Büffel zu tun. Sie würden alle getötet werden. Der gezüchtete Kampfstier schaut nur nach dem Tuch. Einem Büffel könnte man mit einem roten Stück Stoff nichts vormachen. Er würde auf den Mann hinter dem Tuch schauen, und seine Hörner würden ihn finden. Büffel sind kluge Köpfe. Sie haben auch einen Sinn für Humor. Erinnerst du dich, als wir das letzte Mal zusammen in den Black Hills waren? Als es nach einem heißen Tag plötzlich zu schneien anfing? Diese sechs großen dunklen Stiere, die wir in der Nähe von Blue Bell sahen, die aussahen wie sechs Kleinlaster. Die waren richtig glücklich über den Schnee. Sie tollten herum und spielten wie Kinder. Danach trafen wir auch noch die Hausrinder, armselig und

---

* Sitzender Büffelstier

bemitleidenswert sahen sie aus. »Muh, muh, muh – wir frieren.« Die echten Tiere der Natur kümmern sich nicht um die Kälte; sie sind glücklich mit dem Fellmantel und den Galoschen, die der Große Geist ihnen gegeben hat. Weiße Jäger haben den Büffel dumm genannt, weil er so leicht zu jagen war und keine Angst vor dem Gewehr zeigte. Aber der Büffel war nicht dazu bestimmt, gegen moderne Waffen anzukommen. Er war dazu bestimmt, es mit Indianerpfeilen aufzunehmen.

Ich habe dir von dem kleinen Bären und der Bulldogge erzählt. Jetzt werde ich dir vom Büffel und dem Zuchtstier erzählen. Es verbreitete sich das Gerücht, einige Rancher würden auf der Phillips-Ranch einen Kampf zwischen einem Büffel und einem ihrer Stiere abhalten. Wir Sioux haben alle einen Hang zu Wettkämpfen und Glücksspielen. Wir hatten viele Wettspiele, lange bevor die Weißen kamen. Wetten ist etwas, was man uns nicht beibringen mußte. Wir hätten es euch beibringen können. Mein Vater verstand es, Dinge genau zu beurteilen. Was ich jetzt erzähle, ereignete sich 1919 oder 1920. Wir hatten einen dieser komischen alten Fords. Sprit für drei Dollar reichte gut an die hundert Meilen. Es kostete drei Dollar, um von Fort Pierre zur Phillips-Ranch zu fahren. Ich war ungefähr sechzehn. Dad kümmerte sich immer noch um mich. Wir kamen also an. Der Korral war schwarz von Leuten. Am Anfang ließen sie zwei Hähne kämpfen, um die Zuschauer anzuheizen und das Geld zu lockern. Mein Vater hätte nie auf Hühner gewettet. Zwei arme Hühner, die sich gegenseitig kratzen und picken, wer könnte da schon in Begeisterung geraten?

Den Büffel trieben sie zuletzt herein. Der Stier wartete bereits im Gang. Er gehörte einem Mann aus Wyoming. Er hatte einen kurzen Namen, aber ich erinnere mich jetzt nicht. Es wird dir aufgefallen sein, bei mir ist der Büffel immer ein »er«, außer wir sprechen von einer Büffelkuh. Der vom Menschen gezüchtete Stier ist ein »es« – das Rind, das

Vieh. »Es« war in Ordnung: ein richtiger »Bull-Durham«-Stier[*], der kräftigste Kerl der Umgebung. Sein Sack hing so tief, daß er fast draufstieg. Dann öffneten sie den Gang. Junge, ich habe in meinem Leben eine Menge Stiere gesehen, aber diese Hörner – Wow! –, sie waren riesig, hell mit schwarzen Spitzen. Der alte Buffler[**] wirbelte Staub auf, stampfte hin und her und blickte in die Menge. Einige Männer und auch ein paar Frauen saßen oben auf dem Korral. Damals trug man lange Röcke, aber ich sah trotzdem einige schöne Beine. Das war vielleicht eine Menge! Sie führten sich auf wie bei einer Billy Graham Show. Die Aufregung stachelte den Stier an und brachte sein Blut in Wallung.

Mein Vater nahm viele 2: und 3: Wetten entgegen. Er setzte natürlich auf den Büffel, wie du dir denken kannst. Ich erwartete einen Zusammenstoß mit hundert Meilen die Stunde. Der Stier war fertig für den Angriff. Sein Schwanz stand aufrecht in die Luft. Ich hatte Angst, er könnte den Korral durchbrechen. »Stell dich hinter den Pfosten«, sagte mein Vater zu mir, »für den Fall, daß etwas schiefgeht.« Mein Vater sprach nur, wenn es unbedingt notwendig war. Einen Moment lang dachte ich schon, der Büffel wollte kneifen, denn er schien den Stier gar nicht zu beachten. Für ihren Angriff hatten sie nur an die zwanzig Meter zur Verfügung, denn der ganze Korral hatte einen Durchmesser von dreißig Metern. Endlich kamen sie. Sie rasten aneinander vorbei, verfehlten einander und preschten weiter, die Hörner erhoben, wie zwei Eisenbahnzüge, die aneinander vorbeifahren. Ein großes, enttäuschtes »Oh« kam aus der Menge. Aber dann sahen wir, daß der Büffel die ganze Seite des Stiers aufgerissen hatte, wie mit einer Rasierklinge. Die Rippen des Stiers waren durchgeschnitten.

---

[*] Kautabak, der einen äußerst »männlichen« Stier zum Markenzeichen hatte.
[**] alter Grenzerausdruck für den Bison

Zwei Cowboys schrien: »Der Stier ist hin!« Er bewegte die Beine noch ein paar Mal, doch dann war er toter als tot. Sie haben keine Kraft, diese Haustiere.

Der Dachs – *hoka* – gehört auch zu den echten Tieren. Mein Onkel ritt einmal auf seinem Grauen, mit dem er immer die Ponies eintrieb. Er ritt ohne Sattel und hatte als Zaumzeug nur einen Strick, der um die Nüstern des Grauen gebunden war. Da sah er den Dachs. Wenn ein Dachs mal in seinem Bau ist, dann können ihn keine drei und auch keine vier Männer ausgraben. Mein Onkel nahm den Strick als Lasso und fing den *hoka*, aber er konnte ihn nicht halten. Der Dachs war kurz vor seinem Bau und verschwand im Loch; der Strick verschwand ebenfalls. Der Dachs zog und zog. Bald wäre das Pferd im Loch verschwunden. Mein Onkel versuchte, den Strick vom Pferd loszubinden, aber er hatte nicht mehr den nötigen Spielraum; der Kopf des Pferdes war bereits dicht am Eingang des Dachsbaus. Mein Onkel mußte den Strick direkt an der Pferdenase auseinanderschießen. Wenn sich ein Dachs einmal eingräbt kannst du nicht mehr viel dagegen unternehmen.

Mit dem Körper eines toten Dachses kannst du vorhersagen, wie lange du leben wirst. In ihm steckt die Gabe der Vorsehung. Ich kannte einen Mann mit Namen Night Chaser. Er schnitt den Bauch eines Dachses auf und ließ das Blut stehen. Man soll darin eine Vision sehen können. Es ist wie ein roter Spiegel, in dem man sich selbst erkennt. Doch man sieht sich im Dachsblut nur so, wie man aussehen wird, bevor man stirbt. Drei oder vier Männer blickten in das Blut des *hoka*. Ich war auch dabei. Wir waren alle junge Männer. Der erste, der hineinsah, sagte: »Junge, ich bin ein alter Mann, verrunzelt und weißhaarig, gebückt und ohne Zähne.« Er war recht froh darüber. Er wußte nun, daß er ein alter Großvater werden würde. Der zweite war nicht so glücklich. »Ich glaube, ich bin bereits am Ende«, sagte er, »ich schaue aus, wie ihr mich jetzt kennt. Ich sterbe noch, bevor ich mein erstes graues Haar habe.« Dann war ich an der Reihe, aber außer dem dunklen Blut konnte ich nichts sehen. Die beiden anderen hatten recht. Der eine, der sich als alter Mann gesehen hatte, ist immer noch um die Wege. Der andere ist schon lange tot; er starb einige Monate, nachdem er in das Dachsblut geblickt hatte, genau wie er gesagt hatte, noch vor dem ersten grauen Haar.

Einen Knorpel aus dem Penis des Dachses benutzen wir zum Nähen und als Ahle. Wir polieren ihn. Er hält ewig und ist ein so gutes Werkzeug, daß du ein Pferd dagegen eintauschen kannst.

Es gibt eine Art Bodenhörnchen – Gopher heißt es –, das ist sehr schnell. Es hat einen schwarzen Streifen über dem Gesicht. Diese Tiere haben viel Macht; sie können dich hypnotisieren und sogar töten. Die Kraft liegt in ihren Augen. Sie leben zusammen mit Präriehunden und sind richtige U-Bahn-Fahrer, denn sie reisen im Untergrund. Sie sind so schnell, daß deine Augen ihnen kaum folgen können. Während dein Auge noch suchend hin und her schaut, sind die Gopher schon wieder ganz woanders. Man erzählt sich bei uns die lustige Geschichte von einem Mann, der einen solchen Gopher fangen wollte. Er müsse schnell sein, hatten sie ihm gesagt. »Schieß, dann renn wie der Teufel und pack das Vieh, bevor es in sein Loch verschwindet!« Der Mann beherzigte den Rat. Er schoß und raste los. Da fühlte er einen Schmerz in der Sitzfläche – seine eigene Kugel!

Die Erde aus einem Gopherloch enthält ebenfalls große Kraft. Sie kann dich im Krieg beschützen und dich kugelsicher machen. Ich benütze sie bei bestimmten Krankheiten.

Ein Tier muß nicht groß sein, um mächtig zu sein. Es gibt auch eine Ameisenkraft. Manche Ameisen haben keine Augen, aber sie können ihren Weg fühlen. Sie ziehen aus und kommen mit den kleinen Felskristallen zurück, die wir *yuwipi* nennen. Winzige Steine, so groß wie Samenkügelchen, schimmernd, granitartig, winzige Dinger, so klar wie Schnee. Manchmal bringen sie statt dessen kleine Fossilienteile. Zwei Ameisen sind nötig, um einen solchen Stein zu transportieren. Eine geht womöglich dabei drauf. Die Ameisen lassen nichts unversucht.

Wir Medizinmänner sind immer auf der Suche nach Ameisenhügeln, um diese winzigen Felssplitter zu sammeln. Sie sind heilig. 405 dieser Steine tun wir in unsere Zeremonienrasseln. Sie symbolisieren die 405 Baumarten unseres Landes. *Taśuśka śaśa* – die roten Ameisen – zerreiben wir zu Brei und verwenden sie für unsere Medizin. Wenn jemand angeschossen wird oder sich verletzt, geben wir ihm davon zu trinken. Die Ameisenmedizin läßt die Wunde schneller heilen. Und was ihr Fossilien nennt, benützen wir auch. Tief in den Badlands finden wir die Knochen von *unktegila*, dem Saurier, dem Wassermonster, das bereits lebte, lange bevor die ersten Menschenwesen auftauchten. Auf einem Hügel dort drüben liegt der Rückenwirbel eines dieser Tiere, genau auf der Kante des Hügels. Ich bin droben gewesen, bin auf dem Kamm geritten wie auf einem Pferd; nur so kannst du dich nämlich darauf bewegen. Es ist ganz schön unheimlich, wie der Ritt auf einem Saurier. Nachts schwirren dort oben überall Geisterlichter. Ich finde dort oben viele Dinge, die ich für meine Behandlungen verwende.

Iktomé – die Spinne – hat auch eine eigene Kraft, aber die ist schlecht. Ihr Körper ist kurz, alles ist auf einen Punkt konzentriert, und davon gehen die Beine weg. Sie sitzt in ihrem Netz und wartet auf die Fliege. *Iktomé* ist ein Mann. Er ist ein dummer Kerl, ein Arsch; er will jeden an der Nase herumführen, macht den Leuten Hoffnungen und stürzt sie dann ins Unglück. Doch er ist leicht zu täuschen.

Du mußt all diesen Kreaturen zuhören, zuhören mit Kopf und Herz. Sie haben Geheimnisse zu erzählen. Eine Zikadenart – *ptewoyake* –, ein flügelloser Heuhupfer, sagte uns in den alten Tagen, wo die Büffel zu finden waren. Heutzutage hat er uns nichts mehr zu erzählen.

Schmetterlinge sprechen zu den Frauen. Ein Geist wird in einen Schmetterling schlüpfen, zu einer jungen Frau fliegen und sich ihr auf die Schulter setzen. Der Geist wird durch den Schmetterling zu der jungen Frau sprechen und ihr sagen, daß sie eine Medizinfrau werden solle. Wir haben immer noch ein paar von diesen Ladys. Ich habe einer geholfen und ihr die Dinge gezeigt die sie wissen muß, und sie tut ihre Arbeit auf dem Reservat recht erfolgreich. Sie ist eine ehrliche Haut, so aufrichtig, daß sogar die Gossenalkoholiker an sie glauben und sie achten. Sie nimmt kein Geld von ihnen, sie tut einfach ihr Bestes, um ihnen zu helfen.

Ich habe einen Neffen, Joe Thunderhawk, der ist ein Heiler. Er hat die Kojotenkraft. Auf seine Trommel ist das Bild eines Kojoten gemalt. Das war Joes Vision. Diese Kojotenkraft ist bereits seit Generationen in der Thunderhawk-Familie. Vor vielen Jahren reiste Joes Großvater einmal während des Winters. Der Schnee war tief, und in einem Canyon wurde er von der Dunkelheit überrascht. Er mußte sich eingraben und versuchen, dem Erfrierungstod zu entgehen. Mitten in der Nacht kam etwas Weiches zu ihm und legte sich zu seinen Füßen nieder. Er sah, daß es ein Kojote war. Sie wärmten sich gegenseitig und hielten sich gegenseitig am Leben. Am nächsten Morgen, als der Mann aufstand, um weiterzuziehen, folgte ihm der Kojote.

Nach dieser Begegnung hörte Joes Großvater nachts immer den Kojoten in der Nähe seines Hauses bellen. Er bellte auf zweierlei Weise – ein Bellen klang wie von einem Hund, das andere wie von einem kleinen Kind. Das erste Bellen kündigte etwas Gutes an, das zweite ein Unglück. Joes Großvater wurde ein Medizinmann und ein Prophet. Der Kojote ließ ihn Dinge wissen, die bevorstanden. Als der alte Mann starb, starb sein Wissen mit ihm. Es war ihm nicht möglich gewesen, das Wissen zu seinen Lebzeiten weiterzugeben.

Jahre später kam Joe Thunderhawk durch den Canyon, in dem sein Großvater und der Kojote sich einst aneinander gewärmt hatten. Mein Neffe fuhr in einem Wagen. Plötzlich hatte er das Gefühl, als folge ihm jemand. Er schaute sich um und sah dicht hinter sich einen lahmenden und abgemagerten Kojoten. Er fing zu bellen an – und bellte auf zweierlei Weise: wie ein Hund und wie ein Kind.

In dieser Nacht träumte Joe Thunderhawk von diesem Kojoten, und er verstand das Zeichen: Er sollte ein Medizinmann werden und die Arbeit seines Großvaters fortsetzen. Er arbeitet jetzt auf die traditionelle Weise mit seiner eigenen Medizin und heilt Leute, die sich sonst einer Operation unterziehen müßten. So ist die Kojotenkraft zur Familie Thunderhawk zurückgekehrt.

Für mich haben auch die Vögel viel zu sagen. Der Adler. Die Eule. In einem Adler vereint sich alle Weisheit dieser Welt; deshalb wird während unserer *yuwipi*-Zeremonien eine Adlerfeder oben auf der Stange angebracht. Wenn du vorhast, einen Adler zu töten, weiß der Adler in der Minute, in der du den Gedanken hast, bereits von deinen Plänen. Der Hirsch mit dem schwarzen Schwanz hat diese Weisheit auch. Und drum hängt an der *yuwipi*-Stange auch ein schwarzer Hirschschwanz. Diesen Hirsch wirst du, wenn du auf ihn schießt, nicht verletzen. Er bleibt einfach stehen, und die Kugel kommt zurück und trifft dich. Das ist, wie wenn jemand schlecht über dich spricht, und es fällt dann auf ihn zurück.

In einer meiner großen Visionen sprach ich mit den Vögeln, den geflügelten Geschöpfen. Ich war in Trauer über den Tod meiner Mutter. Sie hatte meine Hand gehalten und nur ein Wort gesagt: »Schlimm.« Sie hat dabei sicher nicht an sich gedacht; ich glaube, sie machte sich Sorgen um mich, einen armen Indianer, den sie in der Welt der Weißen zurücklassen mußte. Ich heulte auf dem Visionshügel, ich heulte um Hilfe, streckte die Hände zum Himmel und zog schließlich die Decke über mich – das war alles, was ich hatte: die Decke, meine Pfeife und etwas Tabak für eine Opfergabe. Ich wußte nicht, was ich zu erwarten hatte. Ich wollte die Kraft spüren, sie berühren. Ich dachte daran, mich hinzugeben, auch wenn ich dabei draufgehen sollte. So gab ich mich den Winden hin und der Natur, es war mir egal, was mit mir geschehen würde.

Plötzlich hörte ich einen großen Vogel über mir schreien, und dann schlug etwas auf meinen Rücken, er berührte mich mit beiden Flügeln. Ich hörte den Schrei eines Adlers, laut hob er sich ab von den Stimmen der anderen Vögel. Er schien zu sagen: »Wir haben auf dich gewartet. Wir wußten, daß du kommen wirst. Jetzt bist du da. Dein Weg beginnt hier. Laß unsere Stimmen dich führen. Wir sind deine Freunde, die Federwesen, die Zweibeiner, die Vierbeiner, wir sind deine Freunde, alle Kreaturen, auch die winzigsten, die Achtbeinigen, die Zwölfbeinigen – alle, die auf der Erde krabbeln, alle Kreaturen, die fliegen und alle unter Wasser. Jeder von uns wird seine Kräfte mit dir teilen, und du wirst von nun an immer einen Geist mit dir haben – ein zweites Ich.«

Das bin ich, dachte ich, nichts anderes als nur ich, anders, aber doch derselbe, unsichtbar, aber trotzdem wirklich. Ich hatte Angst. Damals verstand ich das alles noch nicht. Ich habe ein Lebensalter gebraucht, um es herauszufinden.

Und wieder hörte ich die Stimme aus dem Klappern der Schnäbel, aus dem Quaken und Zirpen der anderen Vögel heraus. »Du hast Liebe für alles Leben, das auf diese Erde gepflanzt wurde, nicht vergleichbar mit der Liebe einer Mutter zu ihrem Sohn, auch nicht mit der Liebe des Sohnes zu seiner Mutter, sondern eine noch größere Liebe, die die ganze Erde umfaßt. Du bist nur ein Menschenwesen, ängstlich, weinend unter der Decke, aber in dir ist ein großer Raum, der mit dieser Liebe gefüllt werden kann. Die ganze Natur paßt da hinein.«

Ich zitterte und zog die Decke enger um mich, aber die Stimmen wiederholten sich immer wieder, nannten mich »Bruder, Bruder, Bruder«. So steht es mit mir. Manchmal fühle ich mich wie das erste Wesen in einer unserer Legenden. Es war ein Riese, geschaffen aus Erde, Wasser, dem

Mond und den Winden. Statt Haare wuchsen ihm Bäume auf dem Kopf, ein ganzer Wald. In seinem Bauch hatte er einen riesigen See und in seiner Kehle einen Wasserfall. Ich fühlte mich wie dieser Riese. Alle Natur ist in mir, und ein Stück von mir ist in jedem Teil der Natur.

Pete Catches: »Ich fühle auch so. Ich lebe in einem Zeitalter, das längst vorbei ist. Ich lebe wie vor fünfzig oder sogar vor hundert Jahren. Ich mag es so. Ich will so bescheiden und der Erde so nahe wie möglich leben. Nahe den Pflanzen, den Gräsern, den Blumen, die ich für meine Medizin brauche. Der Große Geist hat gesehen, daß der Mensch auf diese Weise überleben kann, daß er leben kann, wie er leben soll. Meine Frau und ich leben in einer kleinen Hütte – keine Elektrizität, kein fließendes Wasser, keine Kanalisation, keine Straße. So wollen wir es. Dieses einfache Blockhaus ist ein Platz des Friedens. So wollen wir auch den Rest unseres Lebens verbringen. Ich will abseits der modernen Welt leben, nur weg davon, weit weg im Busch und noch viel näher an der Natur, als ich das jetzt bereits tue. Ich will auch nicht Medizinmann genannt werden, einfach Heiler, denn das ist es, wofür ich erschaffen worden bin. Ich verlange nichts. Ein weißer Arzt hat sein Einkommen, ebenso ein weißer Priester. Ich nehme kein Honorar. Ein Mann geht geheilt aus meinem Haus. Das ist mein Lohn. Manchmal habe ich nicht die nötige Kraft – das macht mich traurig. Wenn ich die Kraft habe, bin ich glücklich. Viele Menschen denken immer nur daran, wie sie zu Geld kommen können. Das kommt mir nie in den Sinn. Wir leben von der Natur, meine Frau und ich, wir brauchen kaum etwas. Irgendwie werden wir schon leben. Der Große Geist erschuf die Blumen, die Flüsse, die Kiefern, die Zedern – und kümmert sich um sie. Er läßt eine Brise durch sie hindurch wehen und läßt sie atmen, gibt ihnen Wasser und läßt sie wachsen. Auch die, die in den Felsen wachsen. Er kümmert sich auch um mich, gibt mir zu trinken und zu essen, läßt mich mit den Pflanzen und Tieren als einer der ihren leben. So will ich auch bleiben, ein Indianer, jeden Tag in meinem Leben. Das soll nicht heißen, daß ich mich abkapseln will. Irgendwie finden die Leute immer wieder den Weg zu meiner Hütte. Ich habe das gern. Ich will im Gespräch sein mit den Menschen, ich will die Leute überall erreichen, ihnen den traditionellen indianischen Weg vermitteln, den Weg des Geistes nahebringen.

Gleichzeitig habe ich das Bedürfnis, mich immer mehr zurückzuziehen von allem, zu leben wie meine Vorfahren. Auf den Highways siehst du manchmal einen trampenden Vollblutindianer mit dem Daumen draußen. Das mache ich nie. Wenn ich auf einer Straße gehe, dann will ich sie auch zu Ende gehen. Das steckt tief in mir drin, eine Art Stolz. Eines Tages werde ich meine Hütte noch tiefer in die Berge verlegen, vielleicht lasse ich das Haus ganz weg und werde ein Teil der Wälder. Dort hat der Geist immer noch etwas zum Entdecken übriggelassen: ein Kraut, ein Zweig, eine Blume – eine ganz kleine Blume vielleicht, in die man sich lange versenken und über die man nachdenken kann. Keine Rose! Gelb, weiß, künstlich und groß. Ich habe gehört, sie züchten jetzt schwarze Rosen. Das ist nicht natürlich. Das ist gegen die Natur. Sie machen uns schwach. Ich verabscheue sie.

Je älter ich werde, desto mehr verkrieche ich mich in den Hügeln. Der Große Geist hat sie für uns, für mich geschaffen. Ich will mich mit ihnen vermischen, in sie eintauchen und schließlich in ihnen verschwinden. Wie mein Bruder Lame Deer schon gesagt hat – alle Natur ist in uns, und alles von uns ist in der Natur. So soll es sein. Sag mir, Richard, wie wirst du das Kapitel deines Buches nennen, in das du die Dinge packst, über die wir heute gesprochen haben? Ich weiß schon, wie du es nennen wirst: ›Mit den Eulen und Schmetterlingen sprechen‹.«

MARI SANDOZ

Die Adlergrube

Young Lance erwachte aus unruhigem Schlaf und quälenden Träumen, in denen der kleine Ree entführt und das Dorf überfallen worden war. Aber als er den Kopf hob und sich umsah, fand er sich in dem wohlbekannten niedrigen Wickiup wieder. Seine Vettern waren bereits verschwunden, und von draußen drang das Geräusch laufender Pferde herein. Doch von hinten ertönte eine Männerstimme, die mit Gesang die Sonne und den neuen Tag begrüßte.

Lance hob den Vorhang des Unterstandes und spähte hinaus. Im hellen Morgenlicht sahen seine seit drei Tagen ungekämmten Zöpfe zottelig, sein Gesicht verhärmt und bekümmert aus. Es schien irgend etwas im Gang zu sein zwischen den spitz zulaufenden Lederhütten von Sun Shields Dorf. Der alte Ausrufer lief trommelnd den großen Kreis ab und verkündete etwas. Die Frauen blickten von ihren Kochstellen hoch, aus deren Feuer blauer Rauch aufstieg und sich gegen den geröteten Himmel ausbreitete, beugten sich dann aber wieder über ihre Arbeit.

Junge Leute waren kaum zu sehen. Lance konnte weder seine Freunde Deer Foot und Cedar noch Mädchen wie Dawn und ihre Gefährtin Shying Leaf irgendwo entdecken. Hier und dort rannten kleine Jungen herum und sammelten sich wie junge Antilopen zum Spiel. Lance beschattete seine Augen zum Schutz gegen die eben über den östlichen Hügeln aufsteigende Sonne und sah sich nach dem kleinen Ree um, aber der war nicht draußen. Und doch galt die emsige Eile im Dorf keinem Feind. Niemand sammelte sich bei den Hütten der Krieger, und niemand trug Kriegsbemalung. Selbst die von den Hügeln hereingetriebenen Pferde waren einfache Pack- und Zugpferde, und dazu kamen die schnellen Büffelrenner. Wahrscheinlich brach ein Jagdtrupp auf. Lance wußte, daß jemand, der in Ungnade stand, sich zu solchen Zeiten nicht vordrängen durfte. Die Büffel kamen nur dann in Scharen, wenn alles gut getan war, die Frauen rein, die Männer ehrbar und tapfer waren.

Der junge Sioux stahl sich aus dem Wickiup und um das Dorf herum hinunter zum Fluß. Er brach eine dünne Eisschicht am Ufer, wusch sich die Müdigkeit aus dem Gesicht und flocht seine Zöpfe neu, um bei der Morgenmahlzeit ordentlich auszusehen. Er ging zur Feuerstelle von Feather Woman, die bei seiner Geburt als zweite Mutter ausgewählt worden war, so wie es sich ziemte. Die zweite Mutter konnte den Sohn direkt loben oder tadeln; sie durfte ihm ihre Zuneigung auf eine Weise zeigen, die bei der echten Mutter bewirken würde, daß der Sohn ein Leben lang wie ein kleines Kind an den Hacken ihrer Mokassins hinge.

Feather blickt auf, als Lance sich langsam und mit der gebotenen Achtung näherte. »Du bist spät dran, mein Sohn«, sagte sie. »Man kann seine Sorgen nicht verschlafen.«

Sie bemerkte das zwar tadelnd, aber mit herzlich-neckendem Ton und lachte ein bißchen, als sie die Scham im Gesicht des Jungen sah. »Mit den fallenden Blättern kann alles vergehen«, fügte sie hinzu und wählte eine der jungen Enten, die in der Asche rösteten. »Die anderen sind schon fort, man hat Büffel gesichtet.«

Das war eine gute Nachricht.

»Es ist beschlossen worden, daß du hier bleiben sollst, mit jenen, die für das Dorf sorgen, bei den Alten und Kranken.«

Lance starrte auf die Ente am Ende des Bratstocks und hob den Kopf nicht, als er endlich zu fragen wagte: »Der kleine Ree?«

»Wir werden ihn aufnehmen. Die Krieger sind auch auf der Jagd und können jeden, der ihn holen will, bekämpfen. Pawnee Woman spricht die Sprache der Ree und hat herausbekommen, daß der Junge der Sohn des getöteten Kriegshäuptlings ist. Er wurde nach dem Kampf zurückgelassen, und keiner lebte mehr, der ihn holen konnte. So irrte er umher und fand schließlich durch den Flug der Geier den Kampfplatz.«

Lance trat verlegen von einem Bein aufs andere. »Ich weiß, es war gefährlich, ihn hierherzubringen.«

»Ja, sehr gefährlich, wenn die Ree entdecken, daß er noch lebt.«

Lance antwortete nichts, und die Frau tat beschäftigt, um ihn durch Trostworte, die man einem kleinen Jungen, aber keinem angehenden Krieger anbietet, nicht zu beschämen und bloßzustellen. Nach einer Welle erinnerten Duft und Gewicht der Bratente Lance an den Bratstock, den er immer noch in der Hand hielt. Er trennte eine saftige, kroßgebräunte Keule ab, biß aber nicht hinein. »Wir werden uns bemühen, dir, meine Mutter, und dem ganzen Dorf gute Söhne zu sein«, versprach er, aber seine Worte waren sehr leise und ohne Zuversicht.

Young Lance wußte, daß während der langen Schneefälle des kommenden Winters und Frühjahrs tiefe Löcher selbst in den prallsten Lederbehältern mit getrocknetem Fleisch und Wasna entstehen würden. Dabei waren die Parflêches – so wurden die kunstvoll bemalten Falttaschen genannt – im Dorf von Sun Shield bisher noch nicht einmal zur Hälfte gefüllt. Die Büffel waren rar, und die große Herbstjagd stand noch aus. Aber jetzt konnte schon an jedem Tag ein Blizzard hereinbrechen, der die großen Herden in kleine Gruppen auseinandertreiben und für den ganzen Winter schwer auffindbar machen würde. Das aber bedeutete, daß die Bäuche in den Hütten immer flacher werden würden, ehe das Gras wieder wuchs. Und die Jäger würden selbst bei der bittersten Kälte losziehen, um einen Hirsch oder Elch zu erlegen, obschon eine derartige Beute für ein ganzes hungriges Dorf nicht mehr bedeutete als ein guter Duft im Wind.

Auch dicke neue Felle wurden gebraucht, für die Böden der Hütten, warme Betten und zum Schutz gegen die durchdringenden Winde der Schneestürme; und dann die anderen, feineren Felle, wert der Kunst der Kleidermacherinnen, zu denen auch seine Mutter zählte; Häute, die auf der Innenseite dünn geschabt und weich wie Hirschleder gegerbt wurden, Herbstfelle, deren Wolle im Feuerschein dunkel glänzte. Während der langen Wintertage, wenn die Pappeln im Frost knackten, würden die alten Frauen die besten Felle mit Farbe und Perlstickerei für die Häuptlinge verzieren. Und das schönste Fell, die kunstvollste Arbeit, würde dann zum Dank feierlich dem Herrn der Tiere geopfert werden.

Heute nun sollte die große Herbstjagd beginnen, und einige der jungen Jäger, die für das Töten ausgewählt worden waren, würden Ruhm ernten können. Lance hätte unter ihnen sein können; nun aber durfte er nicht einmal beim Zerlegen der Büffel helfen. Er wußte, daß einige meinten, schon die Mitnahme des kleinen Ree allein bringe Unglück, und außerdem vermochte niemand zu sagen, was mit dem kleinen Jungen geschehen würde, wenn die Ree angriffen und ein weiterer Sioux unter ihren Pfeilen und Gewehren sterben würde. Irgend jemand, Mann oder Frau, könnte – vor Kummer außer sich – seinen Schmerz dadurch zu lindern versuchen, daß er den so nahe erreichbaren Feind tötete, selbst wenn dieser nur ein kleiner Junge war. Was würden Lance und seine Kriegerverwandten dann tun? Er war es doch, der den Reejungen in das Dorf gebracht hatte, als Gefangenen, aber auch als seinen selbstgewählten Bruder.

Lance hatte wachgelegen und über diese Dinge nachgedacht, als in der vergangenen Nacht neue Späher ausrückten, um dort zu wachen, wo sein eigener Trupp hätte bleiben sollen. Er hörte, wie sie aufbrachen. Jumping Moose und seine Männer waren nicht darunter. Sie waren auch nicht bei den Jägern. Sie mußten bleiben, um das Dorf hier zu schützen, die Hütten, Güter, Pferde und all jene, die der Jagd nicht folgen konnten; die Alten, Verkrüppelten und Kranken. Auch kräftige Frauen waren zurückgeblieben, um die Neugeborenen in den Wiegen zu versorgen und um die nötigen Vorbereitungen für das Fleisch und die Felle zu treffen. Alle anderen waren mitgegangen, auch der kleine Ree, der mit mehreren anderen Kindern in einem Korb auf der von einem Pony gezogenen Stangenschleife saß. Nur Lance blieb zurück.

Young Lance sah zu, wie das Jagdlager in der frühen Herbstsonne auszog, dem Pfad der Schützen folgend, die gestern und während der Nacht vorausgeritten waren. All die Menschen folgten in langer Reihe den Kriegern, die weit vorn und an allen Seiten den Zug sicherten. Die meisten der jungen Frauen und Mädchen ritten zusammen, Dawn und ihre Freundinnen darunter. Ihre Blicke streiften immer wieder die jungen Männer, die das wandernde Camp schützen sollten. In der Mitte des Zuges befanden sich meist Familien und dazu einige junge Männer, die auch hier helfen und schützen sollten. Viele Frauen und ältere Männer hatten Stangenschleifen hinter ihren Pferden, einige beladen mit den Schlachtwerkzeugen, andere mit kleinen Tipis für die Nacht und wieder andere mit Weidenkörben, aus denen die Kinder und kleinere Gegenstände nicht herausfallen konnten. Der kleine Ree sah aus einem dieser Körbe heraus und blickte zurück, aber nicht sehr lange. Bald teilte sich auch ihm die Erregung des wandernden Lagers mit und ließ ihn den jungen Sioux vergessen, der ihm draußen auf dem Kampfplatz das Freundeszeichen gemacht hatte.

Als sich der Staub der letzten Stangenschleife gesetzt hatte, glaubte Lance, die plötzliche Stille im Dorf ebensowenig ertragen zu können wie die höflich abgewandten Blicke der Witwe von Arrow Man, die ihn nicht öffentlich tadeln wollte. Er vergaß die Gefahr eines möglichen Angriffs der Ree, Pawnee oder Crow, die nach dem Abzug der Jäger drohte, und verließ das Dorf. Im Weggehen warf er den Elstern, die dazu beitrugen, den Boden im Dorf sauberzuhalten, einen Knochen zu und beobachtete, wie sie aufflogen und ihre langen Schwänze hinter sich herzogen. Weiter entfernt entdeckte er einen Adler, der langsam seine Kreise zog, hinabtauchte und sich vom Wind wieder emportragen ließ, stets mit scharfen Augen nach einem Kaninchen oder frischen Kadaver spähend. Auch der Adler war hungrig, da die Überreste der Büffeljagd bisher spärlich ausgefallen waren.

Lance rannte zu seiner Hütte, versuchte dabei aber den kreisenden Adler im Auge zu behalten. Er warf sich seinen kleinen Büffelumhang über die Schulter und nahm seinen Bogen und dazu ein altes Stück Wildleder mit. Niemand versuchte ihn aufzuhalten, als er sich daran machte, den Steilhang vom Flußbett zu der herbstfahlen Ebene, die sich weit nach Norden hin erstreckte, hinaufzuklettern. Außer Sichtweite des Dorfes schlug er einen weiten Kreis zurück zu dem Punkt, an dem das Tafelland in einem hohen Kalksteinfelsen endete, der allgemein der Auslug genannt wurde. Hier kauerte er sich in seinem Umhang hin und blickte finster auf die verstreuten dunklen Flecken der Pferdeherden in der weiten offenen Prärie, wo man das Nahen des Feindes gut sehen konnte, und dann hinunter auf die verrauchten Hütten seines Dorfes. Draußen im Flußbett konnte er die Gestalten der Frauen erkennen, obwohl sie von so weit wie kleine Kinder wirkten. Er wußte, daß einige von ihnen Sweetgrass und Kräuter pflückten, um damit die Parflêches für das bei der Jagd erbeutete Trockenfleisch auszufüttern. Auch hörte er von weitern die dumpfen Schläge der Äxte, mit denen andere Frauen alte Travoisstangen zerhackten oder Gebüsche rodeten, um Trockengerüste für das Fleisch und Vorrichtungen für das Spannen der Häute herzustellen, die benötigt werden würden, wenn die Jagd erfolgreich war.

Der junge Indianer wußte, wie es draußen bei der Büffel-Umzingelung zugehen würde und wie aufregend es wäre, mit seinem kleinen Reebruder und dem Rest seiner Familie und all seinen Freunden dabeizusein. Er allein fehlte, war nicht einmal zugegen, wenn es galt, ein Tier niederzuschlagen, das plötzlich wieder lebendig wurde und die Schlachtenden anzugreifen drohte. Statt dessen saß er hier oben am Auslug und wünschte sich eine gesäuberte Haut oder wenigstens ein glattes Stück Holz, um die Bilder festzuhalten, die immer in ihm aufstiegen, sogar hier, wohin er gekommen war, um eine alte Adlergrube zu suchen. Als er sie endlich gefunden hatte, halb mit Abfall, Sand und umgeknickten Weidenstämmen gefüllt, hatte sich hoch oben am Himmel dem ersten Adler ein zweiter zugesellt: zwei schwarze Flecken, die in blasser Bläue schwebten.

Lance verschwand in der alten Grube und fing an, den Abfall zusammenzuscharren. Er häufte ihn auf seinen Umhang, um ihn wegzuschaffen, ohne ein Zeichen menschlicher Anwesenheit zu hinterlassen. Als er endlich bis zum felsigen Grund vorgedrungen war, deckte er das Loch mit feinem Weidengeflecht zu, wobei er die kräftigen neuen Zweige unter alten verrotteten verbarg. Als der Platz genau so unberührt aussah wie zuvor, schoß Lance ein Kaninchen und band es oben fest an die Abdeckung, die blutigrote Seite dem Himmel zugewandt. Dann kroch Lance, obwohl die Adler verschwunden waren und er Hunger und Kälte spürte, in die Grube unter der Weidendecke und wartete.

In dem windgeschützten Raum wurde ihm wieder warm, und als er anfing einzunicken, warf er den Umhang ab, damit die Kälte ihn wach hielt. Seine Augen waren ständig auf den blassen Himmel gerichtet, das Stück Wildleder hielt er bereit. Gegen Abend erschien von Süden her ein Adler, der schnell näher kam. Er kreiste um den Auslug und drehte seine Runden tiefer und tiefer. Plötzlich legte er die Flügel an, schnellte wie ein Pfeil auf seine Beute, senkte die Klauen in das Kaninchen und schlug mit den Flügeln, um zum Flug anzusetzen. Dabei brachte er die ganze Grubenabdeckung in Bewegung. Young Lance griff durch das Weidengeflecht nach den mächtigen Ständern, packte erst den einen und dann den anderen, während der Adler kräftiger mit den Flügeln schlug und mit dem Schnabel wütend nach dem

Holz hieb, das ihn zurückzuhalten schien. Die messerscharfen Fänge fuhren seitwärts über die Handgelenke des Jungen. Das Blut floß, brennender Schmerz durchzuckte ihn, aber er hielt die Beine des Adlers fest umklammert und versuchte, beide mit einer Hand zu halten. Er wollte das Wildleder über die Klauen ziehen, um seine Hände und Arme zu schützen. Den Kopf gesenkt, um die Augen abzuschirmen, krümmte Lance die Schultern unter den reißenden Schnabelhieben und den kraftvollen Flügelschlägen, als der Weidenschirm bei der wütenden Gegenwehr des Adlers davonflog. Wieder und wieder hieb der mächtige Vogel auf den nun ungeschützten Kopf und die Schultern ein und riß mit dem Schnabel Fetzen aus dem zum Schutz der Augen erhobenen Arm und den Schultern. Wie Kriegskeulen droschen die starken Schwingen auf Lance ein. Aber der ließ nicht locker. Es gelang ihm, mit seiner rechten, vom eigenen Blut schlüpfrigen Hand den Hals des Adlers zu packen und ihm mit dem Daumen die Luftröhre zuzudrücken. Der Adler wehrte sich verzweifelt und rang mit offenem Schnabel nach Luft, wurde aber allmählich schwächer. Schließlich breiteten sich die sinkenden Flügel dunkel und schützend um den sterbenden Greifvogel und den jungen Jäger.

Die Sonne ging schon unter, als Lance endlich die Kraft fand, aus der Grube zu kriechen und den Heimweg anzutreten, das zerschundene, zerhackte Gesicht verschwollen, Kopf, Arme und Hände blutig und voller Sand. Die dick aufgeschwollene Schulter schmerzte unter dem Gewicht seines ersten Adlers, des großen Adlers mit dem Goldkopf.

Zwei alte Männer aus dem Dorf liefen dem jungen Sioux entgegen. Sie breiteten die Adlerschwingen zwischen sich aus und brachen in erstaunte Rufe über die Spannweite aus, die eine Manneslänge noch übertraf. Die blutenden Wunden des Jägers kündeten von einem Kampf, der noch viele Monde lang immer wieder gepriesen werden sollte. Die Narben auf seinen Schultern aber würden noch länger davon zeugen. Es war von großer Bedeutung, daß Young

Lance, dem man versagt hatte, mit auf die Jagd zu ziehen, heute in der alten Grube einen Adler gefangen hatte, ohne eine Vision, ohne Weisung einer Medizin, ohne Berater noch sonst einen Menschen, der ihm hätte helfen können.

Nun aber mußte der junge Adlerfänger zum Bach hinunter geführt werden, um dort in dem reinigenden Wasser zu baden, und er mußte etwas zu essen haben. Leider war sein Vater nicht anwesend, um die Tat singend im Dorf zu verkünden. Dennoch verbreitete sich die Nachricht schnell, und alle liefen herbei, um die Ankunft des Adlerfängers mitzuerleben. Zwar lud die Witwe von Arrow Man Lance nicht zum Essen in ihre Hütte ein, aber sie schickte ihm doch in einem Gefäß aus dem Gehörn des Wildschafs Suppe mit einer Menge wilder Rüben und Zwiebeln und ein großes Stück saftigen Wildbraten. Es war Essen für einen Mann, und Lance aß alles auf, bis er so vollgestopft wie ein Dachs vor dem Winterschlaf war. Mehr noch als das Essen bedeutete ihm die großzügige Geste der Frau, deren Mann im Kampf gegen die Ree gefallen war.

Als Lance am nächsten Morgen nach langem Schlaf aufstand, fand er einen neuen Durchziehschurz aus Rehleder vor dem Hütteneingang. Das Muster der fröhlich-bunten Perlstickerei kannte er nicht. Vielleicht stammte es von der Pawnee-Frau, deren Stamm dem der Ree verwandt war und die schon lange Jahre bei den Sioux lebte. Auf jeden Fall ließ ihn die Freude über das Geschenk ein wenig vergessen, wie zerschlagen er sich fühlte, und wie sehr ihn der ganze Körper schmerzte. Sonst geschah aber nichts mehr wegen des Adlerfangs. Zu frühzeitig und sehr still war der Jagdtrupp heimgekehrt, ohne Gesänge und vorausgesandte Boten, die die bevorstehende Feier ankündigen sollten. Sie hatten nur wenig Fleisch und einige wenige Felle erbeutet. Die Büffel waren von einer anderen Jagd, die offenbar kurz zuvor stattgefunden hatte, noch wild und in kleine Gruppen aufgelöst gewesen. Anscheinend hatten Pawnee gejagt; zumindest trugen die Pfeile in den frischen, noch blutenden Wunden einiger fetter Büffelkühe das Pawneezeichen.

Jumping Moose prüfte die mitgebrachten Pfeilschäfte. »Ich glaube, die Jäger können auch Ree gewesen sein, die Pfeile der Pawnee benutzten.«

Ja, die Späher hatten einen großen Reezug nach Norden gemeldet, und der Wind hatte ihnen allerlei Gerüchte zugetragen. Der Stamm ziehe sich zurück, den Missouri aufwärts, und verlasse seinen Dorfgrund nahe an dem Felsen, den die Weißen den Kamin nannten, und damit auch das ganze Land ihrer Pawnee-Verwandten.

Young Lance vernahm das voller Sorge. Wenn nur einer der Ree am Kampfplatz vorbeikam, wo die Spuren noch frisch, noch nicht von Regen oder Schnee verwischt waren, würden die Ree ganz bestimmt nach dem kleinen Zurückgelassenen suchen.

An diesem Abend war Sun Shields Dorf schon sehr früh dunkel und still. Über die zerfleischten Hände und das Gesicht von Young Lance verlor keiner ein Wort, nicht einmal seine Mutter oder die Zwillingsschwestern. Auch Deer Foot und Cedar sagten nichts, und Blue Dawn schenkte ihm nicht einen einzigen mitfühlenden Blick. Es sah so aus, als gebe man ihm die Schuld an der wenig ertragreichen Büffeljagd. Vielleicht hätte er den Adler für sich behalten und ihn an die Stangen der Hütte hängen sollen. Er hatte jedoch den großen Raubvogel sehr sorgfältig abgehäutet und die Schwingen für Fächer aufgehoben, deren einen er seinem Vater, Good Axe, und den anderen Moccasin, seinem zweiten Vater, den jeder junge Sioux haben mußte, zugedacht hatte. Glücklicherweise hatten Adler zwei Flügel, und so mußte er sich nicht zwischen den beiden Männern entscheiden. Die Schwanzfedern bestimmte er für das Haar und die Kriegshaube, die jemand eines Tages tragen würde – vor allem jene mit dem weißen Flaum, die man Brustfedern nannte. Die Haut aber wollte er für ein Jagdhemd gerben, um der Kraft willen, die so seinem Arm verliehen würde. Und mit dieser Kraft würde ihm auch die Weitsicht und die Schärfe des Adlerauges zu eigen.

Am nächsten Morgen saß Lance draußen in der Nähe der Wickiups, zeichnete Bilder in den Sand und lehrte den kleinen Ree die Siouxworte für Fleisch, Büffel, Pferd und Mann. Er fügte noch andere Worte hinzu, die jeder Junge kennen sollte: »Hungrig«, »müde«, »verletzt«, »kalt«, »ich habe das getan«, und »ich habe das nicht getan«. Lance wollte gerade noch die Aussage »es ist wahr« hinzusetzen, die für einen Sioux allerdings überflüssig war. Hingegen sprachen Feinde manchmal mit gespaltener Zunge. Lance lachte ein wenig bei dem Gedanken daran, und der Junge tat es ihm nach, ohne zu verstehen, aber um Zustimmung bemüht, mit seinen dunklen Augen den Blick desjenigen verfolgend, der ihn gefangengenommen hatte. Er wurde aber gleich wieder ernst und begann mit starrem Blick, aus den neuen Worten einen Satz zu bilden: »Ich würde gern« und dann fügte er die allgemeinen Zeichen für »gehen« und »nach Hause« hinzu.

»Nein«, sagte Lance streng, packte die Arme des Jungen und drückte sie ihm fest an die Seiten, um ihm deutlich zu machen, daß er ein Gefangener war. »Du kannst nicht nach Hause.« Der kleine Ree regte sich nicht unter dem festen Griff. Steinern und wütend stand er da, genau wie an dem Tag, als er gefangen worden war. Nur waren seine Rippen unter dem neuen Rehlederhemd heute weniger deutlich spürbar, und alles war ein wenig weicher und sanfter an dem Jungen: das Ergebnis menschlicher Wärme und Fürsorge, eines behaglichen Schlafplatzes am Feuer in der Hütte von Good Axe und der warmen Suppe im Horngefäß.

Als Lance langsam seinen Griff lockerte, mußte er sehen, wie die kleinen Hände trotzig weitere Zeichen bildeten: »Meine Leute. Sie werden kommen!« Der ganze kleine Körper war eine einzige Herausforderung, trotz aller Angst.

Noch ehe die Pferde weggeführt und die Jagdgeräte versorgt waren, begannen neue Büffelzeremonien. Sie wurden mit sehr großer Sorgfalt und wohl auch ein wenig Verzweiflung durchgeführt, denn die Zeit der Blizzards rückte immer näher. Die älteren Männer führten die überlieferten Beschwörungen mit der Pfeife und geheiligten Gegenständen durch, und einige von ihnen begleiteten die Büffelspäher auf ihrem Weg. Die Jugendlichen nutzten die Zeit, um einander mit Pfeil und Bogen und großen Reden ihre Tapferkeit zu beweisen, während die Jäger ihre Messer sowie die eisernen Spitzen der Pfeile und Lanzen wieder schärften, galt es doch, diese so zuzuspitzen, daß ein guter Lanzenwerfer mit einem gelungenen Wurf unter das Schulterblatt einen Büffelbullen in die Knie zwingen konnte.

Young Lance hielt draußen bei den Pferden Wache. Er hätte den kleinen Ree gern mitgenommen, aber Jumping Moose bedeutete dem Jungen, zur Familienhütte zurückzukehren und mit Laughing Cub zu spielen. »Zu gefährlich bei den Pferden«, erklärte er. Die überall herumschleichenden Pferdediebe könnten den Jungen sehen. Lance wußte, daß Jumping Moose recht hatte. So suchte er nach einem gebleichten Büffelschädel und zeichnete mit einem Stück Holzkohle zwei Pferde, die miteinander liefen und von denen jedes den Kopf über den Hals des anderen legte. Eines Tages würde er das Bild dem kleinen Ree zeigen; eines Tages, wenn es sicherer war, ihn hier heraus mitzunehmen.

An diesem Abend erfuhr Lance, daß man ihn gemeinsam mit Deer Foot und Cedar dazu bestimmt hatte, dem Kriegerbund zu helfen, bei der kommenden Büffeljagd Ordnung zu halten. Auch wenn er einen Feind unter die noch Trauernden gebracht hatte, fand man doch, seine Medizin müsse sehr stark sein, sonst hätte er nicht allein einen großen Adler fangen können. Er war der Jüngste im Dorf, der einen Adler mit bloßen Händen gefangen hatte, und der einzige, der das ganz allein, ohne Rat und Hilfe, geschafft hatte. Vielleicht würde eine so starke Medizin dazu beitragen, Büffel anzulocken, wie sie ja auch den Adler aus den Weiten des Himmels angezogen hatte.

Lance war in seiner Familie bei den Pferden und Waffen beschäftigt und hatte halbwegs das Versprechen erhalten, das graue Jagdpferd seines Vaters reiten zu dürfen, das erfahren und zuverlässig war. Außerdem sollte er den Büffelbogen des Vaters benutzen dürfen, der sehr schwer war, aber vielleicht konnte er wenigstens einige Male damit anlegen. Auf jeden Fall nahm er noch seinen eigenen Bogen mit, mit dem er auf der Sommerjagd zwei Jährlinge erlegt hatte. Gewiß, im Sommer war deren Wolle noch dünn gewesen, aber wer konnte wohl sagen, welche Kraft der Bogen nun haben würde?

Nachdem dies alles im Dorf ausgerufen worden war, fühlte Lance sich wohler als jemals seit der Zeit, da man Arrow Mans Leiche zum Bestattungsbaum getragen hatte. Er gesellte sich zu den anderen Burschen, die auf dem Abendpfad vom Fluß hinauf den Mädchen einen Blick, vielleicht sogar ein Scherzwort zuzuwerfen wagten, wenn diese mit den Wasserschläuchen vorbeikamen. Er hatte Cub und den Ree mitnehmen wollen, aber der Vater meinte, er solle besser warten, bis der Mond des Trauerns vorüber sei. Lances Zwillingsschwestern kamen auch mit ihren kleinen Wasserschläuchen vom Fluß – hübsche Mädchen mit sittsam niedergeschlagenen, aber dann und wann fröhlich aufblitzenden Augen. Sie vermochten bereits bewundernde Blicke auf sich zu ziehen, besonders von Dancer, einem dünnen, schnellfüßigen Jungen von dreizehn Jahren, der davon träumte, ein großer Läufer zu werden. Cedar und Deer Foot standen bei Lance und warfen Dawn, Shying Leaf und den anderen Mädchen freundlich-neckende Worte zu.

Gegen Abend des dritten Tages meldeten die Späher Anzeichen einer großen Büffelherde eine halbe Tagesreise westlich. Die Männer kehrten nicht zu den üblichen Feiern und Zeremonien zurück. Schon waren große Schnee-Eulen in den Baumwipfeln gesichtet worden, was einen schnell hereinbrechenden Winter mit starkem Schneefall anzeigte. Außerdem mußten die Späher die ziehende Herde beobachten, sie durch sorgfältige Verwendung von Menschenwitterung zusammenhalten und Feinde abwehren, die erscheinen könnten, um Fleisch zu schießen.

Da es so schien, als würden sie die Kraft und Kühnheit des Adlers brauchen, legte Lance sein Hemd aus Adlerhaut an und war schon frühzeitig bereit. Die Planer unter den Jägern waren schon vor der Dämmerung aufgebrochen. Nur wenig später lief der alte Ausrufer durch das Dorf und rief jene zusammen, die folgen sollten. »Macht euch bereit zum Aufbruch, meine Freunde! Reitet schnell, aber vorsichtig auf dem richtigen Weg; dann werden wir viel Fleisch bekommen!«

Zehn Angehörige des Kriegerbundes brachen früh auf, um jeden abzuwehren, der es versuchen sollte, sich wegzuschleichen und noch vor beendeter Umzingelung einen Schuß abzugeben. Damit hätte er bestimmt die Herde erschreckt und die ganze Jagd verdorben. Solch Rücksichtslose mußten von ihren Pferden geholt werden, wenn nötig mit Gewalt. Hinter den ersten Kriegern folgte die Hauptmacht der Jäger in Fünferreihen und dann ein langer Zug mit Travois, den Stangenschleifen, und Packpferden. Während diese Menschenmenge sich langsam über die weite Prärie bewegte, wählten die Häuptlinge einige der besten Jäger mit den schnellsten Pferden aus. »Junge Krieger, tapfere Stammesangehörige«, sangen sie, »ihr habt gute Bogen. All euer Handeln ist gut, deshalb sollt ihr heute jagen, um den Hilflosen, den Alten und all denen, die ohne starken Sohn und ohne Mann zurückgeblieben sind, Nahrung zu verschaffen. Alles was ihr erlegt, soll jenen gehören.«

Lance war hinten bei den jungen Burschen, die die Flanken des wandernden Lagers schützen sollten, als die ausgewählten Jäger in einer kurzen Kolonne vorbeiritten und die Frauen und Mädchen ihre Stimmen zu Gesängen hoben, die mit Zwitscherlauten endeten. Beim letzten Halt bereiteten die Jäger sich auf den Abschuß vor, während die anderen außer Sicht und vom Wind abgekehrt zurückblieben, um die halbblinden, aber scharf witternden Büffel nicht vorzeitig durch den Geruch von Menschen aufzuschrecken. Die Frauen packten aus und richteten die Stangen für die kleinen Tipis auf. Einige schlugen Weiden für Trockengerüste, falls die Jagd hier viel Fleisch einbringen würde.

Inzwischen waren Lance und andere junge Jäger unter der Aufsicht von Moccasin einen Abhang hinunter in den Wind geritten. Sie waren in ihrer Erregung kaum zu bändigen, als sie in einem weiten Tal herauskamen und das anschwellende Donnern vieler Hufe vernahmen. Als die ersten Umzingelungsposten aus ihren rundum verstreuten Verstecken zum ersten Mal anlegten, sahen sie, wie die große Herde zu rennen anfing. Die Pfeile trafen die Büffel von überall her und brachten die Herde dazu, in einem weiten Kreis herumzulaufen. Hier und da blitzten eiserne Spitzen in der Sonne auf. Ein Büffel fiel, dann wieder einer, mehrere, begleitet vom triumphierenden »Yihuu!« der Jäger.

»Vorwärts!« winkte Moccasin, und die jungen Burschen preschten los, einer hinter dem anderen, alle auf der Suche nach Jährlingen und anderen Jungtieren. Deer Foot brachte eins zu Fall und schrie seinen Triumph heraus. Da sonderte sich plötzlich ein alter Bulle von der Herde ab, suchte Deckung hinter einem der Jäger, und noch ehe der Mann sein ausschlagendes, erregtes Pferd wenden und den wertlosen Bullen, der die Umzingelung zu durchbrechen drohte, erlegen konnte, senkte das Tier seinen massigen, dunkelwolligen Schädel und ging auf Lances Grauen los. Zum Ausweichen blieb keine Zeit, das Pferd stürzte und Lance, der mit beiden Händen den langen Bogen seines Vaters umklammert hielt, flog über den Kopf seines Grauen auf den taumelnden Büffel, wobei er beim Aufprall den Bogen verlor. Einen Augenblick lang konnte Lance sich in der Rumpfwolle des Bullen festklammern, dann sprang er ab und rannte weg, während mehrere fette Kühe hinter ihm vorbeidonnerten. Sein Pferd war wieder auf die Beine gekommen, wie dies von einem guten Büffeljagdpferd zu erwarten war, und lief hinterher. Dann war die wilde Jagd vorbei, und Lance stand allein inmitten erlegter Tiere.

Er pfiff, sah seinen Grauen im Lauf innehalten und zurückkommen. So stieg er wieder auf und machte sich auf die Suche nach dem großen Bogen. Da lag er in der zertrampelten Erde, aber er war nicht zerbrochen. Um sich zu vergewissern, daß der Bogen auch wirklich keinen Schaden genommen hatte, nahm Lance ihn zu einem Erdhügel mit, steckte ihn dort aufrecht in den sandigen Boden und legte an. Die Herde galoppierte noch immer im Kreis herum. Aufrecht neben den galoppierenden Tieren schoß Lance nun einen Pfeil nach dem anderen ab. Der erste traf eine Kuh, die taumelnd in die Knie ging und aus der Nase blutete. Aber Lance war schon mit einem anderen Tier beschäftigt, schoß Pfeil um Pfeil auf einen jungen Bullen mit spitzen Hörnern ab und traf dann noch eine zweite Kuh. Sein Triumphgeschrei ging in dem Dröhnen und Schreien, welches das ganze weite Tal erfüllte, unter.

Als sein Köcher leer war, kehrte Lance um und suchte die von ihm erlegten Tiere. »Hierher!« rief Moccasin winkend. Auch Deer Foot und Cedar ritten herbei, und mit ihnen suchten noch sieben weitere unter den erlegten Tieren nach der eigenen Beute, die durch die Pfeilmarkierung bezeichnet wurde. Die jungen Jäger hatten elf Tiere erlegt, von denen einige noch nicht ganz tot waren. Ein Tier war von Pfeilen verschiedener Markierung getroffen. Unter den elf Büffeln gehörten drei Lance.

Inzwischen war das Schießen fast vorüber; das Dröhnen der Hufe entfernte sich mehr und mehr, und die Jäger kehrten auf verschwitzten, staubigen Pferden allmählich zurück. Das Tal war mit dunklen Tierkörpern übersät. Sie lagen – nach den Maßstäben des weißen Mannes – eine Meile weit auf dem Weg zerstreut, den die flüchtende

Herde genommen hatte. Das bedeutete viel Extraarbeit für die Schlächter und die Frauen, aber diese kamen jetzt frohlockend angelaufen und sangen das Lied vom Fleisch. Ihre Messer glänzten in der Sonne. Hinter ihnen kamen die Älteren und die Kinder, auch die ganz Kleinen, während die Jäger über die Prärie ritten, um noch lebende Tiere zu töten, damit es nicht etwa einem Bullen gelang, sich taumelnd wieder zu erheben und Hilflose anzugreifen.

Die Dunkelheit brach schon herein, als alles Fleisch zerlegt und alle Felle mit der wolligen Seite nach unten über die Packpferde geworfen worden waren. Dann wurde das Fleisch daraufgelegt und die herabhängenden Enden säuberlich über der Last verschnürt. Auch die Beinknochen wurden aufgehoben, enthielten sie doch süßes, fettes Mark, das in Suppen und Braten so gut schmeckte und das, von den fetttropfenden Fingern in die Zöpfe gewischt, den Haaren so schönen Glanz verlieh. Im Jagdlager brannten große Feuer, bei deren Schein die restliche Arbeit verrichtet wurde, während Rippenstücke gebraten wurden und sich ihr appetitlicher Duft weit in der Prärie verbreitete. Um das viele Fleisch auf den bereitstehenden Gerüsten schnell zu trocknen, schnitten es die Frauen in dünne Scheiben. Und wann immer jemand stehen blieb und in den Wind schnupperte, der aus Südosten kam, roch er den kommenden Schnee.

Unter den Trockengerüsten wurden niedrige Feuer angelegt und die ganze Nacht hindurch erhalten. Schon früh am nächsten Morgen wurde alles auf Travois und Packpferde verladen und so schnell wie möglich ins Dorf geschafft. Gegen Abend verdunkelte sich der Himmel. Als schließlich die Packpferde der Jäger, die für jene ohne Versorger gejagt hatten, an die jeweiligen Hütten angebunden und mit Dankgesängen begrüßt worden waren, begannen Schneeflocken zu fallen, so groß wie die Brustfedern eines Schwanes. Das restliche Fleisch wurde unter die Angehörigen der Jäger aufgeteilt, mit Ausnahme des fetten, spitzgehörnten jungen Bullen, den Lance erlegt hatte. Das Pferd, das mit dessen Fleisch beladen war, führte er zu der Witwe von Arrow Man.

»Es ist der beste, den ich erlegte«, stammelte er, denn er war verlegen und schämte sich, daß er nichts Besseres zu bieten hatte.

Die Frau strich das Haar zurück, das sie zum Zeichen der Trauer lose herabhängend in Strähnen trug, und steckte den zerrissenen Wildlederrock hoch. »Ich bin dankbar«, sagte sie und tat mit dem Abladen des Fleisches sehr beschäftigt. Lance half ihr, die schweren Lendenteile auf das bereits vorbereitete Bett aus Silbersalbei am Boden zu legen.

In jeder Hütte herrschte geschäftige Eile, um alles unter Dach und Fach zu bringen, ehe der Sturm, dessen Vorboten schon in kleinen weißen Wirbeln durch das Dorf eilten, losbrach. Die abendlichen Feuer – vielleicht die letzten im Freien für lange Zeit – blakten und knackten unter den fetten Rippenstücken der Büffel, als der Schnee dichter fiel. Als der immer heftiger einsetzende Sturm die Glut schwarz werden ließ, wurde das Fleisch in die Hütten gebracht. Die besten, saftigsten Stücke erhielten die Anführer der Jagd und der Kriegerbund, der den Auszug überwacht und Übereifrige zurückgehalten hatte, so daß alle die kreisende Herde treffen konnten. Danach herrschte Ruhe. Alles schlief, bis auf die Wachen bei den Pferdeherden und die Späher weit draußen, die sich eingemummt in ihre Bisonmäntel vorm Winde duckten, aber in ihrer Wachsamkeit nicht nachließen, wohl wissend, daß nach einer guten Jagd Kojoten und Indianer tief und fest schlafen.

Am nächsten Tag waren die Hütten, hinter denen jeweils ein oder zwei Pferde angepflockt waren, in dem Schneesturm kaum noch erkennbar. Der Wind heulte so stark, daß sogar lautes Schreien nicht zu hören war. Lance warf sich seinen Umhang über, um seine Wache bei den Pferdeherden draußen anzutreten. Dieses Wetter war für einen Überfall gut geeignet, und niemand vermochte zu sagen, wer draußen lauerte, ob Pawnee, Crow oder Ree. Später, gegen

Abend, brach endlich die Sonne durch und sandte goldene Speere über den Schnee, als Lance wieder zur Hütte von Good Axe zurückritt. Er trocknete sich gerade am Feuer neben Cub und dem kleinen Ree, die die Zwillingsschwestern auf der Frauenseite neckten, als der Ausrufer vorbeikam.

»Lance! Young Lance! Komm zur Ratshütte!«

Als er bald darauf den Vorhang am Eingang der Ratshütte hob, sah er den Späher Running Elk, der vor dem eilig zusammengerufenen Rat Bericht erstattete. Er hatte soeben einen Feind getötet. Auf der Rückkehr von seinem Späherposten draußen ritt er zwischen die Wickiup und die Hütten, um sich dem Sturm etwas zu entziehen. Plötzlich scheute sein Pferd vor einem Mann, der sich in dem weniger dicht fallenden Schnee zu verbergen suchte, wie vor einem Fremden. Der Mann fing an zu laufen und fiel über das Halteseil einer Zeltstange, wo Elks steinbewehrte Kampfkeule ihm ein Ende bereitete.

»Ein Ree!« Rundum im Kreis der Häuptlinge und der hinter ihnen versammelten Krieger klang es wütend.

»Und wieviel Feinden war es noch möglich, das Innerste eines Siouxdorfes zu erreichen?« dröhnte der alte Sun Shield.

Der Späher senkte den Kopf. Das vermochte keiner zu sagen, aber schon hatte sich eine größere Gruppe von Kriegern eilig aufgemacht, um im abenddunkeln Gebüsch und in den Schluchten nach weiteren Feinden zu suchen oder wenigstens das Pferd des Mannes zu finden. Jumping Moose war geradewegs zum Späherposten losgeritten.

»Hugh!« Es war gut zu wissen, daß einige handelten, selbst nachdem der Feind bis ins Dorf vorgedrungen war. Nun aber gab es noch mehr zu tun. Lance wurde losgeschickt, um den kleinen Ree zu holen. Man wollte ihn befragen, ob er den Getöteten kannte. Inzwischen waren den ersten jungen Kriegern, die herbeigeeilt waren, um die Leiche zu schlagen und Coups zu zählen, viele andere gefolgt. Männer, Frauen und Jüngere standen in der bitteren Kälte in ihre Büffelmäntel gehüllt, die Gesichter steinern vor Wut über diese den Sioux zugefügte Beleidigung. Waren sie nicht der mächtigste Stamm der Plains? Selbst Arrow Mans Witwe drängte sich durch die Menge, das Schlachtmesser gezückt, um den Ree zu stechen und den Tod eines guten Mannes zu rächen. Aber Sun Shield gebot ihr Einhalt. »Dein Mann verdient eine bessere Rache, meine Schwester«, sagte er.

Pawnee Woman erschien und wurde gemeinsam mit Lance und dem gefangenen Jungen durch die schweigende Mauer der Indianer zum Toten geführt, der noch immer im Schneegestöber am Boden lag. Dieser war weiß und schneebedeckt von der schweren Händlercapote bis zu den Mokassins, das nach obengewandte Gesicht ruhig wie im Schlaf, ohne eine sichtbar blutende Wunde. Der Reejunge starrte auf den Mann hinunter und rief dann etwas, das Pawnee Woman flüsternd als »Onkel« übersetzte, was indes ganz allgemein jeden erwachsenen Freund der Kleineren bedeuten konnte.

Der Junge schien nicht zu hören, was sie erklärte. Verwirrt blickte er auf, sah sich im Kreis der feindlichen Sioux, die da im glitzernden Abendschnee standen, um und sein Blick blieb am Gesicht von Lance haften. Ihm machte der Junge das Zeichen für »untergehen«, »tot« und ließ ein Fragezeichen folgen. Lance nickte. Ja, tot.

Der Junge bleckte die Zähne mit einem wütenden Schnarren und sah ganz aus wie ein wilder Krieger, wenn auch ein sehr kleiner. Dann plötzlich verwandelte er sich wieder in ein Kind voller Angst unter so viel strengblickenden Feinden. Schutzsuchend langte er nach dem Bisonmantel seines Adoptivbruders und preßte sein Gesicht fest in die schneenasse dunkle Wolle.

In der Nacht ging der Halbmond auf und sein Licht wurde immer heller, schien aber über den weiten Flächen gefrorenen Schnees sehr kalt und fern. Aus den Schluchten klang das Geheul der Wölfe, und die Kojoten fielen ein mit ihrem dünnen, hohen Gejaul, das an wilde Klagegesänge von Frauen gemahnte. Unten im Dorf brannten eine ganze Reihe großer Reisigfeuer, um das ganze Lager und den Tanzplatz zu erhellen. Zuerst wurde eine kleine Siegeszeremonie von Arrow Mans Witwe abgehalten, die nun, nachdem ihr trauriges Herz durch den Tod eines Reekriegers etwas getröstet war, gewaschen und gekämmt in vollem Putz ihrer besten Stickereien erschienen war. Sie und ihre weiblichen Verwandten tanzten und sangen zum Lob von Running Elk, der ihren Kummer gerächt hatte. Später gesellten sich alle zu der Feier und den Dankestänzen, galt es doch, die reiche Jagdbeute zu feiern, die zwar des Sturmes wegen eilig erlegt und eingebracht werden mußte, aber deswegen nicht gemindert worden war.

Lance sah den Tanzenden von einem Platz zu, an dem sich die älteren Frauen aus Dawns Hütte aufhielten, wohl wissend, daß das Mädchen irgendwo im Kreis um das große Feuer herumwirbelte. Er gab vor, nur wegen des Trommelns und der Lieder gekommen zu sein, doch als ein Mädchen nach dem anderen ihn aufforderte, sich den Tanzenden zuzugesellen, war er schnell bereit. Schließlich streckte auch Dawn ihm ihre Hand entgegen, und er vollführte mit ihr kleine Lauf- und Springschritte auf dem hartgefrorenen Boden, wobei nicht nur der Feuerschein die jungen Gesichter rötete und erhitzte. Es war herrlich, schöner als alles, woran Lance sich zu erinnern vermochte. Dennoch lief er ab und zu zur Hütte, um sich zu vergewissern, daß der kleine Ree friedlich schlafend neben Laughing Cub lag. Nachdem keinen Speerwurf vom Feuer von Good Axe entfernt ein Ree getötet worden war, konnte man nicht vorsichtig genug sein.

Als der Mond wieder hinter einer Wolke verschwand, war die Gruppe der Späher immer noch draußen auf der Suche nach den Feinden. Ihre Aufgabe war schwierig, denn der Schnee hatte alle Spuren ausgelöscht. Lance wurde immer unruhiger. Es hielt ihn nicht mehr im Kreis der Tanzenden, obwohl Deer Foot seine seltsamen kleinen Mokassinschritte viel zu häufig an Dawns Seite machte.

Vom Eingang der Hütte blickte Lance noch einmal zurück auf die dunklen Figuren, die sich im Kreis um das lodernde Feuer bewegten, und hinauf zu den Steilhängen, die wie blasse Schneewälle im schwindenden Mondlicht dastanden. Dann schlüpfte er unter dem Ledervorhang durch. Im Inneren war es dunkel; nur das rote Auge der Herdstelle glimmte. Der Jugendliche suchte sich einen Platz neben der alten Frau, die nahe am Eingang schlief, um alle, die kamen und gingen, zu bemerken. Er warf einen Blick nach hinten, wo Vater und Mutter in ihren Roben schliefen, und ließ sich in der Nähe seiner Brüder nieder, um den Rest der Nacht zu wachen. Auch wenn ihm ab und zu der Kopf auf die Brust sank, dem jungen Sioux entging auch nicht das leiseste Knirschen des Schnees draußen.

Aber er hätte mehr gebraucht als ein Jagdhemd aus der Haut des scharfäugigen Adlers, um alle vor ihm liegenden Gefahren zu erkennen.

THOMAS JEIER

Das Lied der Cheyenne

Büffelfrau ritt ins Feindesland. Schmutziges Wasser spritzte unter den Hufen ihres Ponys, als sie den sandigen Fluß an einer Furt durchquerte. Die Luft war frisch und kühl. Dichte Wolken hingen am Himmel und warfen Schatten auf das bergige Land. Viele Tagesritte vor ihr ragten die schneebedeckten Gipfel in den Dunst. Der Donnervogel flatterte über den schroffen Felsen und kämpfte gegen die Sonne, deren Licht in den Wolken zerfloß und lange Schatten auf den Boden warf.

Sie ritt über eine weite Ebene. Der harte und trockene Boden war mit Büffelgras und Salbei bewachsen. Ein lichter Laubwald versperrte die Sicht nach Osten, im Westen verlor sich die Prärie in einem Labyrinth aus Schluchten und Tälern. Es war ein unübersichtliches Land, wie geschaffen für einen Hinterhalt, deshalb zügelte sie auf jeder Anhöhe ihr Pony und sah sich aufmerksam nach Feinden um. Adlerkopf hatte recht. Es war sehr leichtsinnig, allein in das Land der Ho-he zu reiten, aber ihr blieb keine andere Wahl. Die Geister verlangen, daß man allein nach seiner Vision suchte. Der weiße Büffel wußte sicher, warum er sie in den Bergen der Ho-he erwartete.

Die ersten beiden Tage verliefen ohne einen Zwischenfall. Sie sah keinen Menschen, und selbst die Geister gaben ihr keine Rätsel auf. Ihr einziger Begleiter war der Wind, der aus den Bergen im Norden kam und kühle Luft mitbrachte. Die Sonne hatte ihren Kampf gegen den Donnervogel verloren und blieb hinter einer dichten Wolkendecke. Es regnete leicht. Sie hatte sich ein Büffelfell umgehängt und kniff die Augen gegen den immer stärker werdenden Wind zusammen. Es war kein angenehmer Ritt, aber sie hatte es nicht anders erwartet. Die

Geister stellten sie schon mit der langen Reise auf die Probe.

Sie übernachtete zwischen einigen Felsen. Die mannshohen Steine boten ihr guten Schutz, aber sie war allein im Feindesland und zündete kein Feuer an. Ein paar Bissen von dem Pemmikan und einige Schluck aus dem Wasserdarm mußten genügen. Sie rollte das Büffelfell zwischen Krüppelkiefern aus. Ihr Bogen und der Köcher mit den Pfeilen lagen dicht neben ihr. Wenn die Ho-he kamen, war sie bereit. Sturmwind stand hinter einigen Büschen und zupfte an dem kniehohen Gras. Auch er wußte, daß dies ein besonderer Ritt war. Beim leisesten Geräusch würde er seine Herrin warnen, so hatte sie es ihm beigebracht. Sie betete und schlief ein.

Als der blasse Mond am höchsten stand, wurde sie durch ein Geräusch geweckt. Sturmwind schnaubte leise. Sie schreckte hoch, griff nach ihrem Bogen und zog einen Pfeil auf die Sehne. Ein kleiner Hirsch tauchte zwischen den Büschen auf, witterte die fremden Wesen und rannte davon. Sie ließ den Bogen sinken und legte sich wieder hin. Der Schlaf hüllte sie ein, und die Geister schickten ihr einen Traum, in dem Weißer Biber als stolzer Krieger über die Prärie ritt. An seiner Lanze hingen die heiligen Pfeile. Ein schwarzer Vogel stürzte sich auf ihn, und er stürzte vom Pony und verschwand in der Dunkelheit.

Sie wachte schweißgebadet auf und brauchte einige Zeit, bis sie sich an die Wirklichkeit gewöhnt hatte. Das Morgengrauen tauchte die Felsen in schiefergraues Licht. Es regnete nicht mehr, aber die Luft war feucht, und die dunklen Wolken am Himmel kündigten schlechtes Wetter an. Sie trank von dem Wasser und aß etwas Pemmikan, dann stieg sie auf ihr Pony und ritt aus dem Versteck.

Sie hielt auf einem Hügelkamm und musterte das Land, das vor ihr lag. Es hatte sich kaum verändert, seit sie den Fluß überquert hatte. Sie befand sich immer noch auf der Prärie, und die Berge waren immer noch weit entfernt. Die

Ho-he waren nicht zu sehen. In einer Senke weideten einige Antilopen, und ein Kaninchen verschwand dicht vor ihr in seinem Bau. Sie rückte den Bogen und den Köcher auf ihrem Rücken zurecht und trieb das Pony an. »Ei-e-ya«, sagte sie leise, »lauf schneller, mein Pony. Der weiße Büffel wartet auf uns.«

Sturmwind verstand, was sie sagte, und flog über das bergige Land. Seine Mähne flatterte im Wind, von seinem Maul trieben Schaumfetzen. Büffelfrau lag flach auf seinem Rücken und genoß den frischen Wind, der sich in ihren Haaren verfing. Sie trieb ihn in eine langgestreckte Schlucht und griff ihm heftig in die Zügel, als sie die Aasvögel hinter den Felsen entdeckte. Sie kreisten über einem schlauchartigen Seitencanyon, der von dem Tal abzweigte und sich zwischen den Felsen verlor.

Minutenlang verharrte sie stumm im Sattel. Sie beobachtete die Schlucht und das hügelige Land, das dahinter lag. Von ihrem Vater hatte sie gelernt, daß man einen Feind auch sehen konnte, wenn man ihn nicht sah. Wenn die Präriehunde vor Angst in ihren Höhlen verschwanden, und die Rehe im Wald untertauchten, waren Menschen in der Nähe. Wenn die Vögel schwiegen, oder Vögel aus einem Weidendickicht stiegen, waren sie durch Menschen aufgeschreckt worden. Auch die Bäume und Büsche und die Steine konnten sprechen und verrieten ihr, wenn Gefahr drohte.

Nach einer Weile ritt sie weiter. Sie lenkte ihr Pony in die Schlucht hinab und stieß auf die Spuren von drei Reitern. Sie stieg ab und untersuchte die Abdrücke in der vom Regen aufgeweichten Erde. »Ho-he«, sagte sie. Zwei erwachsene Krieger und ein Junge. Die Spuren des einen Ponys hatten sich nicht so tief wie die anderen in den Boden gegraben. Sie waren nebeneinander geritten. Das zeigte ihr, daß sie keine Feinde in der Gegend vermuteten und glaubten, sich sorglos bewegen zu können. Die Spuren waren keinen halben Tag alt. Die Erde an den Rändern der Abdrücke war noch nicht eingefallen. Büffelfrau führte ihr Pony an den Zügeln.

Vor dem Seitencanyon hatten die Ho-he ihre Ponys heftig angetrieben, anscheinend hatten sie ein Wild aufgestöbert und verfolgt. Sie entdeckte die Spuren einer Antilope und die Abdrücke der Ponys, die in einem gemächlichen Trott zurückgekehrt waren.

Büffelfrau schwang sich in den Sattel. Sie ritt in den schmalen Seitencanyon und fand die Überreste der Antilope. Einige Aasvögel flatterten erschrocken davon, als sie das lebendige Wesen sahen. Sie blickte sich um, nickte zufrieden und kehrte in die Schlucht zurück. Die Ho-he waren verschwunden. Es bestand keine Gefahr mehr, und sie brauchte keine Angst zu haben, von den Kriegern in einen Hinterhalt gelockt zu werden. Sie waren arglos. Die deutlichen Spuren erzählten Büffelfrau, daß die Ho-he hinter der Schlucht nach Westen abgebogen und zwischen einigen Hügeln verschwunden waren.

Sie ritt weiter nach Norden. Das Land wurde zerklüfteter, und der Wind blies immer kühler von den Bergen herab. Manchmal, wenn die Wolken auflockerten, konnte sie die schneebedeckten Gipfel sehen. Sie schienen zum Greifen nahe, aber sie hatte gelernt, Entfernungen richtig einzuschätzen, und wußte, daß die Sonne noch vier- oder fünfmal aufgehen würde, bis sie ihr Ziel erreicht hatte. Obwohl sie keine Spuren mehr sah, bewegte sie sich mit äußerster Vorsicht durch das feindliche Land.

Auf einem der zahlreichen Hügelkämme, die sie auf ihrem Weg nach Norden überquerte, zügelte sie erschrocken ihr Pony. Sie riß es hinter den Hügel zurück und sprang aus dem Sattel. Bäuchlings schob sie sich auf den Kamm zurück. Sie blickte zwischen einigen Sträuchern hindurch auf eine sattgrüne Wiese und hielt angestrengt den Atem an. Ihre Hände umklammerten den Bogen. Ein Mann ritt den Bergen entgegen. Er saß auf einem grauen Pferd, das wesentlich größer als ihr Pony war, und zog ein Packpferd hinter sich her. Es war mit Vorräten beladen.

»Ve-ho!« flüsterte sie. So nannte ihr Volk die weißen Männer mit den Haaren im Gesicht, die jetzt immer öfter in ihren Jagdgründen auftauchten. Ve-ho, die Spinne. Das Tier mit den langen Beinen, das ein Netz von Fäden spinnt und darauf wartet, daß sich die Feinde darin verfangen. So hinterhältig war der weiße Mann. Das erzählten Bärenmann und viele andere Krieger, die ihm schon einige Male begegnet waren.

Büffelfrau zog einen Pfeil auf den Bogen. Vor einigen Monden, als die ersten weißen Männer im Land der tsis tsis tas aufgetaucht waren, hatte es eine große Ratsversammlung gegeben, und die Häuptlinge hatten entschieden, daß Ve-hos es nicht wert waren, am Leben zu bleiben. Sie besaßen Feuerstöcke und rollende Tipis, aber ihre Haut war blaß, und sie taten seltsame Dinge, die kein Krieger des Volkes verstand. Von den Pflanzern im Osten ging das Gerücht aus, daß sie keine Ehrfurcht vor der Natur und den Geistern hatten und sich nicht bei den Tieren entschuldigten, die sie erlegten. Zum Glück waren sie nicht zahlreich. Es gab nur wenige weiße Männer, und es war leicht, sie zu töten.

Das glaubte Büffelfrau. Sie hätte den einsamen Reiter mit einem Pfeil von seinem Pferd schießen können, aber irgend etwas hielt sie zurück. Es war kein Mitleid. Ein Krieger ihres Volkes kannte kein Mitleid, und sie machte keine Ausnahme. Bei einem Ho-he hätte sie keinen Augenblick gezögert. Sie hätte ihm den Pfeil in die Brust gejagt, und auf ihren Lippen wäre der Kriegsruf der Hügelleute gewesen, wenn sie einen Coup geschlagen und seinen Skalp vom Kopf gerissen hätte. Es war Neugier, die sie zurückhielt. Sie sah zum ersten Mal einen Ve-ho und war fasziniert von den vielen Haaren in seinem Gesicht.

Der Mann hatte keine Ahnung, daß sie in der Nähe war. Er war nicht unvorsichtig und hatte seinen Feuerstock quer über dem Sattel liegen, aber sein prüfender Blick entdeckte nur die Erdhörnchen am Waldrand. Er trägt einen seltsamen Hut, dachte sie, wie ein Schamane beim Wolfstanz, aber seine Jacke ist warm, und die hohen Mokassins sind fest und praktisch.

Büffelfrau war fasziniert von dem fremden Wesen und hatte längst den Pfeil von der Sehne genommen. Sie würde diesen Mann nicht töten. Was war, wenn die Geister ihn geschickt hatten? Hatte der Schutzgeist des toten Schamanen nicht einen Hintergedanken dabei gehabt, sie so weit nach Norden zu schicken? Vielleicht war es ihr bestimmt, diesen Ve-ho zu sehen und über ihn nachzudenken. Warum ritt er sonst über diese Wiese, mitten im Land der feindlichen Ho-he? Die Männer mit den Haaren im Gesicht mochten dumm sein, aber doch nicht so dumm. Die Ho-he waren mächtige Krieger, und man ritt nur durch ihr Gebiet, wenn es nicht anders ging. Was wollte der Ve-ho im Westen? Sein Stamm lebte doch weit im Osten, das erzählten wenigstens die Pflanzer, und die hatten es von einem Geschichtenerzähler, der dort gewesen sein wollte.

Sie beobachtete, wie der weiße Mann im Wald verschwand und blieb minutenlang liegen. Sein Anblick hatte sie verstört, und es fiel ihr schwer, sich wieder auf ihre Aufgabe zu konzentrieren. Sie hatte das unbestimmte Gefühl, daß der Ve-ho etwas mit ihrer Vision zu tun hatte. Sie würde ihm wiederbegegnen, irgendwann und irgendwo. Ein Adler schrie in den fernen Bergen. Sie schwang sich auf ihr Pony und folgte dem geheimnisvollen Ruf des Raubvogels. Ob er wußte, wo der weiße Büffel auf sie wartete?

In der Nacht, als der Mond voll wurde und die Zeit der reifen Kirschen und Pflaumen ankündigte, schlief Büffelfrau zwischen einigen Fichten, einen kurzen Ritt von der nächsten Quelle entfernt. Nur ein Narr schlief direkt am Wasser, wenn er sich im Feindesland befand, und jeden Augenblick feindliche Krieger auftauchen konnten. Die Wolken hatten sich verzogen und standen nur noch vereinzelt am Himmel. Der Mond hing bleich in der endlosen Dunkelheit und überschüttete die Bäume mit seinem silbernen Glanz. Es war ein schöner Anblick, fast wie in einem

Traum. Büffelfrau fragte sich, warum die Ni-mou-sin immer bei Vollmond auf den Kriegspfad gingen. Vielleicht lag es daran, daß es in ihren Jagdgründen weniger Bäume gab.

Die letzten Tage hatten keine Überraschungen gebracht, und sie war sicher, daß es im näheren Umkreis keine Hohe gab. Vor dem Schlafengehen war sie in einem großen Bogen um ihr Lager geritten. Es hatte keine Spuren gegeben, und die Natur hatte ihr eine ruhige Nacht versprochen. Dennoch blieb sie vorsichtig. Leichtsinn war der sicherste Weg in einen schnellen Tod. Sie zündete kein Feuer an, obwohl sie erbärmlich fror, und sie legte ihren Bogen und den Köcher mit den Pfeilen bereit.

Sie befand sich in den Ausläufern der schneebedeckten Berge. Im hellen Licht des Vollmonds waren die Gipfel deutlich zu erkennen. Sie ragten aus dem felsigen Boden und streckten sich bis in den Himmel, der schwarz und mit hellen Sternen über dem Berg hing. Der Anblick der weißen Kuppen brachte sie zum Frösteln. Wie weit mußte sie noch reiten, um den weißen Büffel zu treffen? Gab es hier überhaupt Büffel, oder erschien ihr der Schutzgeist in einem Traum? Sie schmunzelte. Geister hatten es einfach. Sie konnten überall sein und sich in Luft auflösen, wenn ihnen etwas nicht paßte.

Bevor die junge Frau sich in den Fellen wärmte, sprach sie ein leises Gebet. Sie kletterte auf einen der klobigen Felsen, die überall im Gras lagen, und reckte die Arme zum Himmel. Ihre Augen hafteten an den schneebedeckten Bergspitzen. »Hört mich an, meine Geister!« rief sie. »Ich bin eurem Ruf gefolgt und in das Land der weißen Berge geritten. Ich habe die Spuren der Ho-he gefunden und den weißen Mann gesehen. Ich bin hier. Ich suche den weißen Büffel.«

Büffelfrau schlief in dieser Nacht sehr unruhig. Sie wälzte sich nervös in ihren Fellen und wachte immer wieder auf. Sie spürte den Glanz des Mondes auf ihrem Gesicht, auch dann, wenn sei ihren Kopf unter dem Fell vergrub. Ihr Lager befand sich zwischen den schützenden Felsen, und der Wind war kaum zu hören, aber es war kälter als sonst, und sie behielt alle ihre Kleider an, damit sie nicht fror. Auch in dieser Abgeschiedenheit wagte sie es nicht, ein Feuer anzuzünden.

Als der Mond genau in ihre Augen schien, wachte sie erneut auf. Eine seltsame Unruhe befiel sie. Sie stand auf und sah nach dem Pony, das nervös mit den Hufen stampfte. Die Ho-he? Der weiße Mann? Sie hörte ein Geräusch und fuhr herum und sah sich einem Wolf gegenüber, der sie mit glühenden Augen ansah. Es war kein gewöhnlicher Wolf. Er war so weiß wie der Schnee, der auf den Bergkuppen lag, und seine Augen loderten rot wie ein Feuer. »Folge mir«, sagte der Wolf zu ihr.

Sie wußte jetzt, daß der Wolf von den Geistern kam, und folgte ihm in die Felsen. Er lief sehr schnell, und sie hatte Mühe, mit ihm Schritt zu halten. Einmal schlug er einen überraschenden Haken, und sie wäre beinahe gestolpert, als sie ihm zu folgen versuchte: Er blieb einen Augenblick stehen und sah sie an. Sie hatte das Gefühl, daß er spöttisch lächelte. Dann lief er weiter, und sie stiegen immer weiter in die Berge hinauf. Der Wolf kannte versteckte Pfade, die sie nie gefunden hätte, und er fand Öffnungen zwischen den Felsen, die auch der beste Krieger der Hundesoldaten nicht gesehen hätte. Er sagte kein Wort, während sie in immer kältere, Regionen kletterten.

Sie erreichten eine Felsbrücke, die sich über einen tiefen Abgrund spannte. Seltsamerweise hatte sie keine Angst, als der Wolf sie über den schmalen Pfad führte. Am Ende der Brücke blickte der Wolf sich nach ihr um, und wieder glaubte Büffelfrau, ein Lächeln in seinen Augen zu erkennen. »Wie weit ist es noch?« fragte sie. Der Wolf gab keine Antwort.

Im hellen Mondlicht liefen sie über einen felsigen Hang. Sie erreichten eine Wiese und blieben in dem kniehohen Gras stehen, das wie ein Meer im böigen Wind wogte. Wo die Felsen über die Wiese ragten, war verkrusteter Schnee. Das Mondlicht lag wie flüssiges Silber auf dem Gras und ließ den Schnee wie kostbare Steine funkeln. Seltsame Lieder klangen im Wind.

»Du bist da«, sagte der Wolf.

»Ich danke dir«, erwiderte Büffelfrau.

Der Wolf verschwand in einem dunklen Loch, und sie war allein auf der Bergwiese. Sie hatte keine Angst. Sie ahnte, daß gleich ihr Schutzgeist erscheinen würde, und sie wußte, daß sie dann die langgesuchten Antworten auf ihre Fragen bekommen würde. »Aiee«, flüsterte sie, »ich bin bereit, mein Schutzgeist.«

Es begann zu schneien. Der Wind trieb dichte Flocken über die Hochebene und verfing sich in den felsigen Bergen. Er heulte und stöhnte zwischen den Felsen und sang die Lieder, die Büffelfrau aus ihren Träumen kannte. Der Himmel war ein graues Meer, und das Büffelgras verschwand unter einer weißen Decke. Jenseits der Hochebene quoll dichter Nebel aus den Tälern.

Das Schnauben schien aus einer anderen Welt zu kommen. Ein mächtiger Büffel löste sich aus dem Flockenwirbel und stapfte über die Hochebene. Sein Fell war weiß, weißer als der Schnee und der undurchdringliche Nebel. Schmutziger Schnee wirbelte unter seinen Hufen, und seine Augen leuchteten rot, als er einige Schritte vor Büffelfrau stehenblieb. Vor seinem Maul gefror der Atem. Er war so groß, daß sie zu ihm aufschauen mußte, und über seinen Hornspitzen funkelten helle Blitze.

Die junge Frau erstarrte. Sie wußte nicht, ob sie sich in der wirklichen Welt oder in einem Traum befand. Sie war dem Büffel so nahe, daß sie seinen Atem riechen konnte. In seinen roten Augen glaubte sie ein Lächeln zu erkennen, und der rechte Vorderhuf ragte aus dem Schnee, als wollte er sie begrüßen. »Du bist Büffelfrau, die tapfere Medizinfrau der Hügelleute«, sagte er. Seine Stimme war erstaunlich hell und schien einer Frau zu gehören. »Ich grüße dich, meine Tochter. Ich bin dein Schutzgeist und bin gekommen, deine Fragen zu beantworten.«

Sie zeigte ihre Ehrfurcht. Dies war ein großer Augenblick in ihrem Leben, und sie erlebte die gewaltige Erscheinung des weißen Büffels mit einem Gefühl, das sie nicht erklären konnte, einer Mischung aus Dankbarkeit, Angst und Respekt. »Ich grüße dich, mein Schutzgeist«, sagte sie furchtlos. »Du bist ein mächtiges Tier, und ich habe Respekt vor dir. Warum hast du mich in das Land der weißen Berge gerufen?«

»Hier bin ich zu Hause«, antwortete der Büffel. Sein schwerer Kopf schwankte in dem heftigen Wind, und seine Hufe scharrten im Schnee. »Ich werde in deinen Träumen erscheinen, wenn du mich rufst, aber die Berge sind meine Heimat.« Er schnaubte und blickte sie lange an, bevor er weitersprach. »Du bist lange geritten, meine Tochter«, sagte er. »Du hast die Spuren der Ho-he gefunden, und du bist einem fremden Mann begegnet.«

Sie nickte. »Das ist wahr. Ich habe die Stelle gefunden, an der die Ho-he eine Antilope getötet haben, und ich habe den weißen Mann mit den vielen Haaren im Gesicht gesehen.«

»Ich wollte, daß du ihn siehst«, erwiderte der Schutzgeist. Das Schneetreiben war noch dichter geworden, und sein weißes Fell leuchtete jetzt so stark, daß sie geblendet wurde. »Er gehört zu einem Volk, das jenseits des Großen Flusses wohnt und in rollenden Tipis die weiten Ebenen überquert.«

»Das habe ich gehört«, bestätigte sie. »Einige Krieger meines Volkes haben die weißen Männer gesehen. Die Häuptlinge sagen, daß die Ve-hos unsere Feinde sind. Wir sollen sie töten. Wir sollen ihnen die Ponys und die Feuerstöcke abnehmen.«

»Es wird Krieg geben«, erwiderte der Büffel, »und die Krieger des Volkes werden gegen den weißen Mann reiten.« Er schnaufte angestrengt, als bereitete es ihm große Mühe, weiterzusprechen. »Der Kampf wird vielen Menschenwesen das Leben kosten. Die Ve-hos sind ein großes Volk.«

»Wie groß, mein Bruder«, fragte sie erstaunt.

»Zähle die Schneeflocken, die aus den Wolken fallen. Zähle die Sterne, die in einer klaren Nacht am Himmel stehen. Zähle die Grashalme, die auf den weiten Ebenen wachsen.«

»Aiee!« erschrak sie. »Dann werden wir alle sterben!«

»Nicht alle Ve-hos sind eure Feinde«, sagte der weiße Büffel. Seine roten Augen verbrannten den Schnee vor seinen Vorderhufen und befreiten einige Bergblumen von ihrer weißen Last. Er lächelte, als er die roten und gelben Blüten sah. »Es gibt gute Ve-hos, die eure Freunde sein wollen.« Er schnaubte wieder, und Büffelfrau wunderte sich, daß ein Wesen so wild und gleichzeitig so sanft wirken konnte. »Du hast einen dieser Ve-hos getroffen. Der Mann mit den zwei Pferden. Du wirst ihm noch viele Male begegnen. Du brauchst diesen Mann, meine Tochter, und er braucht dich. Ihr gehört zusammen.«

»Wir sollen ein Tipi teilen?«

»Das habe ich nicht gesagt«, widersprach der Büffel. »Ich sehe nur, daß ihr dieselbe Luft atmet. Du wirst ihm begegnen und ihm in die Augen sehen. Dann wirst du erkennen, welchen Weg ihr gehen werdet. Das ist alles, was ich darüber weiß.«

»Und Weißer Biber?«

»Der junge Krieger, der dir den Hof macht?«

»Ja, mein Schutzgeist. Was ist mit ihm?«

»Er trägt die heiligen Pfeile.«

»Er zieht in den Krieg?« Büffelfrau spürte plötzlich, wie eisige Schneeflocken auf ihren Lippen zerschmolzen. Das Heulen des Windes klang laut in ihren Ohren. »Gegen die Shar-ha?«

»Ich sehe eine große Schlacht.«

»Wann? Gegen wen?«

»Das weiß ich nicht, meine Tochter. Einiges ist vorbestimmt, und vieles bleibt den Launen der Geister überlassen. Bete und erfülle deine Aufgabe, dann wird dir nichts passieren.«

»Und Weißer Biber?«

»Ich weiß es nicht.«

»Die Pfeile«, stieß sie hervor. Ihre Stimme klang nervös, und sie fürchtete sich auf einmal vor den Antworten des weißen Büffels. »Was ist mit den Pfeilen? In meinen Träumen habe ich gesehen, wie jemand das heilige Bündel stehlen wollte. An den Pfeilen klebte Blut. Was hat das zu bedeuten?«

»Du stellst viele Fragen«, erwiderte der Schutzgeist. Er stand immer noch an derselben Stelle, und seine Stimme war unvermindert hell und sanft. Er hatte viel Geduld. »Aber auch ich weiß nicht alle Antworten. Es liegt an dir, die Antworten auf viele Träume zu finden. Denke nach, meine Tochter.«

Büffelfrau stemmte sich gegen den heftiger werdenden Wind. »Das Blut«, sagte sie, »es war schrecklich anzusehen. Die Pfeile, die Hand, die das heilige Bündel nehmen wollte. Eine fremde Macht bedroht das Volk! Sie will die heiligen Pfeile stehlen!«

»Es kommen schwere Zeiten«, bestätigte der Büffel, »und dein Volk wird von dem Feuer erfahren, das seine Träume zerstören soll. Meide das Feuer! Lauf vor den Flammen davon und suche deinen eigenen Stern. Denke an meine Worte!«

»Welches Feuer, mein Schutzgeist?«

»Du wirst es erkennen.«

»Ich bin eine schwache Frau«, widersprach sie, »wie kann ich allein gegen die bösen Mächte kämpfen? Warum haben die Geister nicht Gelber Wolf oder Roter Mond ausgesucht?«

»Du bist die heilige Frau der Hügelleute«, sagte der Büffel, »du hast die Kraft.«

»Ich habe Angst, mein Schutzgeist. Ich habe die dunklen

Gestalten am Feuer gesehen. Wie kann ich ihnen entkommen?«

»Geh deinen Weg«, schlug der Büffel vor, »folge der Stimme, die tief in deiner Seele wohnt. Folge dem Pfad, den die Geister für dich in den Boden gegraben haben, und du wirst die dunklen Gestalten aus deinen Träumen verjagen. Du bist nicht allein. Ich werde dir beistehen, wenn du mich brauchst.«

»Ich danke dir, mein Schutzgeist.«

»Das ist alles, was ich zu sagen habe«, fügte der weiße Büffel hinzu. »Ich muß jetzt gehen.« Er verneigte sein schweres Haupt und verschwand in dem dichten Schneetreiben.

Büffelfrau blieb nachdenklich in der Kälte stehen und starrte in den trüben Dunst. Sie merkte gar nicht, daß es zu schneien aufhörte. Auch der Nebel verschwand, und der Wind wurde zu einem sanften Rauschen. Sie kehrte zu ihrem Pony zurück und ritt nachdenklich aus den kalten Bergen. Sturmwind freute sich, daß es zurück in die milden Täler ging. Sie ließ ihm die Zügel, und er galoppierte schnaubend in den Sommer zurück. Die Sonne hatte den Regen über den Ebenen verdrängt und wärmte die Wälder und Wiesen. Goldenes Licht verfing sich im Laub der Bäume und ließ das Gras leuchten.

Sie genoß das schöne Wetter und den inneren Frieden, den sie durch ihre Begegnung mit dem weißen Büffel gefunden hatte. Er hatte viele Fragen beantwortet und ihr seine Hilfe zugesichert. Er würde immer dasein, wenn sie ihn brauchte, das hatte er gesagt. Aber er hatte auch neue Probleme geschaffen. Welche Rolle spielte der weiße Mann in ihrem Leben? Was war mit Weißer Biber? Welche Gefahren warteten auf ihn? Und was für ein Feuer bedrohte sie? Wer waren die dunklen Gestalten? Höre auf deine Träume, hatte der Büffel ihr empfohlen, und versuche selbst eine Antwort zu finden. War ihre Medizin stark genug für die schwere Aufgabe, die man ihr zugedacht hatte?

Die Sonne war viermal aufgegangen, seitdem sie den weißen Büffel gesehen hatte, als sie erneut auf die Spuren der Ho-he stieß. Sie war nach Osten ausgewichen, um ihnen aus dem Weg zu gehen, und ritt ihnen fast vor die Augen. Die Spuren waren nur wenige Augenblicke alt. Es waren dieselben Krieger, die beiden Männer und der Junge, und sie hatten es eilig, wie man am Abstand der Hufabdrücke erkennen konnte. Sie waren schnell geritten. Zwischen den Spuren der Ho-he waren die Abdrücke eines anderen Pferdes zu erkennen, dessen Hufe mit Stein oder dem harten Material beschlagen waren, aus dem die Feuerstöcke und die anderen Waffen des weißen Mannes gefertigt waren. Diese Spuren waren älter.

»Sie verfolgen den Mann mit den Haaren im Gesicht«, sagte sie leise zu ihrem Pony, »sie wollen ihn töten.«

Sturmwind drehte sich schnaubend im Kreis, als spürte er die Nähe der feindlichen Krieger. Er warf den Kopf hoch und zerrte an den Zügeln. »Ho«, beruhigte sie ihn. Sie nahm den Bogen vom Rücken und folgte den Spuren, die in der immer noch feuchten Erde deutlich zu erkennen waren. Sie wußte nicht, warum sie das tat. Es geschah instinktiv. Die Geister wollten, daß sie dem weißen Mann und den Ho-he folgte. Ich sehe, daß ihr dieselbe Luft atmet, hatte ihr Schutzgeist gesagt. Das betraf den Mann mit den Haaren im Gesicht. Was war mit den Ho-he? Wußte er von ihnen? Sollte sie allein gegen zwei Männer und einen Jungen kämpfen? War sie stark genug? War dies der Augenblick, in dem sie sich als Kriegerin beweisen mußte?

Sie dachte nicht darüber nach. Die Ho-he waren nur wenige Atemzüge vor ihr, und es galt, sich auf den bevorstehenden Kampf zu konzentrieren. Die Spuren führten über einen Hügel und durch ein fruchtbares Tal und verschwanden in dem dichten Laubwald, der die Ausläufer der Berge bedeckte. Sie duckte sich unter den ausladenden Ästen und lenkte ihr Pony immer tiefer in den Wald hinein. Es war leichtsinnig, so vorzugehen. Einer der Ho-he brauchte nur hinter einem Baum auf sie zu warten und konnte sie aus einer sicheren Deckung heraus töten. Sie hatten bestimmt gemerkt, daß sie verfolgt wurden. Sie benahm sich wie ein hungriger Berglöwe, der die Witterung eines schwarzen Rehs aufgenommen hatte und durch das Unterholz brach. Ihm konnte niemand etwas anhaben.

Ein erfahrener Krieger wäre einen Bogen geritten, um vor die Feinde zu kommen und sie zu überraschen. Büffelfrau war nicht erfahren. Sie war auch nicht klug, nicht in diesem Augenblick. Sie hatte nur den einen Gedanken, diese drei Ho-he zu töten und dem weißen Mann das Leben zu retten. Dem weißen Mann? Warum? Gedanken blitzten vor ihren Augen auf und verschwanden wieder. So war es immer vor dem ersten Kampf, das hatten die alten Krieger erzählt. Die Gedanken quälten einen bis zum letzten Augenblick. Sie schüttelte die dunklen Bilder ab und beugte sich weit im Sattel nach vorn.

Ein Ho-he wartete hinter einem umgestürzten Baumstamm. Er lag flach auf den Boden und hatte einen Pfeil auf seinen Bogen gespannt. Er war ein erfahrener Krieger und hatte viele Coups geschlagen, aber er hatte noch nie eine kämpfende Frau gesehen und hob verwirrt den Kopf, als Büffelfrau zwischen den Bäumen auftauchte. Dieser Augenblick kostete ihn das Leben. Der Pfeil der jungen Frau bohrte sich durch seinen Hals, und er stürzte blutüberströmt zu Boden. Büffelfrau ritt weiter. Den Skalp des toten Kriegers konnte sie später nehmen, wenn sie die anderen Ho-he erwischt hatte.

Sie ritt weiter, spannte einen zweiten Pfeil auf ihren Bogen. Ihr Gesicht war angespannt. Sie lenkte das Pony mit den Schenkeln, hielt den gespannten Bogen mit beiden Händen. Sie ritt durch einen schmalen Bach und über das moosbewachsene Ufer.

Wo waren die anderen Ho-he? Ihr Blut pulsierte, und ihr Blick geisterte durch das dichte Laub. Das Sonnenlicht hing in dünnen Schleiern zwischen den Bäumen. Ein Eichhörnchen huschte über den Boden und verschwand hinter einem Baum. Einige Vögel stoben aufgeregt aus dem Unterholz.

Sie erreichte den Waldrand und galoppierte in die Senke, die zu einem schmalen Fluß hinabführte. Am Ufer warteten die Ho-he. Ein Krieger mit drei Adlerfedern im Haar und einer bemalten Lanze und ein Junge von höchstens zehn Wintern. Sie erstarrten zu Stein, als sie die junge Frau am Waldrand sahen und den schrillen Kriegsruf der Hügelleute hörten. Warum hatte Bär-auf-dem-Hügel sie nicht getötet? Einer der tapfersten Krieger der Ho-he? Wie kam es, daß er gegen eine junge Frau der Halsabschneider den kürzeren zog? Was war geschehen?

Auch Steht-aufrecht, der ältere Bruder des gefallenen Bär-auf-dem-Hügel, wurde ein Opfer seiner Gedanken. Er wunderte sich immer noch, daß eine junge Frau, ein Mädchen fast, einen erfahrenen Krieger der Ho-he besiegt hatte, als der Pfeil seine Brust durchschlug. Ohne einen Schmerzenslaut ging er zu Boden. Der Junge beobachtete entsetzt, wie Blut aus der Wunde des getroffenen Kriegers quoll, und sang sein Todeslied, als er die junge Frau auf sich zureiten sah. Sie gehörte zu den Halsabschneidern, das erkannte er an den bunten Verzierungen ihrer Mokassins und ihrem ebenmäßigen Gesicht. Sie waren schön, die Frauen der Halsabschneider, und einige seiner Verwandten hatten es sogar darauf abgesehen, diese Frauen zu stehlen und in ihr Tipi zu entführen.

Büffelfrau berührte den toten Krieger mit ihrem Bogen und sah den Jungen an. Er sang immer noch, aber seine Stimme war leiser geworden, und in seinen Augen schimmerte Furcht. »Ich bin Büffelfrau, die heilige Frau der Hügelleute«, gab sie ihm zu verstehen. Sie benutzte die Zeichensprache, die alle Bewohner der weiten Ebenen verstanden. Ihr rechter Zeigefinger bewegte sich wie ein Messer über ihren linken Unterarm, das Zeichen für tsis tsis tas, das von den Feinden als ›Halsabschneider‹ mißverstanden wurde. Die Shar-ha behaupteten sogar, daß die Cheyenne ihren toten Feinden den Kopf abtrennten und damit Fußball spielten, obwohl das niemals geschehen war.

Der Junge erklärte zögernd, daß er Wiesel gerufen wurde und zu den tapferen Ho-he gehörte. »Töte mich!« forderte er Büffelfrau auf. »Dies ist ein guter Tag zum Sterben.« Seine Worte klangen mutig, aber tief in seinen schwarzen Augen stand die nackte Angst.

Büffelfrau schüttelte den Kopf. »Reite zurück zu deinem Volk!« sagte sie ruhig. »Sage ihnen, daß Büffelfrau zwei ihrer besten Krieger getötet hat.« Sie wandte sich ab und fing die Ponys der toten Männer ein. Als sie zur Leiche von Steht-aufrecht zurückkehrte, war der Junge verschwunden. Sie skalpierte den toten Krieger und reckte die blutige Trophäe zum Himmel. Der Kriegsruf der Hügelleute kam über ihre Lippen und hallte als unheilvolles Echo durch die Senke. »Ich bin Büffelfrau, die tapfere Kriegerin der Hügelleute«, rief sie, »ich habe zwei Krieger der Ho-he getötet und Coups bei ihnen geschlagen!«

Sie band den Skalp an ihren Bogen und ritt an dem toten Ho-he vorbei. Ein seltsames Glücksgefühl erfüllte sie, als ihr bewußt wurde, daß sie zwei erfahrene Feinde besiegt hatte. Als wäre sie dazu geboren worden, in den Krieg zu ziehen. Sie spürte, wie ihr Blut pulsierte und ihr Herz vor Freude schlug. Aiee, dies war ein guter Tag! Sie hatte ihren Schutzgeist getroffen, und sie hatte die Ho-he besiegt. Hokahey, ihre Medizin war stark, und die tsis tsis tas waren unbesiegbar.

Das Schnauben eines fremden Pferdes störte sie in ihrem Siegesrausch. Sie riß ihr Pony herum und sah den weißen Mann auf der anderen Seite des Flusses. Er saß auf seinem Pferd und blickte stumm zu ihr herüber. Seinen Feuerstock hatte er quer über dem Sattel liegen. Er hob seine rechte Hand.

Büffelfrau erwiderte das Friedenszeichen. Ihr blieb gar nichts anderes übrig. Der weiße Mann ruhte in sich selbst und machte einen so selbstbewußten Eindruck, daß es ihr gar nicht in den Sinn kam, einen Pfeil aus dem Köcher zu ziehen. Sie hing an seiner hageren Gestalt, der seltsamen Kleidung und dem bärtigen Gesicht mit den blauen Augen. Sie waren blau, diese Augen! Spiegelte sich der Himmel darin? Was war das Geheimnis dieses Mannes, der so ruhig und gelassen wirkte und etwas sagte, das sie nicht verstand. Warum lächelte er? Hatten die Häuptlinge nicht gesagt, daß jeder Ve-ho getötet werden mußte? War er nicht ihr Feind? Ihr werdet dieselbe Luft atmen, hatte der Schutzgeist gesagt. Warum?

Sie lächelte zurück, einen Augenblick nur. Eine unbekannte Macht verband ihre Seelen und verschwand wieder.

»Aiee«, sagte sie beinahe ärgerlich, »ich muß gehen.« Sie feuerte ihr Pony an und ritt davon. Sie war froh, als sie den Wald erreicht hatte und den Blick seiner blauen Augen nicht mehr spürte.

WALTER HANSEN

Die Reise des Prinzen Wied zu den Indianern

Brauchtum, Mythen und Magie

Was mir der alte Dipäuch ernst und bedächtig über die indianische Glaubenslehre, über Zauber und Rituale berichtete, will ich nun mit seinen eigenen Worten niederschreiben.

Vorausschicken muß ich, daß die Mandans und ihre Nachbarn, die Mönnitarris, wie alle Indianer sehr abergläubisch sind und alle ihre bedeutenderen Handlungen von solchen Beweggründen geleitet werden. Sie haben abenteuerliche Ideen von der sie umgebenden Natur, glauben an eine Menge von verschiedenen Wesen in den Himmelskörpern, bringen denselben Opfer dar, rufen bei jeder Gelegenheit deren Beistand an, heulen, klagen, fasten und martern sich grausam, um jene Geister günstig zu stimmen. Besonders viel halten sie von Träumen.

Dipäuch erzählte mir, daß die Indianer an mehrere höhere Wesen glauben, von denen der Herr des Lebens, Ohmahank-Numakschi das erste, erhabenste und mächtigste ist, er hat die Erde, den Menschen und alles, was denselben umgibt, geschaffen. Sie glauben, er sei geschwänzt und erscheine bald in der Gestalt eines alten, bald eines jungen Mannes. Sein Wohnsitz ist die Sonne.

Eine zweite Rolle spielt der erste Mensch, Numank-Machana, den der Herr des Lebens geschaffen hat, der aber ebenfalls göttlicher Natur ist. Der Herr des Lebens verlieh ihm große Macht.

Ein böser Geist ist Ohmahank-Chika, der Böse der Erde, der ebenfalls viel Gewalt über die Menschen ausübt, aber nicht so mächtig ist wie der Herr des Lebens und der erste Mensch.

Das vierte Wesen ist Rokanka-Tauihanka, der in einem Stern lebt (Venus). Er ist es, der die Menschen auf der Erde beschützt; denn ohne seine Sorge würde ihr Geschlecht längst untergegangen sein.

Ein fünftes Wesen, aber ohne Gewalt, ist immer in Bewegung, immer umherirrend, in menschlicher Gestalt. Sie nennen ihn den lügenhaften Prärie-Wolf (Schahacke).

Außer diesen ist noch ein sechstes Wesen da, der Ochkih-Häddä, von dem sie sagen, wer von ihm träume, müsse bald sterben. Er erscheint in ihren Sagen als eine Art Teufel. Sie sind bange vor ihm, opfern ihm und haben in ihren Dörfern eine häßliche Figur aufgestellt, welche eine Vorstellung von ihm sein soll.

Die Sonne beten sie an, weil sie dieselbe für den Wohnplatz des Herrn des Lebens halten. Alle ihre Medizinen oder Opfer sind vorzüglich an die Sonne, Mahap-Mihnanggä gerichtet, also an den Herrn des Lebens. In dem Monde sagen sie, lebe »die Alte, welche nie stirbt«. Sie hat sechs Kinder, drei Söhne und drei Töchter, welche sämtlich in gewissen Sternen wohnen. Der älteste Sohn ist der Tag, (der erste Tag der Schöpfung); der zweite ist die Sonne, in welchem der Herr des Lebens wohnt. Der dritte Sohn ist die Nacht (Istuh-Hunsch). Die älteste Tochter ist der Stern, der im Osten aufgeht (der Morgenstern) und sie nennen sie »die Frau, welche den Federbusch trägt«: Mihhä Uhanka. Die zweite Tochter, Kohpuska (der gestreifte Kürbis) genannt, ist ein Stern, der sich um den Nordstern dreht, und die dritte Tochter, Kohsedeha, ist der Abendstern, nahe dem Sonnen-Untergang.

Die Alte im Monde – so heißt es in einer Sage – wollte ihrem ältesten Sohne – dem Tag – eine Frau geben, und führte ein Mädchen zum Mond hinauf, welches sie alsdann vor ihrer Tür warten ließ. Als die Alte hinausschickte, um das Mädchen kommen zu lassen, fand man an ihrer Stelle eine Kröte. Über diesen häßlichen Wechsel erbittert, kochte man die Kröte in einem Gefäß, um sie zu vernichten; allein sie war nicht zu zerstören, auch konnte man sie nicht essen, und sie wurde deshalb verwünscht, worauf sie für immer im Monde als Flecken sichtbar blieb. Ihr zweiter Sohn – die Sonne – verheiratete sich mit einer Frau, welche man Pschihcha-Kschuka (den schmalblättrigen Wermut) nennt.

Aus dieser Verbindung kam ein Sohn, der sehr viel versprach und zu einer großen Rolle bestimmt schien. In Bearbeitung der Pfeile war er sehr geschickt und erfahren in allen Arten von Jagd und dem Fange der Tiere. Für seine Mutter schoß er die Vögel. Obschon sie ihm das Schießen der Prärie-Lerche verboten hatte, schoß er dennoch alle seine Pfeile nach diesen Vögeln ab, konnte aber keinen einzigen töten, worauf ihm einer dieser Vögel zurief: »Warum willst du mich töten, da ich doch verwandt mit dir bin?«

Er grub im Monde Früchte aus dem Boden aus, und die Mutter verwies ihm dieses, denn durch das Loch, welches er in den Boden gegraben hatte, konnte man unten auf der Erde die Indianer-Dörfer liegen sehen, und die Mutter sagte ihm: »Siehe, alle jene Menschen sind unsere Verwandten, ich wollte noch nicht nach der Erde hinab, aber nun müssen wir dorthin reisen.«

Daraufhin schoß der Sohn einen Bison. Er drehte sich aus den Sehnen einen Strick und ließ sich auf die Erde hinab. In der Nähe des jetzt sogenannten Little-Missouri (Mahtack-Schuka) kam er zur Erde; allein sein Strick reichte nur bis über die Spitzen der Bäume. Hätte er alle Sehnen des Bisons benutzt, so würden diese bis hinab gereicht haben, jetzt aber blieb er für immer hängen und schwankte hin und her.

Die Schöpfungsgeschichte und die Entstehung des Stammes der Mandans erzählte der wohlunterrichtete Indianer Dipäuch auf folgende Art: Als die Erde noch nicht existierte, sondern die Welt nur Wasser war, erschuf der Herr des Lebens den ersten Menschen (Numank-Machana). Dieser ging auf den Gewässern umher und traf eine Ente, welche abwechselnd auf und ab tauchte. Der Mensch sprach zu dem

Vogel: »Du tauchst so gut, so tauche denn hinab und bringe mir etwas Erde herauf.«

Der Vogel gehorchte und brachte bald etwas Erde, welche der erste Mensch nun auf dem Wasser ausstreute, wobei er Beschwörungsworte sagte, um das Land erscheinen zu machen, und es erschien.

Das neue Land war nackt, kein Grashalm sproß darauf. Er wanderte nun umher und glaubte allein auf diesem Boden zu sein, als er plötzlich eine Kröte fand. »Ich glaubte allein hier zu sein«, sagte er, »aber du bist hier? Ich kenne dich nicht, aber ich muß dir einen Namen geben. Du bist älter als ich; denn deine Haut ist rauh und schuppig, ich muß dich meine Großmutter nennen, weil du so sehr alt aussiehst.«

Er ging nun weiter, fand ein Stück eines irdenen Topfes und sagte: »Ich dachte hier allein zu sein, doch es müssen vor mir schon Menschen hier gelebt haben.« Daraufhin nahm er die Scherbe auf und sprach: »Auch dir will ich einen Namen geben und da du vor mir hier warst, muß ich dich ebenfalls meine Großmutter nennen.«

Als er weiterging, fand er auch eine Maus. »Es ist klar, daß ich nicht das erste Wesen bin«, sagte er bei sich selbst, »ich nenne auch dich meine Großmutter.«

Etwas weiter fort traf er mit dem Herrn des Lebens zusammen. »Ach, da ist ein Mensch wie ich!« rief er aus und ging nahe zu ihm hin. »Wie geht es dir, mein Sohn?« sagte der erste Mensch zu Ohmahank-Numakschi, dem Herrn des Lebens, allein dieser antwortete: »Nicht ich bin dein Sohn, sondern du bist der meinige!«

Der erste Mensch antwortete jetzt: »Ich bestreite deine Worte«, aber der Herr des Lebens erwiderte: »Nein, du bist mein Sohn, und ich will es dir beweisen, wenn du mir nicht glauben willst. Wir wollen uns setzen und unsere Medizin-Stöcke, die wir in den Händen tragen, in den Boden stecken; derjenige von uns, welcher zuerst aufsteht, ist der jüngste von uns und der Sohn des anderen.«

Sie setzten sich und sahen einander lange an, bis endlich

der Herr des Lebens blaß wurde und sein Fleisch von den Knochen fiel.

Auf diese Art sahen sie sich 10 Jahre lang an, und als nach dieser Zeit die entblößten Knochen des Herrn des Lebens in einem verwitterten Zustande waren, stand der Mensch auf und sagte: »Ja, nun ist er gewiß tot!«

Er nahm den Stock von Ohmahank-Numakschi und zog ihn aus der Erde; aber in demselben Augenblick stand der Herr des Lebens mit den Worten auf: »Siehe, hier bin ich, dein Vater! Und du bist mein Sohn!« Und der erste Mensch nannte ihn seinen Vater.

Als sie nun miteinander fortgingen, sagte der Herr des Lebens: »Dieses Land ist nicht gut gebildet, wir wollen es besser machen.«

Damals war der Bison schon auf der Erde. Der Herr des Lebens rief den Mink (Nerz) herbei, ließ ihn untertauchen und Gras heraufholen, welches geschah. Nun sandte er ihn wieder fort und ließ ihn Holz holen, welches er ebenfalls heraufbrachte. Er teilte Gras und Holz und gab dem ersten Menschen die Hälfte desselben. Dies geschah an der Mündung des Natka-Passahä (des heutigen Heart-River).

Der Herr des Lebens trug hierauf dem ersten Menschen auf, das nördliche Missouri-Ufer zu machen; er selbst bildete das schön mit Hügeln, kleinen Tälern, Holz und Gebüschen abwechselnde südwestliche Ufer. Der Mensch – Numank-Machana – hingegen, machte das ganze Land eben und brachte darauf in geringer Entfernung schon viel Wald an. Sie kamen alsdann wieder zusammen, und nachdem der Herr des Lebens das Werk des ersten Menschen gesehen hatte, sagte er kopfschüttelnd: »Du hast dies nicht gut gebildet, alles ist eben, so daß man weder Bisons noch Hirsche beschleichen und sich ihnen nicht unbemerkt nähern kann. Die Menschen werden da nicht leben können, sie werden sich in der Ebene aus zu großer Entfernung sehen, einander nicht ausweichen können, sich also untereinander aufreiben.«

Dann führte er Numank-Machana an das andere Ufer des Flusses und sagte ihm: »Siehe, hier habe ich Quellen und Bäche in hinlänglicher Menge und Hügel und Täler angebracht, alle Arten von Tieren und schönes Holz hineingesetzt, hier kann sich der Mensch von der Jagd und dem Fleische jener Tiere nähren.«

Von hier gingen nun beide an die Mündung des Natka-Passahä, um nach den Worten des Herrn Medizin-Pfeifen zu verfertigen. Er selbst machte eine solche von Eschenholz, mit Stein ausgefüttert, der Mensch hingegen die seinige von Box-Alder, einem weichen Holze. Da sie nun die Pfeifen fertig hatten, sagte der Herr des Lebens: »Hier soll das Herz, der Mittelpunkt der Welt sein, und dieser Fluß soll der Herzfluß (Heart-River) heißen.« Ein jeder von ihnen hatte nun seine Pfeife in der Hand, und wenn ihnen irgendein Wesen begegnete, legte der Herr des Lebens die Pfeife vor ihm nieder.

Als sie dasselbe vor einem Bison-Stier taten, sagte dieser: »Dies sei nicht hinlänglich, man müsse auch etwas haben, was man in der Pfeife rauchen könne.« Und der Herr erwiderte: »So schaffe denn etwas zum Rauchen!« worauf der Stier mit seinem Vorderfuße einen Platz reinigte, ihn mit seinem Urin an verschiedenen Stellen benetzte und sagte: »Wenn die Brunstzeit der Bisons herankommt, so gehet hierher und ihr werdet was zu rauchen finden.'«

Der Herr des Lebens sandte auch wirklich zu dieser Zeit hierher, um Tabak holen zu lassen, allein dieser war noch nicht trocken und präpariert, er ließ daher den Bison rufen und dieser breitete die Blätter aus, trocknete sie und der Herr des Lebens rauchte, und er fand den Tabak gut.

Die Mandan-Indianer lebten zu dieser Zeit unter der Erde. Sie glauben, daß sich unterirdisch vier Stockwerke befinden, und über der Erde noch vier andere. Die ersten Mandans, die zur Erde emporgekommen sind, nennen sie Histopa (Die mit dem tätowierten Gesicht). Wie sie an die Erdoberfläche kamen, erzählt folgende Legende:

Die Mandans bemerkten eines Tages in der Höhe Licht und wünschten wohl dort oben zu sein. Sie sandten eine Maus hinauf, die sich oben umsah, zurückkam und berichtete, es sehe dort oben gerade so aus wie hier unten. Man schickte nun ein gewisses Tier hinauf, von ihnen Nahsi genannt, welches die Größe eines Nerzes hatte und durch schwarze Gesichtsstreifen kenntlich war.

Dieses Tier sagte bei seiner Rückkehr aus, es gefalle ihm oben besser als hier unten. Nun beorderte man den Dachs, eine größere Öffnung zu graben, da die jetzige noch zu klein war. Nachdem auch dieser sein Geschäft vollbracht, mußte der schwarzschwänzige Hirsch (Schumpsi) hinaufsteigen und die Öffnung mit seinem Geweihe erweitern. Er lief den ganzen Tag oben herum, fraß Beeren und kehrte abends zurück. Sein Schwanz war damals noch weiß; allein da dieser Hirsch mit Sonnen-Untergang zurückkehrte, und die Sonne unterging, als nur sein Schwanz noch über der Oberfläche war, wurde dieser für immer schwarz.

Die Mandans beschlossen jetzt hinaufzusteigen. Ein Häuptling mit seiner Medizin und seiner Rassel in der Hand ging voraus. Sie kletterten einer nach dem andern an einer Weinranke in die Höhe, und als gerade die Hälfte von ihnen angekommen war und eine dicke Frau sich auf der Mitte der Ranke befand, brach diese und der Rest der Nation fiel zurück.

Diejenigen Leute, welche die Oberfläche erreicht hatten, gingen weiter, bis sie an den Missouri (Mantaha) kamen, den sie bei dem Monnih-Schott-Passahä (White-Earth-River) erreichten. Sie wanderten am Missouri aufwärts bis zu dem Waraschunt-Passahä (jetzt Moreau's River). In jener Zeit wußten sie noch nichts von Feinden.

Als aber einst eine Mandan-Frau ein Fell schabte, kam ein Chayenne-Indianer und tötete sie. Die Mandans verfolgten die Spur dieser Feinde bis zu einem gewissen Flusse, an welchem sie alle, bis auf zwei (den Mann und den Bruder der Getöteten) wieder umkehrten.

Die beiden Männer folgten bis zu dem Feinde, töteten einen davon und nahmen dessen Skalp mit zurück.

Bevor sie zu ihrem Dorfe zurückkehrten, fanden sie weißen Ton, den sie noch nie gesehen hatten, und nahmen auch davon eine Portion mit. Als sie bei ihrem Häuptling eintrafen, gaben sie diesem die weiße Erde, und er machte Striche damit auf seine Rassel.

Der Name dieses Häuptlings war früher Mihti-Pihhä (Der Rauch des Dorfes) gewesen, er hatte sich aber, als er oben auf der Erdoberfläche angekommen war, Mihti-Schi (Das Fell mit schönem Haar) genannt. Nachdem man ihm den weißen Ton und den Skalp übergeben hatte, erteilte er allen seinen Leuten den Befehl, Bisons zu schießen, aber nur Stiere, davon den dicksten Teil der Felle zu nehmen und daraus Schilde (Wakihde) zu machen, welches sie taten. Als dies geschehen, fragten sie den Chef, was sie nun zu tun hätten, und er antwortete: »Malt eine niederhängende Sonnenblume auf diese Schilde« (als eine Art von Schutzzeichen), worauf die Schwester des Häuptlings sagte: »Ihr seid Toren, malt eine Bohne darauf; denn was ist schlüpfriger als die Bohne, um die Pfeile abzuwehren?«

Nachher zog er mit seinen Leuten in den Krieg gegen die Chayennes. Sie erreichten den Feind und legten alle ihre Roben auf einen Haufen zusammen. Der Häuptling trug eine Mütze von Luchsfell und seine Medizin-Pfeife im Arm. Er focht nicht mit, sondern saß während des Gefechtes auf dem Boden. Man focht beinahe den ganzen Tag, trieb den Feind in sein Dorf zurück und wurde zurückgetrieben, welches drei- bis viermal geschah, und wobei einer der Mandans getötet wurde.

Als man dieses dem Häuptling hinterbrachte, befahl dieser, an den Fluß zu gehen und ihm eine junge Pappel mit großen Blättern zu bringen, welche er nahe vor den Feind in den Boden pflanzte und die Chayennes zum Angriffe herausforderte, allein diese antworteten, man wolle seinen Angriff erwarten.

Da er durchaus nicht zuerst angriff, so schossen die Feinde nach ihm, doch ihre Pfeile verletzten nur den Arm und die Robe. Er hielt hierauf die junge Pappel in die Höhe. Das Bäumchen wuchs plötzlich zu einem riesigen Stamme empor, wurde durch einen sich erhebenden starken Sturm unter die Feinde geworfen, zerschmetterte viele und trieb schließlich die Chayennes über den Missouri zurück.

Diese Legende hat dazu geführt, daß die Mandan-Indianer in ihrer Medizin-Tasche drei heilige Totenschädel aufbewahren. Einer gehört, der Überlieferung nach, dem Häuptling Mihti-Pihhä, der sie aus dem Erdinnern an die Oberfläche geführt hatte – die zwei anderen stammen vom Mann und Bruder der ersten Mandan-Frau, die von den Chayennes getötet worden war. Seither resultiert die Todfeindschaft zwischen Mandans und Chayennes.

Ein entscheidender Markstein in der Geschichte des Mandan-Volkes ist die erste Begegnung mit ihren späteren Verbündeten, den Mönnitarri-Indianern. Darüber berichtete mir der alte Häuptling Dipäuch folgendes:

Nachdem die Mandans ihre unterirdische Behausung verlassen hatten, zogen sie den Missouri aufwärts, bis zum Heart-River.

Als ein alter Indianer ihres Stammes dort am Flusse fischte, erschienen am jenseitigen Ufer vier Männer. Da er ein gütiger alter Mann war, nahm er einen Maiskolben, steckte ihn auf einen Pfeil und schoß diesen zu den Fremden hinüber. Die vier fremden Männer kannten den Mais noch nicht, fanden ihn aber sehr wohlschmeckend und riefen dem Fischer zu, daß in vier Nächten viele Menschen ihres Stammes kommen würden, für die man diese Speise bereit halten möge. Dann verschwanden sie.

Der indianische Fischer eilte zu seinem Stamme, den Mandans, die jene fremden Männer erwarteten. Sie kochten Mais und machten alles zu ihrem Empfange bereit, da jedoch der Besuch nach der vierten Nacht nicht ankam, so aß man die Speisen selbst.

Ein Jahr verging und die Fremden kamen nicht. Das zweite und das dritte ebenfalls.

Endlich, im vierten Frühjahr, wurden alle Hügel rot von Menschen. Es waren die erwarteten Gäste. Die vier Tage waren vier Jahre gewesen. Die neu angekommenen Fremden setzten über den Fluß und erbauten ein Dorf in der Nähe der Mandans, und man nannte sie Mönnitarri (Die über das Wasser Gekommenen).

Die beiden Häuptlinge der Mandans und der Mönnitarris kamen jetzt zusammen und hatten eine Unterredung. Der Mönnitarri-Häuptling fragte, woher sie den wohlschmeckenden Mais hätten. Ihm antwortete der Mandan-Häuptling, sie würden den Mais auf Feldern anbauen, aber da häufig Feinde einfallen und Frauen und Kinder während der Ernte töten, sei der Mais blutrot gefärbt. Daraufhin erklärte der Mönnitarri-Häuptling, sein Volk werde den Mandan-Indianern beistehen.

Am nächsten Tage schon kamen viele Chayenne-Indianer und töteten eine Menge von Weibern in den Pflanzungen; die vereinten Stämme der Mandans und Mönnitarris griffen die Feinde an, töteten während des ganzen Tages sehr viele von ihnen und trieben sie bis an einen kleinen Fluß zurück.

Beide alliierte Völker blieben nun vereint, sie waren aber zu zahlreich und hatten nicht Lebensmittel genug; daher sagten die Mandans zu den Mönnitarris: »Unsere jungen Leute lieben die Weiber sehr, die euren auch, zieht daher den Missouri hinauf; diese ganze Gegend gehört uns, dort fließen der Mahtack-Schuka (der little Missouri), der Mihsi-Passahä (Yellow-Stone) und der Manhi-Passahä (Knife River), an welchen ihr euch niederlassen könnt; aber geht nicht jenseits des letzteren, denn nur in diesem Falle werden wir gute Freunde bleiben. Geht ihr zu weit, so wird man sich streiten, bleibt ihr aber diesseits, so wird immer gute Freundschaft zwischen uns bestehen.«

Die Mönnitarris zogen dorthin, erbauten aber eins ihrer

Dörfer jenseits des Manhi-Passahä, wodurch öfters Uneinigkeit und Streit entstanden. Im allgemeinen aber hat sich das Bündnis zwischen Mandan- und Mönnitarri-Indianern, besonders in Krisenzeiten, gut bewährt.

Eine indianische Legende berichtet von der Entstehung des weißen Mannes:

Der Herr des Lebens – so heißt es – hatte einst dem ersten Menschen von den Gefahren der Wölfe erzählt, die sich jenseits des Flusses befinden. Er sagte, daß alle Mandans, die den Missouri überschreiten, von den Wölfen zerrissen werden würden.

Daraufhin ging der erste Mensch mit dem Herr des Lebens ans jenseitige Ufer, und die beiden töteten alle alten Wölfe. Den jungen Wölfen befahlen sie, in Zukunft keine Menschen mehr zu fressen, sondern sich an die Bisons, Hirsche und anderes Wild zu halten.

Dann nahmen sie die alten Wölfe und warfen sie in das Nordmeer, wo sie verfaulten, und ihre Haare schwammen auf dem Wasser umher, aus welchen dann die weißen Menschen entstanden.

Über die erste Begegnung mit dem weißen Manne gibt es folgende Indianersage:

Einst befand sich der erste Mensch am Missouri, als eine tote Bisonkuh herabschwamm, der die Wölfe ein Loch in die Seite gefressen hatten. Eine Frau vorn Stamme der Mandans befand sich am Flusse und rief ihrer Tochter zu:

»Eile, ziehe dich aus, und bringe die Kuh ans Ufer.« Der erste Mensch hörte dies und schaffte die Kuh dorthin. Das Mädchen aß von dem Fette und wurde schwanger.

Sich schämend sagte sie zu ihrer Mutter, sie wisse nicht, wie sie in diesen Zustand gekommen sei, da sie mit keinem Manne Umgang gehabt habe, und die Mutter schämte sich mit ihr.

Die Tochter brachte nachher einen Knaben zur Welt, welcher ungewöhnlich schnell heranwuchs und bald ein kräftiger junger Mann war. Er wurde sogleich der Häuptling (Numakschi) der Mandans, ein großer Anführer unter den Menschen.

Seine erste Handlung war, ein Canoe zu erbauen, welches verstand, was er ihm sagte. Er füllte das Canoe mit Menschen an, hieß es über den Fluß setzen und wiederkommen, und auf diese Art schickte er dasselbe öfters hinüber.

Unter diesem Volke ging nun die Sage, jenseits am Rande des großen Wassers (Mönnih-Karrah) oder des Meeres lebten weiße Menschen, welche Wampum-Muscheln besäßen. Man sandte mehrmals Trupps von fünfzehn bis zwanzig Männern dorthin ab, die aber alle getötet wurden.

Der Häuptling sagte hierauf: »Ich werde nun mein Canoe mit acht Mann dorthin senden, dies ist die richtige Zahl.«

Und das Boot kam an der richtigen Stelle an und brachte den weißen Männern das rote Mäusehaar (Biberhaar), worauf sie sehr viel halten. Sie wurden wohl empfangen, in den Wohnungen gespeist und erhielten zu rauchen. Man gab jedem von ihnen viele Wampum-Muscheln, und das Canoe lief schnell wieder zurück.

Jetzt ging dieses Boot zum zweitenmal mit elf Indianern ab, der erste Mensch begleitete sie. Er hatte sich ärmlich angezogen und ein großes ausgehöhltes Rohr mitgenommen.

Bei ihrer Ankunft gingen sie in ein Dorf der Weißen, nur der erste Mensch blieb bei dem Schiffe sitzen und höhlte ein tiefes Loch aus, über welches er sich setzte.

Die weißen Bewohner des Dorfes kamen überein, die fremden Indianer zu Tode zu füttern, weshalb man ihnen vollauf zu essen gab.

Den Überfluß der Nahrungsmittel, welche die Indianer dem ersten Menschen brachten, ließ derselbe durch sein Rohr in die Grube fallen, und die Weißen waren erstaunt über die Menge der Speisen, welche sie angeblich zu sich nahmen.

Man kam nun überein, sie durch Rauchen zu töten, allein der erste Mensch ließ den Rauch durch sein Rohr gehen, und ihre Absicht war wieder vereitelt.

Nun ersann man das Mittel, sie durch Weiber zu töten, die man ihnen alle überließ – doch auch dies mißlang.

Da sie die Fremden weder durch Essen, Rauchen noch Weiber töten konnten, so gab man ihnen so viele Wampum-Muscheln, als sie laden konnten und schickte sie fort. – Die Weißen hatten inzwischen gemerkt, daß das erwähnte Boot verstehe, was man ihm sage, und so hießen sie es den Fluß hinab zu anderen weißen Leuten schiffen; es gehorchte und man hat es nie wieder gesehen. Nur der erste Mensch kehrte in die Heimat zurück.

Der erste Mensch sagte nun den Mandans, er werde sie verlassen, und nie wiederkommen, er gehe nach Westen, sie möchten sich aber in der Not an ihn wenden, und er werde ihnen alsdann beistehen. Sie lebten am Natka-Passahä (Heart-River) in einem kleinen Dorfe, als Feinde sie umringten und zu vernichten drohten. In dieser großen Verlegenheit beschlossen sie, sich an ihren Beschützer zu wenden. Doch wie nun zu dem ersten Menschen gelangen?

Ein Mann schlug vor, man sollte einen Vogel an ihn absenden, jedoch der Vogel konnte so weit nicht fliegen.

Ein anderer meinte, der Blick des Auges müsse bis dahin reichen. Doch die Prärie-Hügel hemmten diesen Blick.

Endlich äußerte ein Dritter, daß Gedanken ohne Zweifel die sichersten Mittel sein würden, den ersten Menschen zu erreichen. Er wickelte sich in seine Robe und fiel nieder. Bald sagte er: »Ich denke. Ich habe gedacht. Du kommst zurück.« Er warf die Robe ab und war über und über mit Schweiß bedeckt. »Der erste Mensch wird sogleich kommen«, rief er aus, und siehe: Der erste Mensch war bald da, stürmte gegen die Feinde an, vertrieb sie und verschwand sogleich wieder.

Vor seinem Verschwinden aber gab er den Indianern noch einen Rat: Er sagte, daß bald eine große Flut kommen und die Wasser sehr steigen würden, so daß aller Land überschwemmt werde. Um dem Tode zu entgehen, empfahl der erste Mensch den Mandans, ein schwimmendes Fort von Holz zu erbauen. Seitdem hat man den ersten Menschen nicht mehr gesehen.

Die Indianer folgten und erbauten am Ufer des Kanonenball-Flusses ein schwimmendes Fort – die Arche des ersten Menschen.

Ein Teil der Mandans wurde darin erhalten, während die anderen in den Fluten ihren Untergang fanden.

Zum Andenken an die gütige Fürsorge des ersten Menschen stellten sie in einem jeden ihrer Dörfer ein Modell jener Arche auf. Es wird Mah-Mönih-Tuchä genannt.

Aus Dankbarkeit für ihre damalige Errettung wird alljährlich das Fest »Okippe« gefeiert, bei dem sich die Indianer auf unbegreiflich grausame Weise freiwillig martern lassen. Darüber will ich jetzt berichten.

Von den indianischen Medizin-Feiern ist das vier Tage andauernde Marter-Fest »Okippe« zu Ehren der Arche bei weitem das merkwürdigste.

Wenn die Dorfschaft die Zeit für diese Festlichkeit festgesetzt hat, so erwählen sie einen Indianer, einen Mann von Ansehen und Vertrauen, der sich an die Spitze stellen und die Feierlichkeiten leiten muß. Er wird Kauih-Sächka genannt.

Im Jahre meiner Anwesenheit war es Mato-Tope. Dieser Mann läßt nun die Medizin-Hütte einrichten, reinigen, Holz herbeiholen und andere Voraussetzungen dafür schaffen, daß dies Fest gefeiert werden kann. Erster Tag des Okippe: Der Kauih-Sächka geht in die Medizin-Hütte und fängt mit einer viertägigen Fastenkur an. Es finden sich mit ihm sechs Männer ein, welche die sogenannte »Schildkröte« schlagen müssen, ein Gefäß von Pergament, das mit Wasser angefüllt ist und dumpfe Töne von sich gibt. Dann kommen alle die Männer, die sich zu Ehren des ersten Menschen martern lassen wollen, zur Medizin-Hütte. Sie tragen ihre Roben mit den Haaren nach außen und dabei über den Kopf gezogen, so daß das Gesicht bedeckt ist und sie gänzlich eingewickelt erscheinen. In der Medizin-Hütte legen sie die Roben ab. Sie sind gänzlich nackt und mit weißem Ton bestrichen.

Am ersten Tage des Festes ziehen sie viermal aus der Hütte aus und tanzen um die auf dem Platz stehende Nachbildung der Arche herum.

Der Kauih-Sächka befindet sich währenddessen stets klagend an die Arche gelehnt.

Alles dies geschieht am Vormittage, am Nachmittage ist alles still.

Am zweiten Tage erscheinen früh acht Männer, welche Bisons vorstellen. Sie sind nackt und tragen um die Hüften eine Schürze von blau und weiß gestreiftem wollenem Zeug. Ihre Körper sind schwarz bemalt.

Um die Vorderarme sind sie unten abwechselnd weiß und rot gestreift, über den Knöcheln ebenfalls. Sie tragen eine Bisonrobe, deren Kopf mit langen Stirnhaaren über das Gesicht herabhängt. Auf der Mitte der Robe ist ein Bisonhorn befestigt und von diesem sträubt sich ein Bündel grüner Weidenzweige.

In dieser sonderbaren Bekleidung tanzen die acht Bison-Stiere zu vier Paaren hintereinander in gebückter Stellung, indem sie die Roben zu beiden Seiten mit ihren Händen ausspannen.

Sie tanzen viermal am Vormittag und viermal am Nachmittag. Dazu wird ununterbrochen die Trommel geschlagen. Mehrere Männer singen gleichzeitig einen gewissen Gesang, welcher Worte eines Gebetes enthalten soll.

Der Kauih-Sächka steht wie immer gegen die Arche gelehnt, mit gesenktem Gesicht. Er läßt unaufhörlich einen Klagegesang erschallen.

Dritter Tag des Okippe: Die Bison-Stiere tanzen wieder, wobei sie weder essen noch trinken. Eine Menge von anderen Masken kommen nun noch hinzu:

Zwei Männer zum Beispiel, als Weiber verkleidet, welche

in diesem Aufzuge mittanzen, indem sie sich zur Seite der acht Bison-Stiere halten. Sie tragen Kleider von Bighorn-Leder, Weiber-Beinkleider (Mitasses), die Robe mit den Haaren nach außen, bloß die Backen rot bemalt, das Kinn tätowiert, den Kopf nach Weiberart mit Glasperlen (Rassade) verziert.

Zwei andere Männer stellen ein Paar Schwäne vor. Sie sind nackt, tragen einen Schwanenschwanz in der Hand, sind über und über weiß angestrichen; bloß Nase, Mund und der untere Teil der Beine mit den Füßen sind schwarz.

Andere Männer wiederum stellen ein paar Klapperschlangen dar. Ihr Rücken ist, wie bei diesen Tieren, schwarz quergestreift, die Vorderseite gelblich, von jedem Auge läuft über den Backen hinab ein schwarzer Streifen und in jeder Hand tragen sie einen Büschel Wermut.

Ein Mann stellt den Ochkih-Häddä (Teufel) vor. Er wird von zwei Männern des Dorfes nach dem Flusse geführt, dort angezogen und bemalt. Man streicht ihm den ganzen Körper schwarz an, und er redet nun kein Wort mehr. Auf den Kopf setzt man ihm eine Mütze mit einem schwarzen Hahnenkamme; vor das Gesicht erhält er eine Maske mit hölzernen weißen Ringen um die Augenöffnung. Man macht ihm große Zähne von Baumwolldocht, malt ihm eine Sonne auf den Magen, den halben Mond auf den Rücken, an Arme und Beine weiße Kreise, heftet ihm dann einen Bisonschwanz an und gibt ihm in die Hand einen kleinen Stock mit einer Kugel von Fell, woran ein unten rot angestrichener Skalp befestigt ist. Die Kugel soll den Kopf eines Feindes vorstellen. Wenn dieses Ungetüm vollendet ist, läßt man es los, und es läuft nun wie toll in der ganzen Prärie umher und kommt in das Dorf, steigt auf die Hütten, von einer auf die andere und fährt in allen Winkeln umher, während die Bewohner ihm allerhand Dinge von Wert als Geschenke auswerfen.

Vor dem Ochkih-Häddä haben die Indianer große Furcht.

Diese Rolle kann man niemand zuteilen, wer sich dazu hergeben will, muß sich selbst melden. Seine Aufgabe ist nämlich gefährlich und kann krank machen. Bei einem früheren Okippe-Fest hat sich folgendes zugetragen: Als der Mann, der den Teufel spielen sollte, bemalt wurde, gab er große Unruhe zu erkennen; er verlangte, man solle ihn loslassen, und als dies geschah, war er wie vom bösen Geiste besessen, er rannte pfeilschnell auf die Hügel und in der Ebene umher. Den beiden Begleitern wurde bange und sie liefen nach dem Dorfe; allein der neue Ochkih-Häddä kam pfeilschnell bei ihnen vorbei, sprang über die hohe Umzäunung des Dorfes oben in die Hütten hinein und wieder hinaus, lief alsdann nach dem Flusse, und man sah nach ihrer Meinung deutlich, daß er vom Teufel besessen war. Es kostete den Bewohnern viel Mühe, seiner habhaft zu werden und ihn abzuwaschen, er aber zitterte am ganzen Leibe, verhüllte sich in seine Robe und blieb sein ganzes Leben hindurch in einem ähnlichen Zustande, ohne je wieder ein Wort zu reden. Während der Teufel beim Okippe-Fest umherspukt, tanzen die übrigen Masken beständig und handeln nach den Vorschriften ihrer Rolle, indem sie die natürlichen Gebärden der von ihnen verkörperten Tiere nachzuahmen suchen.

Im weiteren Verlauf des Tanzes legen sich die Männer, die sich martern lassen wollen, um die Arche herum auf den Bauch nieder. Die Masken tanzen zu den Trommelschlägen, die auf der »Schildkröte« geschlagen werden, zwischen ihnen umher oder über sie hinweg.

Während der Kauih-Sächka ununterbrochen an der Arche lehnt und klagt, beginnt man die Büßenden zu martern, indem man ihnen tiefe Wunden in das Fleisch schneidet.

Doch ist dies nur ein Vorspiel für die unbeschreiblichen Grausamkeiten, die am vierten Tage des Okippe vollzogen werden.

Ich zitiere hier einen Bericht des Malers Catlin, der ein Jahr vor mir bei den Mandans weilte und in der Zeitung »New York Spectator« folgende, an drastischer Schilderung nicht mehr zu überbietende Darstellung der Martern gab. Catlin schreibt:

»Am vierten Tag des Okippe beginnt eine Szene von gräßlicher Art, bei deren Erinnerung ich jedesmal Schauder empfinde. Schwach und abgemattet von vier Tagen und vier Nächten anhaltendem Fasten und Dursten schritt einer der armen Büßenden nach dem andern in den Mittelpunkt der Hütte, wo er kniend und mit gesenktem Haupte sich denjenigen hingab, welche bestimmt waren, ihm die grausamsten Martern anzutun.

Diese ziehen mit dem Daumen und Zeigefinger das Fleisch und die Haut mit einem Teil des Trapez-Muskels an der Rückseite beider Schultern in die Höhe und stoßen durch dieses Fleisch ein Messer, welches stumpf sein muß, um mehr Schmerz zu verursachen.

Nachdem das Messer aus der Wunde gezogen ist, werden Stücke Holz von der Dicke eines Daumens hindurchgesteckt. An diesem Holz werden von der Decke herabhängende Stränge befestigt, mit deren Hilfe man nun den Büßenden in die Höhe zieht, bis seine Füße beinahe von dem Boden gelüftet sind; dann werden Holzstöcke auf dieselbe Weise durch das Fleisch des Arms unterhalb der Schulter, unterhalb des Ellenbogens, an den Schenkeln und unterhalb der Knie getrieben. An diesen Stöcken befestigt man die Bogen, Köcher, Schilde, Lanzen und Medizin-Bündel der Leidenden, zuweilen Büffelschädel mit ihren Hörnern. Von diesem bedeutenden Gewichte beschwert, wird der Büßende allmählich in die Höhe gezogen, bis alle diese Anhängsel von der Erde gelüftet und der Gemarterte, an seinem eigenen Fleisch hängend, selbst zwei Meter hoch über dem Boden schwebt.

In diesem Zustande, wo das Blut in Strömen von seinen Händen und Füßen herabfließt, hängt er in höchster Marterangst, indem er die jämmerlichsten Seufzer und Klagen ausstößt, die, wie ich erfuhr, seine eifrigsten Gebete zum Allmächtigen sind, ihm das Leben zu fristen und seine Sünden zu vergeben, damit er tapfer und glücklich im Kriege sein und hinlänglich Bisons für seinen Unterhalt finden möge.

Sobald der eine der jungen Leute auf diese Art aufgehängt war, wurde dieselbe Operation an einem zweiten vollzogen, an einem dritten, vierten und so fort, bis mich das Wehklagen und Schreien der Geängstigten, so wie der blutige Anblick der Hütte, die einem menschlichen Schlachthause glich, an Herz und Magen krank machten.

Zuweilen waren sechs oder acht Menschen zugleich aufgehängt, einige am Rücken, andere an den Brustmuskeln.

Die Zeit, während welcher sie in dieser Lage blieben, betrug zuweilen eine halbe, auch wohl eine ganze Stunde. Keiner wurde herabgelassen, bevor er ohnmächtig war und kein Lebenszeichen mehr von sich gab. Dann erst ließ man ihn allmählich wieder herab, und er blieb hilflos liegen, ohne allen Beistand, bis er von selbst wieder aufzustehen fähig war. Dann ging er zu einem anderen Teil der Hütte, wo er einen, zwei oder drei Finger opferte, indem er dieselben auf einen Bisonschädel legte und mit einem Beile abhauen ließ.

Sobald diese Behandlung überstanden ist, werden die Gemarterten vor die Hütte geführt, indem sie das ganze oben genannte Gewicht nachschleifen, und wo ihrer nun in dem inneren runden Platze des Dorfes eine neue schreckliche Marter harrt:

Rund um die Arche bilden wohl hundert oder mehr junge, nackte, mit allen Farben und zum Teil auf sonderbare Art bemalte Männer einen Kreis, indem sie sich bei den Händen fassen. Diese bewegen sich nun in größter Schnelligkeit im Kreise umher, indem sie durchdringendes Geschrei und Klagen hören lassen.

Außerhalb dieses Kreises werden die Büßenden von

athletischen Männern an ledernen, um das Handgelenk befestigten Riemen geführt, und diese fangen nun ebenfalls an, um den Kreis herumzulaufen und die Gemarterten mit größter Schnelligkeit fortzureißen, bis sie von Schwäche und Ermattung überwältigt zu straucheln beginnen und niederfallen, wo man sie noch fortschleift, bis sie leblos scheinen und alle anhängenden Lasten ausgerissen liegengeblieben sind. Oft ist es nötig, mit dem ganzen Gewicht auf diese Gegenstände zu springen, damit sie abreißen. Man läßt die Gemarterten alsdann anscheinend leblos liegen, bis sie von selbst aufstehen und fortgehen können. Während sie daliegen, werden mancherlei schöne Geschenke, wie Roben, Flinten, Pferde für sie in ihre Nähe gebracht, welche ihre Weiber in Empfang nehmen und nach Hause tragen.«

Soweit die Schilderung Catlins im »New York Spectator«. Mir bleibt noch hinzuzufügen, daß die bei dieser Gelegenheit verursachten Wunden als aufgeschwollene Narben ein Leben lang voller Stolz getragen werden.

Die Bisonschädel, welche diese Indianer unter Schmerzen nachgeschleift haben, heben sie nachher auf. Entweder stellen sie diese Schädel auf dem Dach ihrer Hütte auf, oder sie bewahren sie im Inneren ihrer Behausungen, damit sie sich vom Vater auf die Kinder forterben sollen. Solche Bison-Köpfe sind ihnen »Medizin«.

Andere, ebenfalls sehr merkwürdige Medizin-Feste gelten der Jagd und dem Ackerbau. Ihre Rituale sollen die Bisonherden anziehen und den Mais günstig wachsen lassen.

Der alte Dolmetscher Charbonneau, ein überall angesehener Mann, verschaffte uns eine Einladung zu zwei solchen Festen, die in einem benachbarten Mönnitarri-Dorf gerade begangen wurden. Wir waren sehr daran interessiert und beschlossen, trotz Schnee und Eis und der Gefährdung durch feindliche Indianerstämme den Weg zu wagen, um diese interessanten Medizin-Feste zu erleben.

AMINA AGISCHEWA

Die Stimme, die mich rief

Ich kann mich nicht mehr so genau erinnern, wann ich die Stimme zum ersten Mal gehört habe. War ich damals vier oder etwa schon fünf Jahre alt? Wahrscheinlich ist es doch in meinem fünften Sommer gewesen, denn vorher besaß ich noch nicht Pfeil und Bogen, und reiten konnte ich auch nicht.

Es geschah unweit von unserem Lager, wo ich allein auf der Wiese spielte. Da hörte ich auf einmal eine Stimme. Ich dachte, meine Mutter rief mich. Doch als ich mich umsah, konnte ich niemanden sehen.

Zu meinem fünften Geburtstag schenkte mir mein Großvater Pfeil und Bogen. Er lehrte mich, damit umzugehen, und brachte mir auch das Reiten bei. Stolz auf meine neuen Fähigkeiten, verließ ich unser Lager und ritt zum Fluß, wo ich ein paar Vögel schießen wollte. An einem Seitenarm des Flusses erblickte ich einen Königsvogel. Rasch griff ich einen Pfeil aus dem Köcher und zielte auf ihn. Da geschah etwas Merkwürdiges, der Königsvogel begann zu sprechen.

Sieh, die Wolken schauen auf dich herab, sagte der Vogel. Hörst du? Eine Stimme ruft dich!

Ich schaute zum Himmel empor und sah zu meiner Verwunderung zwei Männer, die auf mich zugeflogen kamen. Als sie mich erreicht hatten, kreisten sie über mir und sangen:

> *Horch! Es ruft dich eine Stimme!*
> *Aus allen Himmelsrichtungen erklingt*
> *die heilige Stimme.*
> *Horch! Eine Stimme ruft dich.*

Dann verwandelten sich die fliegenden Männer in Schneegänse und flogen in die Richtung, wo die Sonne untergeht. Noch lange verfolgte ich ihren Flug, bis sie allmählich meinem Blick entschwanden. Von Westen her zog ein Gewitter auf. Am Himmel ballten sich düstere Wolken. Ein heftiger Wind erhob sich. Die Erde bebte unter Donnerschlägen.

Seit meiner Vision waren vier Winter und vier Sommer vergangen. Inzwischen war ich neun Jahre alt geworden. Die Bleichgesichter hatten quer durch unser Land eine Straße gebaut, die die Büffelherde in zwei Teile trennte. Dennoch waren unzählige von ihnen auf unserer Seite geblieben, so hatten wir mehr als genug zu essen.

Wenn ich hinausritt und irgendwo allein war, hörte ich hin und wieder die rätselhafte Stimme, konnte aber nicht begreifen, was sie mir sagen wollte. Und wenn ich sie eine Weile nicht gehört hatte, vergaß ich sie, denn ich wurde nun älter und hatte andere Dinge im Kopf. Meist war ich mit meinen Freunden unterwegs oder ging mit meinem Vater auf die Jagd. Die Jungen meines Volkes begannen schon früh den Männern nachzueifern. Wir lernten alle Fertigkeiten, die ein Mann haben muß, indem wir die Erwachsenen nachahmten, und so wurden wir bereits frühzeitig tapfere Krieger.

In meinem neunten Sommer zog mein Volk in Richtung der Rocky Mountains. Eines Abends hatten wir unser Lager in einem Tal in der Nähe eines Flusses aufgeschlagen. An diesem Abend hatte mich mein großer Freund Mannes-Hüfte in sein Zelt eingeladen. Als wir eben beim Essen saßen, vernahm ich plötzlich wieder die Stimme. Die Zeit ist gekommen, nun rufen sie dich zu sich, sagte sie. Die Stimme klang so deutlich und laut, daß ich sie nicht überhören konnte. Ich sprang von meinem Platz auf und war bereit, ihr sofort zu folgen. Jedoch draußen vor dem Tipi verspürte ich einen brennenden Schmerz in meinen Beinen; zugleich hatte ich das Gefühl, mich wie in einem Traum zu bewegen. Mannes-Hüfte sah mich mit seinen gütigen

Augen erstaunt an und fragte, was mir fehle. In meiner Verwirrung wußte ich nicht, was ich ihm antworten sollte. Meine Beine schmerzen mich, erwiderte ich verschämt.

Am nächsten Tag zogen wir schon frühmorgens weiter. Ich ritt mit den anderen Jungen zum Fluß, um unsere Wasservorräte aufzufüllen, und als ich von meinem Pferd heruntersprang, spürte ich wieder jenen unerträglichen Schmerz in den Beinen, diesmal so heftig, daß ich weder stehen noch laufen konnte. Meine Freunde halfen mir aufs Pferd, und ich ritt noch den ganzen Tag. Abends trug mich mein Vater in unser Tipi und bettete mich auf mein Lager. Meine Beine und auch mein Gesicht waren arg geschwollen. Ich fühlte mich sehr krank.

Der Ledervorhang zum Eingang in das Tipi war zurückgeschlagen. Daher konnte ich gut sehen, wie zwei Männer plötzlich aus den Wolken herausschlüpften und in Richtung unseres Lagers flogen. Ich erkannte in ihnen dieselben Männer, die damals zu mir gekommen waren, als ich am Fluß einen Königsvogel schießen wollte. Diesmal hatten sie Speere in den Händen, aus deren Spitzen Funken sprühten. Sie schwebten zur Erde herab und blieben vor unserem Tipi stehen. Komm! Beeil dich! sagten sie. Deine Großväter rufen dich!

Nach diesen Worten kehrten sie um und flogen wieder fort. Ich stand auf und merkte, daß mir die Beine nicht mehr weh taten und mein Körper federleicht geworden war. Ich verließ unser Tipi und wollte zu den fliegenden Männern eilen. Da erblickte ich am Himmel eine kleine Wolke, die sich auf mich zubewegte. Und als sie mich erreicht hatte, neigte sie sich zu mir. Ich schwang mich auf das Wölkchen und flog mit ihm fort. Unten auf der Erde sah ich meine Eltern, die mir nachblickten, und ich wurde traurig, daß ich sie verlassen mußte.

Das Wölkchen trug mich mit rasender Geschwindigkeit durch die Lüfte hinter den Männern mit den Speeren her. Sie bewegten sich auf die weißen Wolken zu, die sich auf der weiten, blauen Ebene hoch wie Berge türmten. Dort hausten die Donnerwesen. Ich sah sie in den Wolken flackernd hin und her hüpfen.

Im nächsten Augenblick schon befand ich mich mit den zwei Männern in einer Wolkenwelt, rings umsäumt von schneebedeckten Hügeln und Bergen, die stumm auf uns niederstarrten. In der Stille, die uns umgab, hörte ich mit einemmal Geflüster.

Sieh! Dort ist ein vierbeiniges Wesen! riefen die Männer mit den Speeren. Ich schaute mich um und sah ein braunes Pferd. Du sollst meine Lebensgeschichte kennenlernen, sprach das Pferd. Dann wandte es sich nach Westen und sagte: Sieh sie dir an! Auch ihre Geschichte wirst du erfahren!

Da erblickte ich zwölf schwarze Pferde, an deren Hälsen Ketten aus Büffelhufen hingen. Obwohl ich sie schön fand, flößten sie mir Furcht ein, denn in ihren Mähnen leuchtete der Blitz, und aus ihren Nüstern grollte der Donner.

Darauf wandte sich der Braune nach Norden und sagte: Sieh! Und ich erblickte zwölf Schimmel nebeneinandergereiht stehen. Ihre langen Mähnen flogen im Sturm, und aus ihren Nüstern wetterte es wie Donnerschlag. Schneegänse kreisten über ihnen.

Sodann wandte sich der Braune nach Osten und befahl mir, meinen Blick dorthin zu richten. Ich sah zwölf kastanienbraune Pferde stehen, deren Hälse mit Ketten aus Elchzähnen geschmückt waren. Ihre Augen strahlten wie der Morgenstern, und ihre Mähnen glühten wie die aufgehende Sonne.

Und abermals drehte sich der Braune um. Diesmal nach Süden. Und ich erblickte zwölf graugelbe Pferde mit Hörnern auf der Stirn in einer Reihe stehen. Ihre Mähnen flatterten wie Laub und Gräser, wenn der Sturm sie zaust.

Und erneut hörte ich die Stimme des Braunen. Deine Großväter halten eine Ratssitzung ab. Diese vierbeinigen Geschöpfe werden dich zu ihnen geleiten. Hab keine Angst!

Und wie auf Befehl stellten sich alle Pferde, die Rappen, die Füchse, die Schimmel und die Falben, je vier in einer Reihe, hinter dem Braunen auf, der sich mit lautem Gewieher nach Westen wandte. Da brach auf einmal ein schrecklicher Sturm los, und ich sah, wie unzählige Pferde in allen Farben dahergerast kamen, so daß die Erde unter ihren Hufen zu zittern und schwanken begann.

Und jedesmal, wenn sich der Braune einer anderen Himmelsrichtung zuwandte, fing der Himmel zu glühen an und füllte sich mit wild galoppierenden Pferden in allen Farben, die dem Braunen zuwieherten.

Dann sagte der Braune: Sieh, wie alle deine Pferde tanzend zu dir kommen. Darauf sah ich Pferde, überall Pferde. Der Himmel war auf einmal voll von Pferden, die um mich herumwirbelten.

Komm! Beeil dich! rief der Braune. Es ist Zeit!

Wir machten uns auf den Weg und liefen Seite an Seite, während die Rappen, die Schimmel, die Füchse und Falben uns folgten. Plötzlich verwandelten sich all die tanzenden Pferde in allerlei Arten von Getier und Federvieh und flohen in alle Himmelsrichtungen davon.

Dann sah ich über mir eine Wolke, die sich in ein Tipi verwandelte. Darüber spannte sich buntfarbig ein Regenbogen. Im Tipi saßen sechs alte Männer. Der älteste von ihnen sagte freundlich zu mir: Komm herein! Fürchte dich nicht! Ich ging hinein und blieb vor den Greisen stehen, die mir uralt erschienen, so alt wie die Sterne am Himmel.

Deine Großväter haben sich zu einer Ratssitzung versammelt, sagte der älteste von ihnen. Obwohl seine Stimme sehr freundlich klang, zitterte ich am ganzen Körper vor Angst; denn es wurde mir mit einemmal bewußt, daß diese Greise keine menschlichen Wesen waren, sondern die Kräfte des Alls. Der erste verkörperte in sich die Kraft des Westens, der zweite die des Nordens, der dritte die des Ostens, der vierte jene des Südens, der fünfte die Kräfte des Himmels und der sechste die der Erde.

Siehst du die Donnerwesen dort, wo die Sonne untergeht? fragte der erste Großvater. Sie werden dir meine Kraft verleihen und dich zu einem einsamen Gipfel im Mittelpunkt der Welt führen, dorthin, wo die Sonne immer scheint, damit du klar erkennst, was du gesehen hast.

Als er zu mir sprach, hielt er in seiner rechten Hand eine mit Wasser gefüllte hölzerne Schale, und ich sah darin den Himmel. Nimm sie! Sie gehört dir! In ihr ist die Kraft des Lebens! Dann übergab er mir einen Bogen und sagte: Nimm ihn! Er gehört dir! In ihm ist die Kraft der Vernichtung!

Danach wies er mit dem Finger auf sich selbst und sagte: Schau dir den nur gut an, auf den ich zeige, er ist von nun an dein Geist. Du dienst ihm als sein Körper. Sein Name ist Ausgestreckte Adlerschwinge.

Nachdem er das gesagt hatte, erhob er sich von seinem Platz und eilte in die Richtung davon, wo die Sonne untergeht. Auf einmal aber verwandelte er sich in ein schwarzes Pferd, das stehenblieb, sich zu mir umdrehte und mich mit traurigen Augen anstarrte. Es war ein armes, krankes Pferd und so dürr, daß man die Rippen an ihm zählen konnte.

Dann stand der zweite Großvater auf, der in sich die Kraft des Nordens verkörperte, und gab mir ein Bündel von Kräutern, Nimm es! rief er. Beeil dich! Ich griff nach den Kräutern und deutete dorthin, wo das schwarze Pferd stand. Da begann sich seine klapperdürre Gestalt allmählich zu füllen, und nachdem es seine Kräfte zurückgewonnen hatte, kehrte es fröhlich wiehernd zu seinem Platz zurück und wurde wieder der Großvater.

Faß nur Mut, jüngerer Bruder, fuhr der zweite Großvater fort. Dir wird die Flügelkraft des weißen Riesen gegeben werden, des reinigenden Windes. Mit dieser Kraft wirst du auf Erden Menschenkinder erschaffen.

Nach diesen Worten erhob er sich und lief gegen Norden. Plötzlich wandte er sich mir zu und wurde eine Schneegans, die aufflog und in den Lüften kreiste. Mein Blick fiel auf die

Pferde, und ich sah, daß jene ans dem Westen Donnerwesen waren und die aus dem Norden Schneegansmenschen.

Dann fing der Großvater zu singen an:

> *Sie kommen, sieh nur!*
> *Sie kommen, sieh nur!*
> *Das Donnervolk naht!*
>
> *Sie kommen, sieh nur!*
> *Sie kommen, sieh nur!*
> *Das Schneegansvolk naht.*

Nun sprach der dritte Großvater, der die Kraft des Ostens verkörperte. Sei mutig, jüngerer Bruder! Er wies mit dem Finger auf den Morgenstern, und ich sah unter ihn, wieder jene zwei fliegenden Männer. Diese Wesen werden dich quer durch die ganze Welt geleiten, sagte er. Sie werden dir Kraft verleihen, sie, alle Lebewesen auf Erden, die Wurzeln, Beine oder Flügel haben, zum Leben erweckten. Und als er so zu mir sprach, hielt er eine Friedenspfeife in der Hand, deren Stiel ein Adler mit ausgestreckten Flügeln zierte. Doch der Adler lebte. Er begann mit den Flügeln zu schlagen und richtete seinen Blick auf mich. Mit dieser Pfeife, sagte der Großvater, wirst du durch die Welt wandern und alle Krankheiten heilen. Dann wies er auf einen Mann, dessen Körper von roter Farbe war, der Farbe, die Wohlsein und Überfluß bedeutet. Der Mann legte sich auf den Boden, wälzte sich hin und her und verwandelte sich dabei in einen Büffel. Dieser sprang auf und lief zu den kastanienbraunen Pferden, die die Kraft des Ostens darstellten, und auch sie wurden fette Büffel.

Nun begann der vierte Großvater zu sprechen, der die Kraft des Südens verkörperte, die Kraft, die alles auf Erden wachsen läßt. Jüngerer Bruder! sagte er. Mit den Kräften der vier Himmelsrichtungen sollst du die Welt umwandern, als

Verwandter aller Lebewesen. Sieh! Ich werde dir den Lebenskern des Volkes geben, mit dem du viele erretten wirst.

Und ich sah einen leuchtendroten Stab in seiner Hand, der lebendig wurde. Vier Zweige sprossen aus seiner Spitze und bedeckten sich mit grünen Blättern, und in den Blättern sangen Vögel. Dann erblickte ich auf der Erde im Kreis errichtete Zeltdörfer, wo Menschen und all die anderen Lebewesen mit Wurzeln, Beinen oder Flügeln lebten.

Dieser Stab soll im Mittelpunkt des Lebenskreises deines Volkes stehen, sagte der Großvater. Denn dies ist kein gewöhnlicher Stab; in ihm ruht das Herz der Menschen.

Eine Weile lauschte er still dem Gesang der Vögel. Dann sagte er: Schau hinunter! Und ich sah unten auf der Erde einen Kreis, in dessen Mitte der heilige Stab blühte; und dort, wo er stand, kreuzten sich zwei Pfade, ein roter und ein schwarzer.

Der rote, der sich von Norden nach Süden hinstreckt, ist der Pfad des Guten, erklärte mir der Großvater. Auf diesem Pfad soll dein Volk wandeln. Der schwarze Pfad hingegen, der von Westen nach Osten führt, ist der Pfad des Schreckens und der Kriege. Auch auf diesem Pfad mußt du gehen, denn aus ihm wirst du die Kraft schöpfen, die Feinde deines Volkes zu vernichten.

Nachdem er so zu mir gesprochen hatte, stand er auf und lief gegen Süden. Als er dann neben dem Falben stehenblieb, wurde er ein Elch, und die Pferde verwandelten sich auch in Elche.

Nun sprach der fünfte Großvater, der älteste von allen, der die Kraft des Himmels in sich verkörperte, zu mir. Mein Junge, sagte er. Ich habe dich gerufen, und du bist gekommen. Du sollst auch meine Kraft kennenlernen. Er streckte seine Arme aus und verwandelte sich augenblicklich in einen gefleckten Adler, der die Flügel breitete und sich hoch emporschwang. Und über mir kreisend, rief er: All das Federvolk der Lüfte wird zu dir kommen, und sie alle werden dir vertraut wie Verwandte sein. Und du sollst die Welt mit meiner Kraft durchwandern. Und höher und höher schwang sich der Adler empor, und plötzlich füllte sich der Himmel mit zahllosen Fittichen, die sich mir wie Freunde nahten.

Als letzter sprach der sechste Großvater, der die Kraft der Erde in sich verkörperte. Sein Haar war schlohweiß, sein Gesicht runzlig, und seine eingefallenen Augen blickten trübe. Uralt kam er mir vor. Als ich ihn so betrachtete, wurde er mählich jünger und immer jünger, bis er so alt zu sein schien, wie ich selbst war. Zu meiner Verwunderung erkannte ich in ihm mich selbst. Nachdem er sich wieder in einen Greis verwandelt hatte, sagte er: Mein Sohn! Meine Kraft wird die deine sein, und du wirst sie nötig haben, denn deinem Volk stehen schwere Zeiten bevor. Nun folge mir!

Er stand auf und torkelte durch die Regenbogentür des Tipis hinaus. Ich folgte ihm auf meinem Braunen, der mich zu diesem Ort geführt hatte. Der Braune, der in sich die Kraft des Westens besaß, blieb stehen und schaute zu den Rappen hinüber, und zugleich hörte ich ihn sagen: Du erhieltest die Schale Wasser, um das Leben auf Erden zum Blühen zu bringen, und Pfeil und Bogen, um Leben zu zerstören. Darauf wieherte der Braune, und die zwölf Rappen kamen und stellten sich hinter mich, je vier in einer Reihe.

Jetzt stand der Braune gegenüber den Füchsen, die die Kraft des Ostens verkörperten. Ihre Stirnen leuchteten wie der Morgenstern. Und wieder vernahm ich die Stimme: Dir wurde die heilige Pfeife, die Kraft des Friedens und der Segen des guten roten Tags gegeben. Hernach wieherte der Braune noch einmal, und die Füchse stellten sich hinter mich, je vier in einer Reihe.

Sodann stellte sich der Braune vor die Falben, die die Kraft des Südens in sich trugen, und die Stimme sagte: Die Großväter haben dir den heiligen Stab gegeben, den Lebenskern deines Volkes und den Segen des guten gelben

Tags. Pflanze den Stab in den Mittelpunkt des Lebenskreises deines Volkes und gebiete ihm, zu wachsen und zu gedeihen. Er soll deinem Volk Schutz und Schirm gewähren. Und wieder wieherte der Braune, und die Falben stellten sich hinter mich, je vier in einer Reihe.

Dann wurde mir bewußt, daß auf den Pferden hinter mir Reiter saßen, und eine Stimme sagte: Gemeinsam mit den Reitern wirst du dich auf den schwarzen Pfad begeben, und solange du auf ihm verweilst, werden alle Lebewesen dich fürchten.

So ritt ich gegen Osten und begab mich auf den Pfad des Schreckens. Mir folgten die Reiter auf den Rappen, Schimmeln, Füchsen und Falben, je vier in einer Reihe. Hagel schauerte nieder. Rasende Stürme beugten die Wipfel der Bäume herab. Die Tiere und Vögel brüllten und schrien schaudernd, von Entsetzen gepackt. Über den Hügeln lag bleierne Finsternis.

Allmählich erhellte sich die Erde wieder, und unter mir sah ich Berge, Täler und Flüsse. Wir ritten weiter und gelangten zu einem Ort, wo drei Ströme ineinanderflossen, und ich sah, wie Flammen aus dem Wasser schlugen. In den lodernden Flammen hauste ein Mensch von blauer Farbe. Staubwolken wirbelten um ihn herum, das Gras war ausgedörrt, die Bäume krümmten sich in der Glut. Knochendürre zwei- und vierbeinige Wesen wälzten sich stöhnend auf der sengendheißen Erde.

Da galoppierten die Reiter auf den Rappen hinunter zur Erde und stürzten sich auf den blauen Mann. Der aber zeigte sich als der Stärkere und trieb sie fort. Auch den anderen Reitern, die ihn angriffen, erging es nicht besser.

Nachdem sie alle in die Flucht geschlagen worden waren, wandten sie sich hilfesuchend an mich und riefen wie aus einem Munde: Ausgestreckte Adlerschwinge, steh uns bei! Komm!

Als ich nun auf meinem Braunen hinuntersprengte, hielt ich in der einen Hand die Schale mit dem Wasser und in der anderen den Bogen, der sich in einen Speer verwandelte. Ich zielte auf den blauen Mann, und als die Spitze meines Speers, aus der Blitze zuckten, ihn mitten ins Herz traf, verloschen sogleich die Flammen. Fröhlich erklangen wieder die Stimmen aller Lebewesen! Hei! Du hast ihn getötet! riefen sie mir zu.

Sturmwolken trugen mich hinunter, und ich betrat die Erde als Regen. Es war die Dürre, die ich getötet hatte, getötet mit den Kräften, die die Großväter mir verliehen hatten. Nun ritt ich entlang eines Flußbetts, das sich mählich mit Wasser füllte, und alsbald erblickte ich im Tal einen Kreis von Zelten. Siehst du die Menschen dort? sprach die Stimme. Das ist dein Volk! Beeil dich, Ausgestreckte Adlerschwinge! Bald hatte ich das Dorf erreicht. Hinter mir kamen die Rappen, die Schimmel, die Füchse und die Falben. Ein glühend heißer Wind blies aus dem Süden. Ich sah fast neben jedem Tipi Tote liegen und um sie herum kranke Männer und Frauen, die sie betrauerten. Mein armes, sieches Volk betrachtend, umritt ich das Dorf, und als ich mich umwandte, sah ich all die Männer, Frauen und Kinder aufstehen und mir vor Freude mit strahlenden Gesichtern entgegenkommen.

Und wieder sprach die Stimme: Deine Großväter gaben dir den heiligen Stab, damit du ihn zum Blühen bringst. So ritt ich mit dem Stab zum Mittelpunkt des Dorfes. Die Pferde stellten sich im Kreis um mich auf. Auch die Menschen bildeten einen Zirkel um mich. Da sagte die Stimme: Gib ihnen jetzt den blühenden Stab, damit sie wieder zu Kräften kommen, und auch die heilige Pfeife, damit sie die Macht des Friedens verstehen lernen. Auch die Fittiche des weißen Riesen, die Kraft des Nordens, sollen sie erkennen, so daß sie fortan alle Stürme und Winde mit Geduld und Mut zu ertragen vermögen.

Ich nahm den leuchtendroten Stab und stieß ihn im Mittelpunkt des Lebenskreises meines Volkes in die Erde. Als er die Erde berührte, zitterte er heftig in meiner Hand und verwandelte sich in einen Baum mit grünem Laub, in dem die Vögel sangen. Wie Verwandte vereinigten sich unter ihm Mensch und Tier. Und ich hörte freudevolle Rufe: Hier werden wir glücklich sein und unsere Kinder großziehen.

Dann hörte ich den Wind sanft im Gezweig wehen, und von Osten her kam die heilige Friedenspfeife auf Adlerschwingen angeflogen. Kaum hatte sie sich vor mir niedergelassen, strahlte sie eine segnende Kraft aus, die alles ringsum in friedvolle Stille hüllte.

Hell leuchtete der Morgenstern am Himmel, und die Stimme sagte: Sieh, dieser Stern wird den Menschen so vertraut sein wie ein Verwandter. Und wer immer ihn erblickt, wird in ihm mehr sehen als einen Stern. Denn von ihm kommt Weisheit! Und jene, die ihn nicht sehen, werden verstrickt sein in Finsternis.

So wandten sich alle Menschen mit dem Gesicht nach Osten, und das Licht des Sterns ergoß sich über sie. Und alle Hunde bellten, und alle Pferde wieherten.

Als dann die Stimmen von Mensch und Tier verklangen, begann die Große Stimme zu sprechen: Sieh dir den Lebenskreis deines Volkes an. Er ist heilig und hat kein Ende. So werden auch all die Kräfte deines Volkes sich in einer Kraft vereinigen, die kein Ende hat. Nun soll dein Volk aufbrechen und sich auf den roten Pfad begeben. Und deine Großväter werden es geleiten.

Da machte sich das Volk auf den Weg, und es gab folgende Ordnung:

Im ersten Trupp ritten ganz vorn Männer auf Rappen. Nach ihnen kamen Reiter auf Schimmeln. Ihnen folgten Reiter auf Füchsen. Hinter diesen ritten Männer auf Falben. Zuletzt kamen Jünglinge, Mädchen und Scharen von kleinen Kindern.

Den zweiten Trupp bildeten die vier Stammesführer, gefolgt von jungen Männern und Frauen.

Den dritten Trupp führten die vier Stammesratgeber an.

Hinter ihnen zogen Männer und Frauen, von denen man nicht sagen konnte, ob sie alt oder Jung waren.

Der vierte Trupp bestand aus alten Männern, die langsam, mit gesenktem Kopf und sich auf Stöcke stützend, einherhumpelten.

Ihnen folgte als fünfter Trupp eine große Zahl alter Frauen, gleichfalls mit gesenktem Kopf, sich mühselig fortbewegend.

Als letzter ritt ich auf meinem Braunen, bewehrt mit Pfeil und Bogen, die ich von dem ersten Großvater erhalten hatte.

Und doch war ich nicht der letzte. Denn als ich mich umdrehte, sah ich einen endlosen Zug von Geistern, die mir folgten, all die Großväter der Großväter und Großmütter der Großmütter zahlloser Generationen. Und ich fühlte, daß über allen die Große Stimme schwebte, die der Geist und die Kraft des Südens war.

Und als wir so dahinwanderten, hörte ich mit einemmal hinter mir die Stimme sagen: Seht, ihr seid ein großes Volk, das den heiligen Pfad in ein treffliches Land eingeschlagen hat.

Ich blickte hinauf und sah vier Anhöhen, die wir zu erklimmen hatten. Das Land um uns herum war saftig grün. Auf dem Weg zur ersten Anhöhe blieben alle alten Männer und Frauen stehen und reckten ihre Arme empor zum Himmel und fingen leise ein Lied zu summen an. Der Himmel war bedeckt mit Wolken, und in ihnen sah ich Kindergesichter. Als wir die erste Anhöhe erreicht hatten, lagerten wir uns im heiligen Kreis, und in die Mitte des Kreises pflanzten wir den heiligen Baum.

Dann begannen wir die zweite Anhöhe emporzusteigen. Auch hier war das Land grün, obwohl die Hänge steiler wurden. Da sah ich, wie sich plötzlich die Menschen in Elche, Büffel und andere Arten von Vierbeinern verwandelten, die feierlich auf dem guten roten Pfad weiterwanderten. Ich selbst wurde ein gefleckter Adler, der in der Luft über ihnen kreiste. Ehe wir vor dem Gipfel der zweiten Anhöhe stehenblieben, um ein Lager aufzuschlagen, wurden alle Tiere unruhig, denn sie hatten gemerkt, daß sie nicht mehr Menschen waren. Sie stießen verzweifelte Schreie aus und klagten den Anführern ihr Leid, und ich sah, daß vom heiligen Baum die Blätter herabfielen.

Da hörte ich wieder die Stimme: Achte auf dein Volk und vergiß nicht, was dir die Großväter gegeben haben. Denn fortan wird dein Volk sich auf einen schweren Weg begeben. Nachdem das Volk das Lager abgebrochen hatte, sah es vor sich auf einmal den schwarzen Pfad, der dorthin führte, wo die Sonne untergeht. Am Himmel türmten sich dunkle Wolken. Wenn das Volk auch davor zurückschreckte, auf dem schwarzen Pfad weiterzugehen, so wußte es doch, daß es nicht stehenbleiben durfte.

Als sie allesamt die dritte Anhöhe emporklommen, begannen auf einmal die Tiere, die eigentlich Menschen waren, in furchtbarem Durcheinander hin und her zu rennen. Und überall in den Weiten des Himmels hörte ich die Winde miteinander kämpfen wie wilde Tiere.

Als wir den dritten Gipfel endlich erstiegen hatten und dort lagerten, zerbrach der Kreis des Volkes und zerstob wie Rauch im Wind. Auch der heilige Baum schien zu sterben; all die Vögel in seinen Zweigen waren fortgeflogen. Da ahnte ich, wie fürchterlich der Aufstieg der vierten Anhöhe sein würde.

Kaum hatte mein Volk begonnen, die vierte Anhöhe zu ersteigen, hörte ich wieder die Stimme, doch diesmal so traurig wie die eines kummervoll Schluchzenden. Sieh dir dein Volk an! sagte die Stimme. Da sah ich, daß die Tiere sich wieder in Menschen verwandelt hatten. Doch kränklich und elend sahen sie aus, dürr und ausgemergelt, als ob sie vor Hunger sterben müßten. Und ihre Pferde bestanden nur mehr aus Haut und Knochen, und der heilige Baum war verschwunden.

Da erblickte ich nördlich vom Lager einen heiligen Mann,

dessen Körper mit roter Farbe bemalt war. Mit einem Speer in der Hand stellte er sich in die Mitte der Menschen. Dort legte er sich zu Boden und wälzte sich hin und her, und als er sich wieder erhob, war er ein fetter Büffel geworden. An jener Stelle aber, wo er gestanden hatte, entsproß dem Boden nun eine heilige Pflanze, diese wuchs und wuchs, bis sich auf ihrem Stengel vier Blüten entfaltet hatten – eine blaue, eine weiße, eine purpurrote und eine gelbe.

Nun erst verstand ich den Sinn von alldem, was geschehen war. Die Büffel waren die Gabe eines guten Geistes. Von ihnen schöpften wir unsere Kraft. Die aber sollten wir verlieren und sie doch wiedergewinnen mit Hilfe desselben guten Geistes. Nachdem die Pflanze emporgewachsen und aufgeblüht war, schien sich das Volk langsam zu erholen. Die Pferde wedelten mit den Schwänzen und wieherten, und ich fühlte eine kühle Brise aus dem Norden wehen, die wie die sanfte Hand eines guten Geistes über mein Volk strich. Auch der blühende Baum stand nun wieder auf seinem alten Platz, im Mittelpunkt des Lebenskreises meines Volkes.

Ich war noch immer der gefleckte Adler, kreisend über meinem Volk. Und als ich hinunter auf die Erde schaute, bemerkte ich, daß ich mich bereits über dem vierten Gipfel befand, wogegen mein Volk auf dem dritten lagerte. Finsternis umgab mich und noch immer kämpften die Winde miteinander und erfüllten mit tobendem Geheul die ganze Welt. Dazwischen knatterte es grauenerregend, als ob unzählige Gewehre gleichzeitig abgefeuert würden. Dann wieder klang es schaurig, wie das Schluchzen zahlloser Frauen und Kinder in höchster Pein.

Ich sah mein Volk erschrocken umherrennen und die Tipis befestigen, die der Sturm wegzufegen drohte. Und ich sah Scharen von Schwalben vor der Sturmwolke fliehen.

Da kam mir ein Lied der Kraft in den Sinn, und ich begann zu singen:

Dem guten Volk verhelfe ich zum Leben.
Das Volk dort oben hat es mir gesagt und
hat mir auch die Kraft dazu gegeben.

Und als ich dieses Lied sang, hörte ich eine Stimme: Eile in alle vier Himmelsrichtungen und bitte um Hilfe. Und nichts soll dir gleichen an Kraft.

Ich schwang mich auf meinen Braunen, denn das Pferd ist ein irdisches Wesen, und die Erde sollte mir Kraft verleihen. Aber als ich, der Stimme gehorchend, mich auf den Weg begeben wollte, erblickte ich im Westen ein knochendürres Pferd von bräunlich-schwarzer Farbe. Und eine Stimme im Westen sagte: Nimm das und verwandle es. Und siehe, was ich in den Händen hielt, war die Pflanze mit den vier Blüten. Als ich dann hoch über dem armseligen Klepper im Kreis durch die Lüfte ritt, hörte ich mein Volk nach dem guten Geist rufen und ihn bitten, ihm Kraft zu geben. Das dürre Pferd wieherte und wälzte sich auf der Erde, und als es wieder aufstand, hatte es sich in einen starken schwarzen Hengst mit glänzendem Fell verwandelt. Der prächtige Rappe war der Anführer aller Pferde, wenn er wieherte, fuhren Blitze aus seinen Nüstern, und seine Augen leuchteten wie der Abendstern. Erst stellte der Rappe sich gegen Westen, dann gegen Norden, gegen Osten und Süden, und jedesmal wieherte er laut, wenn er sich in eine der Himmelsrichtungen wandte. Darauf kamen unzählige Herden von prachtvollen Rappen, Schimmeln, Füchsen und Falben aus allen Himmelsgegenden dahergesprengt. Schön waren sie und furchterregend zugleich.

Plötzlich hielten all die Pferde im Lauf inne und stellten sich auf den Hinterhufen im Kreis um ihren Anführer. Da erschienen aus den vier Himmelsrichtungen vier wunderschöne Jungfrauen, die sich zu dem schwarzen Hengst gesellten. Eine hielt die Schale mit dem Wasser, die andere den weißen Fittich, die dritte die heilige Pfeife und die vierte den heiligen Stab. Da erstarrte die ganze Welt in Stille und lauschte erwartungsvoll. Und der schwarze Hengst hob sein Haupt und sang:

> *Meine Pferde, seht nur, wie sie springen.*
> *Seht nur, wie sie springend zu mir kommen.*
> *Wie sie springend kommen, meine Pferde.*
> *Wie sie kommen aus den weiten Welten.*
> *Tanzen werden sie. Seht, wie sie tanzen.*
> *Seht, das Pferdevolk will tanzen, tanzen.*
> *Seht nur, wie sie tanzen, meine Pferde.*

Seine Stimme klang zwar nicht allzu laut, und dennoch erfüllte sie das ganze Universum. Alles zwischen Himmel und Erde lauschte seiner Stimme. Und nach der schönen Melodie des Liedes begannen die Jungfrauen zu tanzen, und auch all die Pferde, die Gräser auf den Hügeln und in den Tälern, alle Bäche, alle Flüsse und Seen, all die zwei- und vierbeinigen Wesen und selbst die Fittiche der Winde stimmten ein in den Tanz.

Dann zog die schwarze Wolke vorbei, und segensspendender Regen schauerte nieder auf die Menschen, indes im Osten ein schimmernder Regenbogen sich über den Himmel spannte. Und wieder hörte ich eine Stimme, die da sprach: Ein glücklicher Tag für alle Wesen ist zu Ende gegangen! Und als ich hinunterschaute, sah ich, daß die Erde reich an Früchten war, und alle Wesen sich freundlich zueinander verhielten und ihr Glück genossen.

Und aufs neue sprach die Stimme: Sieh, das ist dein Tag. Es liegt an dir, ihn zu nutzen. Nun wirst du im Mittelpunkt der Erde zu stehen kommen. Denn dorthin werden sie dich geleiten.

Ich ritt noch immer auf meinem Braunen und fühlte, daß mir die Reiter des Westens, des Nordens, des Ostens und des Südens folgten. Nach Osten ging es nun. Vor mir sah ich bewaldete Hänge und zackige Felsen, und buntfarbene Blitze schossen aus dem Gestein zum Himmel empor. Bald hatte ich den höchsten Gipfel erreicht. Unter mir lag der ganze weite Kreis der Erde. Und während ich dort stand, sah ich mehr, als ich erzählen kann, und ich verstand auch mehr, als meine Augen sahen. In heiliger Scheu sah ich die Gestalten aller Dinge und die Gestalten hinter allen Gestalten; denn so müssen alle Dinge eins werden und zusammen leben, als wären sie ein Lebewesen.

Ich sah auch, daß der heilige Kreis meines Volkes nur einer der vielen Kreise war, weit wie das Tageslicht und das Licht der Sterne. Und im Mittelpunkt dieses Kreises wuchs ein mächtiger blühender Baum, der allen Kindern einer Mutter und eines Vaters Schutz gewährte. Und er war heilig.

Als ich mich auf dem Gipfel befand, sah ich zwei Männer angeflogen kommen, und zwischen ihnen leuchtete der Morgenstern. Als sie mich erreicht hatten, gaben sie mir eine Pflanze und sagten: Damit kannst du alles vollbringen auf Erden, alles, was du unternimmst. Es war die Pflanze des Morgensterns, des tiefen Verstehens, und ich sollte sie auf die Erde fallen lassen. Als ich dies tat und sie die Erde berührte, schlug sie Wurzeln. Vier Blüten entsprangen einem Stengel – eine blaue, eine weiße, eine purpurrote und eine gelbe. Und die Strahlen, die den Blüten entsprangen, reichten empor in die himmlischen Höhen, so daß alle Wesen auf Erden sie sehen konnten. Überall verbreiteten die Blüten ihr Licht, und nirgendwo war es mehr finster.

Dann sagte die Stimme zu mir: Es wird Zeit, daß du zurück zu den Großvätern gehst.

Bisher hatte ich nicht darauf geachtet, wie ich gekleidet war, und nun sah ich, daß mein ganzer Körper rot und die Gelenke schwarz mit weißen Streifen dazwischen bemalt waren. Das Fell meines Braunen deckte ein flammendes Muster zackiger Blitze, und seine Mähne flackerte wie eine Wolke im Wind. Auch mein Atem war ein flammender Blitz.

Als ich, geleitet von den zwei Männern, auf meinem Braunen ritt, verwandelten sich die Männer in Schwärme von Gänsen, die kreisend übereinander flogen und geheiligte Schreie ausstießen.

Dann sah ich vor mir einen Regenbogen, der über dem Tipi der Großväter schimmerte. Das Tipi war aus Wolken gebaut und von einer Wolke überdacht, befestigt war es mit Riemen von Blitzen. Und über dem Wolkentipi waren alle Fittiche der Lüfte, und unter diesen tummelten sich Tiere und Menschen. Jubel erfüllte die Erde. Und selbst das Donnergedröhn klang jetzt fröhlich wie Gelächter.

Er hat gesiegt! riefen alle sechs Großväter.

Als ich durch die Regenbogentür ritt, erklangen im ganzen All freudevolle Stimmen, und ich sah die Großväter, von Westen nach Osten gereiht, auf ihren Plätzen sitzen. Mit ausgestreckten Armen begrüßten sie mich. Und in der Wolke hinter ihnen sah ich Menschenkinder, die noch nicht geboren waren.

Die Großväter überreichten mir noch einmal dieselben Gaben, die ich schon früher von ihnen erhalten hatte – die Schale Wasser, um Leben zu erwecken, den Bogen samt Pfeilen, um Leben zu zerstören, den weißen reinigenden Fittich, die Heilpflanze, die heilige Pfeife und den heiligen Stab. Und als sie zu mir sprachen, schmolzen sie hinein in die Erde und stiegen aus ihr wieder empor. Und als sie dies taten, fühlte auch ich mich fest angezogen von der Erde.

Dann sagte der älteste der Großväter zu mir: Mein Sohn, du hast die gesamte Welt gesehen, und nun sollst du mit der Kraft, die dir verliehen wurde, zu dem Ort zurückkehren, woher du kamst. So wird es sein, daß Hunderte Heiligkeit erlangen und Hunderte brennen werden wie Flammen. Merk dir das!

Ich schaute hinunter und sah dort auf der Erde mein Volk, und alle waren wohlauf und glücklich außer einem, der wie ein Toter dalag, und dieser eine war ich selber. Dann erklang die Stimme des ältesten Großvaters, der dieses Lied sang:

> *Da liegt einer hingestreckt, doch heilig ist er.*
> *Da ist einer, der auf nackter Erde liegt.*
> *Heilig möge er auf Erden wandeln.*

Dann fing das Wolkentipi zu schwanken an, wie Wolken, wenn der Wind sie jagt, und der Glanz des Regenbogens verblaßte und wurde immer trüber. Von allen Seiten drangen Stimmen an mein Ohr: Ausgestreckte Adlerschwinge ist erschienen, riefen sie. Seht, da ist er!

Als ich durch die Regenbogentür trat, brach der Tag an, und ich sah den Morgenstern, den Großen Stern, der der Sonne vorangeht und den Himmel erhellt. Bald kam die Sonne hervor, und ich fühlte über mir ihre warmen Strahlen. Und die Sonne sang:

> *Ich erscheine, sichtbar ist mein Antlitz.*
> *Heilig ist mein Aufgang, wenn es tagt.*
> *Froh mach ich die Erde, laß sie grünen,*
> *füll des Volkes Lebenskreis mit Freude.*
> *Sichtbar ist mein Antlitz. Seht nur, seht nur!*
> *Was auf zwei, was auf vier Beinen wandelt,*
> *ich war es, der alles wandeln ließ.*
> *Was da fliegt, dankt mir die Kraft der Schwinge.*
> *Das ist mein Tag! Und heilig soll er sein!*

Als das Lied der Sonne verhallt war, hörte ich über mir eine Stimme: Ausgestreckte Adlerschwinge, schau dich um! Das war der gefleckte Adler, der zu mir gesprochen hatte. Ich wandte mich um und sah einen hohen felsgekrönten Berg in der Mitte der Welt stehen, dort, wo vorher das Wolkentipi mit der schimmernden Regenbogentür gestanden hatte.

Allein wandelte ich dahin auf einer weiten Ebene. Über mir flog mein Schutzgeist, der gefleckte Adler. In der Ferne erblickte ich das Dorf meines Volkes, und ich begann schneller zu laufen, denn ich hatte Heimweh. Als ich dann endlich unser Lager erreicht hatte und vor unserem Tipi stand, sah ich meine Mutter und meinen Vater über einen kranken Jungen gebeugt sitzen. Da hörte ich jemanden sagen: Der Junge kommt zu sich! Gebt ihm Wasser zu trinken! Ich setzte mich und blickte meine Eltern an, glücklich und zugleich traurig, weil sie nicht wissen konnten, welche Welten ich inzwischen durchmessen hatte.

ADOLF HUNGRY WOLF

Ein alter Indianer erzählt ...

Der Ursprung des Lebens

Eine indianische Legende, erzählt von Benjamin Augustin Calf Robe, einem weisen alten Führer des Blackfoot-Stammes.

Haio, ihr heiligen Geister. Ich erzähle jetzt eine Geschichte, die vom ersten Volk bis zu mir weitergegeben wurde. Ich werde sie so erzählen, wie sie mir gegeben wurde, und ich werde nichts daran verändern. Wenn ich etwas vergesse, so vergebt uns und laßt kein Leid über uns kommen. Haio, ihr heiligen Geister.

Also, ich werde erzählen, wie am Anfang die Menschen gemacht wurden. Der uns gemacht hat, hat zuerst mal eine Puppe gemacht. Er nahm einen Büffel, um die Puppe zu machen. Er nahm die Knochen des Büffels und setzte sie auf eine bestimmte Weise zusammen. Er benutzte Sehnen, um sie zusammenzubinden. Als das fertig war, bedeckte er die Knochen mit Schlamm. Dann nahm er Blut – Büffelblut – und goß es über die Puppe. Und siehe da, es wurde ein menschlicher Körper. Aber es war noch kein Mensch, es lebte nicht.

Als mir das erzählt wurde, sagte keiner, wer das war, der diese Puppe gemacht hat – sie sagten einfach »der Schöpfer«. Als er die Puppe fertig hatte, blies er ihr in den Mund, und sie begann zu atmen. Dann blies er ihr in die Augen, und sie konnte sehen. Dann sagte er ihr, sie solle sich aufsetzen, und sie richtete sich auf. Schließlich befahl er ihr aufzustehen.

Der Schöpfer hatte die Puppe auf einem Lager aus Salbei und Wacholder gemacht, und von diesem Salbei nahm er jetzt ein wenig, um Gesicht und Körper der Puppe zu säubern. Dann legte er vier kleine Büschel von Salbeipflanzen auf den Boden und ließ die Puppe ihre ersten vier Schritte darauf tun. Von da an konnte die Puppe gehen, atmen und sehen. Sie war jetzt eine Person, ein Mann. Auch heute noch nehmen wir Salbei für viele heilige Handlungen, weil er bei dem ersten unserer Art benutzt wurde. Heilige Einweihungen sind wie eine Wiedergeburt, und deshalb machen wir dann unsere ersten vier Schritte wieder auf Salbeibüscheln. Wenn ein naher Verwandter stirbt, wird unser Körper mit Salbei gereinigt, und das ist, als würden wir wiedergeboren.

»Jetzt«, sagte der Schöpfer, »ist er lebendig, aber er wird ganz allein sein. Mit wem soll er sprechen, wem Geschichten erzählen?« Also beschloß er, ihm einen Gefährten zu machen, eine Frau. Er nahm kleine Knochen des Büffels, band sie zusammen und bedeckte sie mit Schlamm und Blut. Er blies ihr in den Mund, und sie atmete, dann in die Augen, und sie konnte sehen. Ein Wolf kam des Weges und sagte: »Mein Bruder, kann ich dir behilflich sein?« Der Schöpfer antwortete, das sei in Ordnung, und der Wolf machte in dem Mund der Frau Laute, wie sie Wölfe eben machen. Daher kommt es, daß Frauen kleinere Stimmen haben als Männer. Der Schöpfer sagte: »Ihr werdet viele Nachkommen haben.«

Die Zeit verging, und der Mann wohnte mit seiner Frau an einem Bach. Sie hatten zwei Kinder – beides Jungen –, die schon fast erwachsen waren. Der eine hatte ganz helle Haut, der andere dunkle. Sie kamen ganz gut zurecht. Der Mann ging jeden Tag auf die Jagd, die Frau holte Wasser und Holz.

Einmal, als die Frau unten am Bach war, um Wasser zu holen, kam ihr ein sehr angenehmer Geruch in die Nase. Sie wußte nicht, was das war. Als sie das nächste Mal Wasser holen ging, roch es wieder so, und zu ihrer Verwunderung saß ein junger Mann am Wasser. Er sah sehr gut aus, und die Frau wurde augenblicklich von einem Verlangen nach ihm ergriffen. Sie nahm sich Zeit beim Füllen der Gefäße, und es dauerte eine ganze Weile, bis sie wieder nach Hause kam. Ihr Mann schöpfte keinen Verdacht.

Schließlich blieb die Frau immer länger unten am Bach, und eines Tages kam ihr Mann vor ihr nach Hause. Er fragte die Kinder: »Wo ist eure Mutter?« Sie sagten, sie sei Wasser holen gegangen, aber er wandte ein, es sei doch schon fast dunkel. Jetzt wurde er doch argwöhnisch und sagte zu seinen Söhnen: »Kinder, es wird Unannehmlichkeiten geben. Hier ist ein besonderer Stein und ein Stück Holz, nehmt sie. Und hier sind noch zwei Arten Wassergras.« Dann sagte er den Jungen, sie müßten um ihr Leben laufen, wenn es brenzlig würde, und erklärte ihnen den Gebrauch der Dinge, die er ihnen gegeben hatte. Gleich darauf kam die Frau mit Holz und Wasser heim. Der Mann sagte nichts.

Am nächsten Morgen machte er sich wieder auf die Jagd. Zu seiner Frau sagte er: »Ich werde viel gutes Fleisch jagen, komme also sicher so bald nicht wieder.« Damit ging er fort, aber nicht sehr weit. Er stieg auf einen Hügel und beobachtete den Bach. Und dann sah er eine Schlange – eine Riesenschlange, die aus dem Wasser kam und sich in einen schönen jungen Mann verwandelte. Jetzt wußte er, was los war und weshalb er mißtrauisch geworden war. Er ging wieder heim und sagte seinen Söhnen, sie sollten sich bereit machen.

Kurz darauf hörten sie ein seltsames Geräusch näher kommen. Die Jungen rannten los, und da wußte die Frau, daß ihre Liebschaft entdeckt worden war. Sie lief ihnen nach und versuchte sie zu fassen. Als sie sie fast eingeholt hatte, warfen sie den Stein hinter sich, und unter großem Getöse türmten sich hohe Berge auf. Die nennt man jetzt Rocky Mountains. Sie gewannen einen guten Vorsprung, bevor ihre Verfolgerin die Berge überwunden hatte. Inzwischen war sie zu einem Ungeheuer geworden.

Nach einer Weile hatte sie die Jungen wieder fast eingeholt, da warfen sie das Holzstück hinter sich. Sofort überzog ein großer, dichter Wald die Prärie. Er steht heute noch im Osten. Das Ungeheuer hatte Mühe hindurchzukommen, aber dann war es ihnen doch wieder dicht auf den Fersen, und sie warfen eines der Wassergräser hinter sich. Sofort bildete sich ein riesiges Wasser – viele große Seen kamen aus der Erde hoch, um das Ungeheuer aufzuhalten. Es heißt, das seien die großen Seen im Osten. Aber nicht lange, da war die Verfolgerin wieder dicht hinter ihnen, und sie warfen ihr letztes Mittel hinter sich, das andere Wassergras. Diesmal bildete sich hinter ihnen ein so ungeheuer weites Gewässer, daß das Ungeheuer es nicht überqueren konnte – sie waren in Sicherheit. Dieses Wasser war der Ozean, und sie waren jetzt auf dem Ufer, das man Europa nennt.

Die beiden Brüder wanderten auf dieser Seite des Ozeans lange Zeit umher. Eines Tages stiegen sie auf einen großen Hügel, und der Dunkelhäutige sagte zu dem Hellhäutigen: »Mein Bruder, ich fühle mich sehr einsam hier drüben. Du magst bleiben und die Menschen hier alle möglichen Dinge lehren, aber ich muß, glaube ich, dahin zurück, woher ich kam.«

So ist die Ursprungsgeschichte mir erzählt worden. Und daher weiß ich, daß unser aller Leben auf die gleiche Weise begann. Wir alle sind seit dieser frühen Zeit miteinander verwandt.

Ben Calf Robes Lebensgeschichte

Ben Calf Robe war fast neunzig, als er mir diese Geschichte vom Ursprung des Lebens erzählte. Er war ein herausragendes Mitglied seines Volkes und mit vielen Menschen aller Rassen und Stämme befreundet. Er war das letzte Kind eines alten Häuptlings und Kriegers der Blackfoot, der mit seinen zahlreichen Frauen viele Kinder gezeugt hatte. Ben starb 1979. Er war einer der letzten, die sowohl unsere heutige Welt als auch die versunkene Welt der Büffeljagd erlebt hatten. Er verstand beide Welten sehr gut, und das machte ihn so außergewöhnlich.

Als er zu Besuch in unserer Berghütte war, zeichnete ich einige seiner alten Geschichten und Legenden auf, aber auch viel von seiner Lebensweisheit und seinen Beobachtungen über das heutige Leben. Schon seit Jahren hatte er mich gebeten, ihm bei der Aufzeichnung seines Wissens zu helfen. Und das sagte er darüber:

»Daß ich meine Geschichten aufgeschrieben wissen will, hat folgenden Grund: Ich weiß viel über die Geschichte, über die Legenden und heiligen Zeremonien meines alten Volkes. Ich habe mein ganzes Leben mit ihm gelebt, und jetzt bin ich ein alter Mann. Wenn ich den Löffel weglege, kann ich über diese Sachen nichts mehr sagen. Weshalb sollte ich meine alten Geschichten behalten, nur um mit ihnen zu sterben?

Unsere indianische Kultur und Religion ist fast verloren. Heute bringen die Leute die Dinge oft durcheinander oder biegen sie sich für ihre eigenen Zwecke zurecht. Ich möchte, daß künftige Generationen unsere Geschichte so kennenlernen, wie ich sie erfahren habe.«

Seine Worte drücken die Empfindungen der Älteren auf der ganzen Welt aus. Mit Sorge verfolgen sie, wie die jüngeren Generationen sich Hals über Kopf in die technologische Zukunft stürzen und das überlieferte Wissen ihrer Kultur hinter sich lassen – um es vielleicht für immer zu verlieren. Die meisten dieser Älteren glauben, daß der moderne, allem Neuen zugewandte Lebensstil eines Tages zusammenbrechen wird und die Menschen, die überleben wollen, wieder Zuflucht in der Natur suchen und nach einfachen, bewährten Regeln werden leben müssen. Wenn wir es nicht schaffen, dieses Wissen von Generation zu Generation weiterzugeben, so fürchten sie, dann werden wir gezwungen sein, es durch schmerzhafte Erfahrungen wieder ganz neu zu lernen. In einigen Gesellschaften ist das schon eingetreten. Vielleicht lebst du unter Menschen, die kein solches altes Wissen mehr besitzen. Und vielleicht liest du gerade deswegen dieses Buch: um eine alte Lebensweise kennenzulernen und darin vielleicht den Schlüssel zu deinem eigenen kulturellen Erbe zu finden. Ben Calf Robe sagte dazu:

»Wir alle haben ganz unterschiedliche Lebensweisen, aber ich glaube, die Zeit ist gekommen, wo wir einander das Beste von unserem Wissen über das Leben mitteilen müssen. Die unterschiedlichsten Menschen haben Rat bei mir gesucht, und ich helfe ihnen, so gut ich kann. Ich habe gegenüber keinem Menschen Vorurteile, solange nur sein Herz gut ist. Mir scheint, daß überall die junge Generation ihre Traditionen und die Achtung vor dem Leben aufgibt, aber das kann mich nicht davon abhalten, ihr meine Hilfe anzubieten.

Manchmal werde ich gefragt: ›Werden wir es jemals schaffen ...?‹ Ich glaube, die Zeit kommt. Sie wird da sein, wenn wir alle die gleiche Hautfarbe haben, und wir sind auf dem Weg dazu. Menschen aus allen Teilen der Welt vermischen sich, aber das mag vielleicht noch viele Generationen dauern.

Als ich das letzte Mal im Osten war, stellten mir auch einige Indianer diese Frage. Ich sagte ihnen: ›Ihr seid schon nah dran seht nur eure Haut an – keiner von euch hat so dunkle Haut wie ich.‹ Deswegen erzähle ich meine Geschichten, denn eines Tages wird es keine richtigen Indianer mehr geben. Alle Menschen werden gleich sein.«

Tatsächlich war sogar der alte Ben ein gutes Beispiel für die Vermischung der Rassen und Kulturen. Er war zwar ein Vollblutindianer mit traditioneller Gesinnung, aber meist lief er in einem tadellosen Anzug herum und trug Cowboyhüte der besten Qualität. Seine letzte Frau hatte ebenso viele europäische wie indianische Vorfahren, und so waren auch die Kinder aus dieser Ehe nicht mehr Kinder eines einzigen Stammes, so wie er. Außerdem verband er die Religion seiner Vorväter mit der christlichen Tradition; als Junge hatte er sogar geholfen, katholische Hymnen und Verse in seine schriftlose Blackfoot-Sprache zu übersetzen.

Ben Calf Robe las gern in der Bibel, aber mit ebenso großer Freude rief er bei seinen häufigen Gebeten im Freien Sonne, Mond und die Naturkräfte an. Für ihn bedeutete es keinen Widerspruch, Jesus und Mutter Erde in einem Atemzug anzubeten. Er glaubte, daß wir alle gleich erschaffen sind und nur *eine* Macht über uns steht, ob man sie nun Großer Geist, Kosmisches Mysterium oder Gott nennt. Ben ist nie jemandem begegnet, der behaupten konnte, er habe diese höhere Macht gesehen; also glaubte er auch niemandem, der sagte, sein Gott sei der einzige und seine Religion die einzig richtige. In seinen Augen waren alle Religionen gleich gut, solange sie niemandem Schaden zufügten.

Ben Calf Robe wurde 1890 in einem indianischen Tipi geboren. Weniger als zehn Jahre zuvor hatte sein Stamm die letzten Büffel erlegt. Das Tipi, in dem er geboren wurde, war aus gekauftem Tuch und nicht mehr aus handgegerbten Häuten. Als der letzte Büffel erschossen war, herrschte sein Volk über eine weite, verödete Prärie. Sein Vater war weise genug zu erkennen, daß sein Volk nur überleben konnte, wenn es das Land bebauen lernte wie die europäischen Einwanderer. Andernfalls würden sie langsam verhungern und vom Wind der Prärie verweht werden.

Ben wurde deshalb auf die Missionsschule geschickt, zuerst auf die Schule des Reservats, später ins nahe gelegene Calgary, das damals noch eine kleine Frontlerstadt aus hölzernen Forts und Häusern war.

Als Ben in die Schule kam, hatte er den Namen Medicine Pipe Rider. Diesen Namen hatte er von seinem alten Vater Calf Robe zum Gedenken an die Zeit, wo er die Medizinpfeife als Glücksbringer auf dem Rücken getragen hatte, wenn er auf dem Kriegspfad war. Als Ben die Schule abschloß, war von der Regierung und den Missionaren eine andere Namensgebung eingeführt worden – jedes Kind des Stammes bekam einen christlichen Vornamen, gefolgt vom indianischen Namen des Vaters. So wurde aus Medicine Pipe Rider Benjamin Calf Robe. Nach indianischem Brauch waren im Verlauf eines Lebens ohnehin mehrere Namensänderungen vorgesehen – so machte also die neue Namensgebung keine Probleme. Später war Ben bei allen, die die Blackfootsprache beherrschten, unter dem alten Namen Red-Old-Man bekannt. Die meisten aber nannten ihn nach wie vor Ben.

Über seine Kindheit erzählt Ben:

»Wenn wir nicht Schulaufgaben machten, dann spielten wir meistens. Die Missionare hatten nicht viel Geld, also mußten wir uns die meisten Spielsachen selber machen. Im Winter zeigten sie uns, wie man Hockeyschläger bastelt. Wir haben viel Hockey gespielt, gleich neben der Schule. Sie gaben uns solche Schlittschuhe, die man an die Schuhe schnallt. Wir hatten alle Lederschuhe, die kriegte man in der Schule. Vorher hatte ich nur Mokassins getragen.

In der Gegend des Blackfootreservats gab es damals kaum Straßen, meist nur Fahrwege. Eine Straße ging da vorbei, wo der alte Eagle Ribs wohnte und die Sippe, die man Skunks nennt. Es gab eine Quelle, und da gingen wir immer hin, weil man aus dem Schlamm so schön Figuren formen konnte ... wir machten Lehmmenschen und Pferde und berittene Krieger.

Tanzen war auch etwas, was wir Schuljungen in der Freizeit gern taten. Erstmal sammelten wir alles Brauchbare, womit wir uns als richtige indianische Tänzer ausstaffieren konnten. Wir zerschnitten alte Konservendosen zu Armbändern. Wir schlachteten alte Uhren aus und bastelten Schmuck aus den Innereien. Wir sammelten ein bestimmtes Gras, das wir Erdhörnchenschwanz nannten, klebten es auf dickes Papier und banden es uns als Kopfputz um. Wir füllten kleine Dosen mit Steinen, Ersatz für die Tanzrasseln, die man am Fußgelenk trägt. Wir schnitten weißes Tuch in Streifen und nähten es zu Brustpanzern und Halsbändern zusammen.

Damals tanzten noch viele indianische Tänzer unbekleidet, trugen dabei nur ihren Schmuck. Wir ließen unsere Unterwäsche an und behängten uns mit allem, was wir gefunden hatten. Als Trommel benutzten wir einen Waschzuber, über den wir ein Stück schweres Tuch spannten. Einige trugen selbstgemachte Kriegskeulen. Wenn wir spielten oder umherstreiften, hielten wir immer nach Federn und solchen Dingen Ausschau. In der Schule gab es Hühner und Puten, und da holten wir uns auch die Federn. Am Fluß holten wir uns weißen Ton, um die Gesichter zu bemalen.

Einmal waren wir mitten in einem tollen Tanz, als die Schulglocke bimmelte; wir hörten nichts. Wir hatten einen Heidenspaß beim Tanzen. Unser Lehrer kam rüber zu uns, aber wir sahen ihn nicht. Er sagte kein Wort, sammelte nur unsere ganzen Klamotten ein und ging wieder nach drinnen. Irgendwer entdeckte ihn dann, und wir wollten alle schnell unsere Sachen wieder anziehen, aber sie waren weg. Ein anderer Lehrer kam und sagte uns, wir sollten in die Schule gehen, unsere Tanzsachen anlassen und vor den anderen Schülern und allen Lehrern tanzen. Erst wollten wir uns weigern, aber als er sagte, daß der Direktor uns allen den Hintern strammziehen würde, entschlossen wir uns zu tanzen. Sie ließen uns tanzen, bis wir fix und fertig waren, und sie machten sogar Bilder von uns.«

Ben lernte den Schulstoff ohne Schwierigkeiten, und zu Hause wurde er dann noch in der Tradition seines Volkes unterwiesen. Einmal kam er nach den Ferien in die Schule zurück und hatte noch die prächtige traditionelle Kleidung an, die man bei einer wichtigen Einweihungszeremonie trägt. Perlenbestickte Leggins und ein Hemd, das mit Fransen und Stücken von Tierfell besetzt war. Sein langes Haar war noch so frisiert, wie es für die Zeremonie üblich war, und sein Gesicht noch mit roter Erde, der heiligen Farbe, bemalt. Die Missionare schickten ihn heim, damit er sich wieder ein »zivilisiertes« Aussehen geben konnte, und danach trug er immer Schulkleidung und kurzes Haar.

Obwohl Ben einer der führenden Älteren seines Volkes war, der für sein Stammeswissen bekannt war, hat er sich doch immer dafür eingesetzt, den Kindern eine normale Schulausbildung zu geben, wie er sie selbst in der Calgary Industrial School genossen hatte und die er so beschreibt:

»Das Lernen in der Klasse war da nur ein Teil der Ausbildung. Sie brachten uns auch allerlei Handwerkliches bei, und jede Woche was anderes, damit es nicht langweilig wurde. Eine Woche gingen wir in die Schreinerei und lernten, wie man Tische, Stühle, Kommoden und Fensterrahmen macht. Die nächste Woche konnte zum Beispiel Landwirtschaft dran sein, und da zeigten sie uns, wie man einen Gemüsegarten ansät und pflegt, wie man ein kleines Feld pflügt und so was. Ein andermal war Küchendienst, und da lernten wir kleine Mahlzeiten zubereiten, den Tisch decken und Geschirr abwaschen.

Das war eine andere Art von Schule als heute, wo sie die ganze Zeit nur noch in Bücher starren oder spielen. Wir lernten, uns selbst zu versorgen, und nicht nur, wie man Bücher studiert.«

1908 schloß Ben die Schule ab und kehrte heim ins Reservat, um für sein Volk zu arbeiten. Zuerst wußte der Regierungsvertreter im Reservat nichts mit einem gebildeten Indianer anzufangen. Er legte Ben nahe, doch einfach wieder zu seinen Leuten ins Tipi zu gehen, und als er sich nicht abwimmeln ließ, gab er ihm einen Job in der Agentur: Er durfte die Kühe melken und die Scheune sauberhalten. Irgendwann wurde Ben dann als Scout bei der berittenen Polizei eingestellt.

Zehn Jahre lang half Ben, Viehdiebe und andere Gesetzesbrecher zu fangen, dann gab er Dienstmarke und Revolver zurück und ging zu seiner Familie, um eine Landwirtschaft aufzubauen. Mit dem, was er in der Schule gelernt hatte, fuhr er bald reiche Ernten von Heu, Getreide und Gemüse ein und hielt nebenbei etwas Vieh. Als Sohn eines berühmten Häuptlings und Kriegers stellte er ein Beispiel dar, dem bald viele folgten. Obwohl die Menschen sehr darauf bedacht waren, nichts von ihrem angestammten Land zu verlieren, konnte Ben sie doch überreden, einiges zu verkaufen, um die notwendigen Geräte für eine effektive Landwirtschaft zu beschaffen.

In seinen mittleren Jahren wurde Ben zu einem der Unterhäuptlinge des alten und geachteten Führers Duck Chief gewählt. Er betrieb seinen beispielhaften Farmbetrieb weiterhin und vertrat sein Volk bei Verhandlungen im ganzen Land. So reiste er zwar viel, besaß sogar ein eigenes Auto und den ersten Traktor seines Stammes, gab aber nichts von seinem Glauben an die Naturkräfte auf und hielt an den alten Zeremonien fest, die sicherstellen, daß die Natur ein vertrauter Freund und Verbündeter bleibt. Ihm wurden wichtige Kultgegenstände anvertraut, und er lernte ihre Bedeutung kennen und die Rituale, die mit ihnen verbunden waren. Fünfmal leitete er den Sonnentanz, das heiligste und wichtigste von allen alten Ritualen.

Ben erzählte mir, wie das Ritual des Tabaksäens ablief, das auch als sehr heilig galt. Ich gebe es hier wieder, damit du einen Eindruck gewinnst, wie solche naturbezogenen Tätigkeiten bis in die jüngste Zeit hinein abgelaufen sind. Die Saatzeremonie für den Tabak wurde in der kanadischen Prärie bis in die späten vierziger Jahre jedes Jahr abgehalten; danach ging es nicht mehr, weil die Teilnehmer zu alt wurden und die jüngere Generation zu wenig Interesse hatte.

WILL HENRY

Der lange Winter in Lapwai

Ich erinnere mich dieses Tages, als wäre es erst vor ein oder zwei Sonnen gewesen. Es war Frühlingsanfang im Nordosten von Oregon. Mitte April erst, doch das Wetter war schon warm und klar wie im späten Mai. Ich war oben auf den Hügeln über unserem Dorf am Wallowa River, als Jtsiyiyi, was Coyote heißt, der Freund meines Herzens in jenen Knabentagen, zu mir heraufgerannt kam.

Armer Coyote. Seine Augen flackerten wild, und seine Nasenflügel waren weit gebläht. Das zottige schwarze Haar wehte wie die Mähne eines Ponys im Wind. Mir tat der kleine Kerl leid, denn er wurde schon durch die kleinste Kleinigkeit immer ganz aufgeregt. So fragte ich mich denn, was ihn diesmal aus dem Dorf zu mir trieb, und wartete auf die Neuigkeiten, die er bringen würde und fühlte mich dabei sehr überlegen mit meinen vierzehn Sommern. Er zählte erst zehn.

Aber Coyote hatte an diesem Morgen wirkliche Neuigkeiten.

Joseph, unser Häuptling, hatte die Einladung von White Bird und Toohoolhoolzote zur Büffeljagd in Montana angenommen. Da White Bird und Toohoolhoolzote die Häuptlinge der wilden White-Bird- und Salmon-River-Stämme waren – im Gegensatz zu unserem eher friedlichen Wallowa-Stamm waren sie ›wilde‹ oder ›kämpfende‹ Indianer –, konnte wirklich für einen Nez-Percé-Jungen keine Neuigkeit aufregender sein. Mit einem Freudenschrei, der genauso klang wie der Coyotes, rannte ich den Hügel hinunter, um mein Pony einzufangen und mich fertigzumachen.

Innerhalb einer Stunde hatte das ganze Dorf gepackt, und unsere Pferde zogen in langer Reihe über den Imnaha Trail nach Idaho und zum Salmon-River-Land, wo die wilden Stämme lebten. Ohne Mühe überquerten wir am späten Nachmittag den Snake, und bei Sonnenaufgang des nächsten Tages brachen wir zum Salmon auf, zu den berühmten Kriegerstämmen.

Die Erwartung ließ mein Herz höher schlagen als der Flug des jagenden Falken es vermochte. Ich konnte meine Freude über das bevorstehende Abenteuer nicht unterdrücken, obwohl meine Mutter, die Christin war und viele Jahre die Missionsschule des weißen Mannes in Lapwai besucht hatte, stets von ›indianischem Unsinn‹ sprach, wenn von der Büffeljagd die Rede war. Sie hatte mir mehrfach gedroht, daß ich den kommenden Winter in Agent Monteith's Reservationsschule verbringen würde, egal, ob Joseph und mein Vater damit einverstanden waren oder nicht. Ich wußte, dies war der größte Augenblick für einen Nez-Percé-Jungen, etwas, an das man sich stets erinnern würde, und so ließ ich mir das weder durch den strengen Glauben meiner Mutter an Jesus Christus, noch durch ihre Drohung mit der Schule des weißen Mannes verderben. Ich war ein Indianer, und dies war Indianerzeit.

Es war ein herrlicher Frühlingstag. Nächtlicher Regen hatte den Himmel so blank gewaschen wie einen Stein im Fluß. Die Sonne schien warm und wohltuend. Droben, auf den ansteigenden Hügeln, zeterten die Tannenhäher laut. Und drunten, am rauschenden grünen Wasser entlang, flöteten fröhlich die rotgefiederten Schilfrohrsänger. Tea Kettle, mein liebes mausgraues Pony, versuchte mich ins Bein zu beißen und warf mich ab. Yellow Wolf, mein junger Onkel, der so kühn wie alle kämpfenden Indianer war, trottete auf seiner Stute heran und winkte mir freundlich zu. Selbst Joseph, der seltsame, traurig blickende Mann, der fast nie lächelte, strahlte und winkte mir zu, als ich an ihm vorbeikam, während er hoch zu Roß den Zug überwachte, beobachtend und zählend, um sicher zu sein, daß alle seine Leute gut über den Snake kamen und den richtigen Weg zum Salmon nahmen.

Ich schaute mich um, freute mich an dem schönen, von Tannenduft erfüllten Land und über meinen fröhlichen Nez-Percé-Stamm, der, unbeschwert und scherzend wie die Bergvögel ringsum, den blinkenden Fluß entlangritt. Und dabei dachte ich, daß dies der richtige Augenblick sei, ein Wort des Dankes an Hunyewat, unseren Indianergott, zu sagen. Durch den guten Vertrag mit Präsident Grant im vergangenen Jahr war der Krieg zwischen unserem Volk und dem weißen Mann für alle Zeiten beendet. Der Wallowa, unser herrliches Tal am Winding Water, war uns zurückgegeben worden, und gewiß gab es in diesem Moment in den Hügeln von Idaho in der Welt der Nez Percé nichts anderes als blauen Himmel und Vogelgesang.

Auf meinem kleinen grauen Pony trabend, neigte ich meinen Kopf vor der Morgensonne und sagte Hunyewat demütig Dank.

Man glaubt immer, Indianer seien sehr mutig, sogar die kleinen Jungen. Ich fürchte, ich war keiner dieser Indianer. Als wir den White Bird Canyon erreichten, wo das erste Dorf der wilden Stämme lag, brachte ich Schande über meine vierzehn Jahre, fürchte ich. Gewiß handelte ich nicht wie ein Knabe, der in drei Sommern ein Mann sein würde.

White Bird – es war sein Dorf, das sich da auf den Grund des Canyons schmiegte – war nicht daheim. Und seine Krieger auch nicht. Nur die alten Männer, die Frauen, die Kinder waren im Dorf geblieben. Einige der alten Männer ritten uns entgegen, um zu berichten, was geschehen war.

Es hieß, daß die weißen Siedler im Kamiah Valley die Viehherden unserer Nez Percé bei Kamiah Crossing am Clearwater River aufgehalten hatten. Die weißen Männer hatten den Nez-Percé-Hirten ihre Gewehre gezeigt und ihnen gesagt, daß sie ihr Vieh nicht mehr nach Kamiah treiben könnten. Das war jetzt das Gras des weißen Mannes, und der Indianer sollte ihm künftig fernbleiben. Am selben Morgen war White Bird aufgebrochen, um Toohoolhoolzote und die Salmon-River-Krieger zu sammeln und mit ihnen zu der Furt zu reiten. *Eeh-hahh!* Schlimm, sehr schlimm. Das würde echte Schwierigkeiten geben.

In dem Augenblick, als ich es hörte, wußte ich, daß es mit unserem Ausflug ins Büffelland vorbei war. In diesem Moment schossen mir die Tränen in die Augen, war dieses Schniefen in meiner Nase. Zum Glück achtete niemand auf mich. Es gab jetzt wichtigere Dinge. Josephs Gesicht war so hart geworden wie die Felsen über uns.

Die Siedler hatten falsch gehandelt, sagte er den alten Männern, die historische Indianerstraße in die Kamiah-Prärie zu sperren. Die Nez Percé hatten den Weg und die Weiden länger genutzt, als sich der älteste Häuptling erinnern konnte. Doch es war auch falsch, White Bird und Toohoolhoolzote kampfbereit flußaufwärts reiten zu lassen. Es waren gefährliche Indianer.

»Ollikut, Elk Water, Horse Blanket, Yellow Wolf«, sagte Joseph rasch, »ihr vier kommt mit mir. Nehmt eure besten Pferde, nehmt die Pferde für die Büffeljagd. Wir müssen schnell reiten.«

»Wohin reiten wir?« fragte Ollikut, Josephs hochgewachsener junger Bruder.

»Nach Kamiah Crossing. Wir müssen diese zornigen Männer aufhalten, oder es gibt dort eine Schießerei. Wir haben unser Wort gegeben. Bist du auch dieser Meinung?«

»Ja«, sagte Ollikut. »Wir holen unsere Pferde.«

In wenigen Minuten waren sie aufgestiegen und galoppierten, dem Weg um den Buzzard Mountain folgend, zum Clearwater River. Ich saß da und glaubte, mein Herz würde zerspringen. Ich sah, daß Coyote mir heftig zuwinkte, und so ging ich mit Tea Kettle zu ihm. Er saß auf seinem struppigen braunen Fohlen, und bei ihm war ein plumper White-Bird-Junge. Auch der Junge hatte ein Pferd, einen spatigen Fleckfarbenen mit Füßen wie Schneeteller. Ich richtete mich auf und sah ihn hochmütig an.

»Nun«, rief ich Coyote zu, »was willst du?«

»Das ist Peopeo Hihhih«, entgegnete er und zeigte auf seinen Gefährten.

»Ja? Was ist so bemerkenswert daran?«

»Nicht viel. Nur, sein Vater heißt auch Peopeo Hihhih.«

»Coyote, was willst du mir damit eigentlich sagen?«

»Nur soviel, als daß der Vater dieses Jungen Häuptling White Bird ist.«

»Nein!«

Ich konnte es nicht glauben. Dieses lächerliche, häßliche kleine Wesen der echte Sohn von White Bird? Unmöglich.

»Junge«, sagte ich, »spricht mein Freund mit gerader Zunge? Bist du der leibliche Sohn von Häuptling White Bird?«

»Nein. Nur der Neffen-Sohn. Meine Mutter war seine Schwester. Aber er hat mich in seinem Tipi aufgezogen und mir seinen Namen gegeben. Mich nennen alle Little Bird. Du scheinst ein netter Junge zu sein, wie ist dein Name?«

»Heyets.«

»Ein sehr schöner Name. Er bedeutet Mountain Sheep.«

»Sehr klug von dir, Junge. Und du bist erst sieben oder acht Sommer alt. Toll!«

»Sieben Sommer.« Der untersetzte Junge lächelte. »Zehn mehr, und ich werde ein Krieger sein wie du.«

Ich betrachtete ihn aufmerksam, aber er war nicht schlau genug, um mir einfach schmeicheln zu wollen. Er glaubte tatsächlich, ich sei siebzehn Sommer alt. Er war offen, wenn auch nicht besonders klug, aber auch nicht so dumm, wie ich geglaubt hatte. Ich begann, mich in dieser Begleitung wohler zu fühlen.

»Gut«, sagte ich großherzig, »was sollen wir tun? Zum Fluß hinunterreiten und Stockenten jagen? Im Salmon-River schwimmen? Kaninchen jagen? Ein Ponyrennen machen?«

Augenblicklich wandte sich der fette White-Bird-Junge stirnrunzelnd Coyote zu. »Ich dachte, du hättest gesagt, er wolle über den Clearwater gehen und sich zum Kampf bei Kamiah Crossing schleichen«, sagte er anklagend.

»Hab' ich!« protestierte Coyote. »Aber mit Heyets kann man nicht reden. Er wechselt seine Meinung wie ein Weib. Man kann ihm nicht trauen. Und er sich auch nicht.«

Ich hatte keine Lust dazustehen und einem Einfaltspinsel wie Coyote zuzuhören, der einem sieben Jahre alten White-Bird-Indianer erklärte, was mit meinen Gedanken war. Ich wurde zornig.

»Schweig!« befahl ich. »Natürlich würde ich gern nach Clearwater gehen und den Kampf sehen. Aber wozu das Gerede? Bis wir auf diesen armseligen Gäulen den Berg auch nur zur Hälfte umritten haben, ist schon alles vorbei.« Ich hielt inne, wurde wütender. »Coyote«, sagte ich, »von jetzt an ist es aus zwischen uns, in diesem Leben werde ich kein Wort mehr mit dir sprechen. Ich habe dich gewarnt, jetzt sind wir fertig miteinander. *Taz alago.*«

»Na, schön. Lebewohl.« Coyote zuckte die Schultern. »Wie du meinst, Heyets. Aber ich dachte, du würdest gerne vor Joseph und den Männern bei Kamiah Crossing sein. Darum wollte ich, daß du mit Little Bird sprichst. Er kennt einen Weg.«

Ich wendete Tea Kettle. »Er kennt welchen Weg?« fragte ich.

»Den Geheimweg seines Volkes über den Berg, statt um ihn herumzureiten. Er sagt, es sei ein Weg, auf dem wir mit unseren armseligen Pferden noch vor ihnen an der Furt sind. Vor Elk Water, deinem Vater.

Vor Horse Blanket, Yellow Wolfs Vater. Vor Ollikut, Josephs Bruder. Vor ...«

»Genug! Genug!« schrie ich. »Ist das wahr, Little Bird?«

Little Bird hob seine drei kleinen Kinne. »Ich bin der Sohn eines Kriegshäuptlings«, sagte er. »Würde ich einen Wallowa belügen?«

Ich tat, als hätte ich die Beleidigung nicht verstanden, und sagte: »*Eeh-hahh*, genug geredet. Reiten wir.«

»Ja, das ist richtig«, sprach Little Bird. »Wir müssen über einen hohen Berg. Folgt mir. Und wenn wir oben sind, laßt eure Ponies einfach laufen. Es gibt da einige Stellen, wo ihr sicher nicht hinsehen wollt. *Eeh-hahh!*«

Coyote und ich verstanden diesen Hinweis. Wir lachten fröhlich, gaben unseren Ponies die Büffelhautpeitschen und galoppierten hinter Little Birds spreizfüßigem Pferd her. Wir waren so rasch fort wie die Männer vor uns.

Der Pfad, der über den Berg führte, war schwierig, aber gut. Wir waren vor Joseph am Clearwater, ja sogar vor den White-Bird- und Salmon-River-Kriegern.

Little Bird führte uns den Berg durch ein Bachbett hinunter, das bis an der Stelle, wo es in den Fluß mündete, von dichtem Wald umgeben war. Wir lagen unterhalb der Furt, in deren Nähe wir deutlich die weißen Männer sehen konnten, die um ihre Lagerfeuer geschart waren. Sie redeten laut und prahlten damit, wie leicht sie am Morgen die indianischen Hirten fortgetrieben hatten.

Der Tag war nun fast vergangen. Auf dem Berg schrien die Ziegenmelker. Die Nachtfalken jagten ihre Käfer. Die Sonne war jenseits der Hügel versunken, ihre letzten Strahlen streiften die Klippen über uns. Aus Nord und Ost trieben schwere Regenwolken heran. Über dem Fluß begann sich kühler Nebel zu bilden.

Ich erschauerte und schlug meinen Gefährten vor, das Lager der Weißen zu umgehen und stromaufwärts zum Dorf von Looking Glass, dem Asotin-Nez-Percé-Häuptling, zu reiten. Dort würden wir in einem trockenen Tipi warm schlafen und gutes, heißes Fleisch essen können.

Aber Little Bird war nicht über den Berg geritten, um die Asotin zu besuchen.

»Nein«, sagte der fette Bengel, »dahin will ich nicht. Mein Vater sagt, Looking Glass ist stark, aber sein Volk ist schwach. Sie leben wie der weiße Mann. *Kapsis itu*, das ist eine böse Sache.«

»Nun«, entgegnete ich, »es wird regnen. Wir werden völlig naß und liegen hier frierend die ganze Nacht auf dem Boden. Das ist auch eine böse Sache.«

»*Eeh!*« war alles, was er zu mir sagte. »Ich bin ein Nez Percé und ihr Wallowa seid alles Frauen.«

»Nicht dieser Wallowa!« schrie Coyote. »Ich fürchte keinen Regen. Ich fürchte keinen weißen Mann. Ich fürchte keinen fetten White-Bird-Jungen. *Ki-yi-yi-yi-yi!*«

Er warf seinen Kopf in den Nacken und stieß seinen gellenden Schrei aus, bevor ich ihn daran hindern konnte. Mein Magen schnürte sich zusammen, als packe ihn eine Faust. Nur eins rettete uns davor, sofort entdeckt zu werden: Coyote ahmte den Ruf des kleinen Wolfs, von dem er seinen Namen hatte, so gut nach, daß die weißen Männer sich täuschen ließen. Einer von ihnen nahm sein Gewehr und feuerte in unsere Richtung. Die Kugel schlug genau in dem Augenblick durch unsere Deckung, als ich Coyote meine Hand auf den offenen Mund legte. Er kicherte einmal verwirrt und schwieg. Der weiße Mann lachte, legte sein Gewehr nieder und sagte. »Verdammt, ich muß diesen kleinen Fuchs erwischt haben. Wenn das kein Glück ist!«

Wir antworteten nicht und ließen ihn in seinem Glauben. Es war sehr ruhig.

Dann sagte Littel Bird respektvoll zu mir: »Ich schlage vor, Heyets, daß wir das Flußbett hochschleichen und den Reden der weißen Männer lauschen. Coyote erzählte, deine Mutter sei in Lapwai auf der Schule gewesen und habe dich ihre Sprache gelehrt. Du kannst uns doch sagen, was sie reden, eh?«

Ich wollte ihm eine stichhaltige Begründung liefern, warum wir diese riskante Sache gar nicht erst beginnen sollten, aber zum Glück erübrigte sich das. Während er sprach, hatte ich zufällig flußaufwärts geschaut und meine Augen wurden groß.

»*Eeh!*« flüsterte ich aufgeregt. »Es ist zu spät. Sieh mal dort, auf der Klippe!«

Ich streckte meinen Arm aus, und meine Freunde, die der Spitze meines Zeigefingers auf den Berghang der anderen Seite über das Feuer der weißen Männer folgten, wurden sehr still. Ringsum wurde alles sehr still, so beeindruckend war der Anblick.

Auf dem Kamm des Berges saßen zwei Kriegshäuptlinge mit zerklüfteten Gesichtern auf ihren Pferden und hinter ihnen ein halbes Hundert drohend blickender, mit Adlerfedern geschmückte Indianerkrieger. Sie waren so still wie Statuen, die aus den Felsen geschlagen werden.

»*Nanitsch!*« zischte Little Bird, und füllte das Schweigen mit dem feurigen Stolz seiner Worte. »Seht, ihr Wallowas! Seht, wer dort drüben auf dem Hang ist. Es ist mein Vater, White Bird, und sein Freund Toohoolhoolzote, die gekommen sind, den weißen Mann am Kamiah zu töten!«

Die Indianer ritten den Hügel herab. Sie kamen sehr langsam, so daß wir Zeit hatten, durch das Ufergestrüpp zu eilen und ganz nah zu sein, wenn es geschah. Während sie vorwärtsritten, verließen die weißen Männer ihr Feuer und nahmen ihre Gewehre auf. Sie gingen zu Fuß den berittenen Indianern entgegen, so wie es immer getan wurde. Beide Gruppen hielten, etwa einen Pfeilschuß voneinander entfernt. Für die Indianer ritten White Bird und Toohoolhoolzote vor. Aus den Reihen der Weißen lösten sich ein magerer Mann mit listigen Augen und ein breitschultriger Mann mit vollem Backenbart. Wir kannten beide. Es waren Narrow-Eye Chapman und Agent Monteith.

Das Gespräch begann, doch es führte nicht weit.

Weder White Bird noch Toohoolhoolzote sprachen die Sprache der Weißen. Monteith kannte unsere Sprache ein wenig, doch er mußte warten, weil Chapman ihm viele Dinge zu erklären hatte. Chapman war ein Squaw-Mann, der mit einer Umatilla-Frau droben im White Bird Canyon lebte. Die Indianer kannten ihn seit langem und betrachteten ihn als ihren Freund. Doch das Gespräch kam durch Agent Monteith ins Stocken. Toohoolhoolzote, der für sein ungestümes Temperament bekannt war, wurde ärgerlich. Er funkelte den Lapwai-Agenten zornig an und knurrte dann wütend zu Narrow-Eye Chapman:

»Seid beide verflucht! Ich werde nicht länger bleiben und mich hinhalten lassen. Wir wissen, warum wir hier sind. Ihr wißt, warum wir hier sind. Warum reden? Ich werde zurückreiten und mit meinem Gewehr wiederkommen, und der Hahn wird zum Schießen gespannt sein.«

»Nein, nein«, bat der Squaw-Mann. »Warte noch, alter Freund, tu das nicht. Du hast noch nicht die ganze Geschichte gehört.«

Toohoolhoolzote blickte ihn an. »Streitest du ab, daß diese Männer unser Vieh aufgehalten haben?« fragte er.

»Nein, das kann ich nicht leugnen. Aber ...«

»Kein Aber, ich will nur wissen, ob ihr das Vieh aufgehalten habt. Nun werde ich euch noch einmal fragen. Kann das Vieh über den Fluß auf die Kamiah-Weide getrieben werden?«

Chapman blickte sich wie ein Kaninchen, das auf offener Wiese von Hunden umstellt ist, um. Dann sprach er rasch mit Agent Monteith, berichtete ihm, was Toohoolhoolzote gesagt hatte. Das Gesicht des Agenten verfärbte sich dunkelrot.

»Sagen Sie dem Indianer«, befahl er, »er soll sein Vieh in die Reservation bringen und dort leben, so, wie es die anderen Nez Percé getan haben. Sagen Sie ihm, daß in Lapwai viel Gras ist, und dann Schluß damit. Sagen Sie ihm, daß ich Soldaten holen werde, wenn er nicht tut, was ich sage!«

Aber Narrow-Eye hatte eine bessere Idee. Er schüttelte den Kopf. »Nein«, sagte er rasch, »das können wir nicht tun. Ich werde ihn bitten, mit seiner Entscheidung bis morgen zu warten. Dann bleibt uns Zeit, mehr Männer zu holen. Wenn wir hier bleiben, brauchen wir jedes Gewehr in der Kamiah. Wenn die jetzt anfangen zu schießen, würden wir höchstens fünf Minuten überleben, und die sind bereits kurz davor. Diese Indianer sind verrückt.«

Agent Monteith schaute in die drohenden Gesichter der Indianerkrieger, und plötzlich veränderte sich sein starres Gesicht. Selbst aus unserem so weitentfernten Versteck im Uferwald konnten wir erkennen, daß er blaß wurde. Sofort stimmte er dem Plan des Squaw-Mannes zu, und Chapman drehte sich um und tischte den Indianern die ungeheure Lüge auf.

Toohoolhoolzote wollte dennoch kämpfen. Aber White Bird blickte zum Himmel und sagte »Nein«. Das Licht sei zu schlecht, um noch sicher schießen zu können, und morgen früh sei noch Zeit genug dazu. Dort war nur ein Dutzend weißer Männer, und im guten Licht bei Tagesanbruch würden sie jeden treffen. Einen Moment lang atmete ich auf, weil ich glaubte, daß alle mit dieser Vereinbarung einverstanden wären und Joseph Zeit blieb, zu kommen und vielleicht den Kampf zu verhindern. Ich übersetzte meinen beiden Freunden, was gesagt worden war und überlegte nicht, wie sie auf den Betrug des weißen Mannes reagieren würden. Ich hatte über kämpfende Indianer doch noch viel zu lernen, sogar über die kleinen dicken.

In dem Moment, als Little Bird hörte, was Chapman zu Monteith gesagt hatte, brach er wie ein aufgeschrecktes Kaninchen aus unserer Deckung. Er rannte im Zwielicht auf die Nez Percé zu und schrie in unserer Sprache, daß sie vorsichtig sein sollten, sofort kämpfen müßten, daß Narrow-Eye Chapman mehr Männer holen ließ, vielleicht sogar Pferde-Soldaten, und daß alle getötet werden würden, wenn sie bis zum Morgen warteten.

Als Little Bird hervorsprang und fortrannte, wußte ich nicht, was ich tun sollte. Doch der verrückte Coyote wußte es. Er sprang auf, rannte hinter ihm her und schrie: »Warte auf mich! Warte auf mich! Warte auf mich!«

Einer der weißen Männer, schwergebaut, mit einem ins Gelbliche neigenden roten Backenbart, fluchte, wobei er den Namen seines Gottes benutzte, und rief den anderen zu: »Los, Jungs! Wir hätten uns in den Weiden umsehen sollen. Vielleicht finden wir da einen ganzen Wurf junger roter Hunde!«

Mit diesen Worten sprang er aufs Pferd und ritt in das Unterholz, in dem ich in sinnlosen Kreisen herumrannte und überlegte, wohin ich laufen sollte. Er griff zu, erwischte den Rücken meines Jagdhemdes und ritt zurück, wobei ich in seiner großen Hand zappelte.

»Hier, zum Teufel!« bellte er. »Seht, was ich gefunden habe. Ich will verdammt sein, wenn das nicht 'ne kleine rote Sumpfratte ist!«

Nun, es war keine kleine rote Sumpfratte, sondern der vierzehnjährige Sohn von Elk Water, dem Wallowa Nez Percé. Doch in dieser Situation blieb keine Zeit für falschen Stolz oder ähnliches. Bevor der rotbärtige Mann mich zum Lagerfeuer bringen konnte und bevor die Indianer ihre Angriffslinie gegen die verräterischen Weißen aufbauen konnten, hallte drüben auf dem Berghang ein einzelner Schuß.

Die Kugel schlug winselnd auf den großen Felsen, der genau in der Mitte der Wiese zwischen den Siedlern und unserem zornigen Volk lag, und eine tiefe Stimme rollte wie ein Donner von oben: »Kämpft nicht! Der erste Mann, der über den Felsen hinausreitet, gleich von welcher Seite, wird erschossen.«

Feuerrot im Licht der untergehenden Sonne, gewaltig wie Giganten auf ihren prächtigen Büffelpferden standen Joseph und Ollikut mit meinem Vater, Yellow Wolfs Vater und Yellow Wolf selbst auf dem Kamm des Berges. Bis auf Joseph hatten sie ihre Gewehre auf den Felsen in der Mitte gerichtet, und aus Ollikuts Waffe kräuselte noch Rauch. Er hatte den Schuß abgefeuert. Joseph hatte nicht einmal ein Gewehr, er gebot Stille mit seiner erhobenen Hand. Es war eigenartig. Alle Indianer und alle Weißen folgten seinem Befehl. In der Zeit, in der unser Wallowa-Häuptling von der Klippe herunterritt, rührte sich kein Mann, bewegte sich kein Pferd oder eine geladene Waffe.

Es war das erste Mal, daß ich die Macht von Josephs Hand

erlebt hatte. Ich erkannte zum ersten Mal, daß er wyakin besaß, diese persönliche Macht, anderen Menschen zu befehlen. Ich glaube, daß auch viele andere Nez Percé es zuvor nie gesehen oder gefühlt hatten. Es war, als würden sie diesen Joseph nicht kennen, als sei er ein Fremder unter ihnen.

Die Stille schmerzte in den Ohren, als er über die Wiese auf die weißen Männer aus Kamiah zuritt.

Joseph sprach offen mit den weißen Männern. Die anderen Indianer kamen an das Feuer der Siedler, standen am Rande des Feuerscheins und lauschten regungslos. Aber sie sprachen nicht. Nur Joseph sprach.

Auf seine ruhige Art begann er bei den ersten Verträgen auf Papier zwischen unseren beiden Völkern. Er erinnerte Agent Monteith an den Walla Walla Peace Council von 1855, bei dem nur die Nez Percé getreu zum weißen Mann gestanden hatten, und in dem alle anderen Stämme, die Yakimas, Umatillas, Palouse, Spokanes, Cœur d'Alênes – alle, bis auf die Nez Percé – gegen das Papier gesprochen und es nicht unterzeichnet hatten.

Immer, sagte Joseph, hatten sich die Nez Percé an diesen Vertrag gehalten. Nur als ihnen mit dem diebischen Vertrag 1863 ihr Land weggenommen wurde, nachdem man am Oro Fino Gold gefunden hatte, war die Freundschaft der Nez Percé ins Wanken geraten. Doch selbst dann hatten sie keinen Krieg geführt, sondern waren dem weißen Mann nur ferngeblieben, hatten um nichts anderes gebeten, als allein sein zu können. Nun war da das gute Papier von Präsident Grant, mit dem das Wallowa-Land den Nez Percé zurückgegeben wurde. Nun würde alles sein, wie es in den alten friedlichen Tagen war. Doch wieder war der weiße Mann hier und versuchte, die Weide des Indianers zu stehlen. Die Kamiah war Indianerland. Es gab keinen Vertrag, der dem Vieh der Nez Percé den Zutritt verbot, und doch stand der weiße Mann an der Kamiah-Furt und sagte harte Dinge zu Joseph, der versuchte, den Frieden zu wahren.

Sei es nicht genug, rief Joseph, und breitete seine Arme

weit aus, daß der weiße Mann das Gold aus der Erde des Indianers riß? Daß er den besten Ackerboden an sich genommen hatte? Daß er entlang der Indianerstraße seine Whiskyläden errichtet hatte? Daß er die Indianerkinder von ihren Eltern weggelockt hatte in seine christlichen Schulen, sie lehrte, Jesus Christus anzubeten und die alten Indianer-Götter zu verhöhnen, sie die Wege ihrer eigenen Väter und Mütter vergessen ließ und sie dazu brachte, ihr eigenes Volk geringer zu schätzen als Hunde und den weißen Mann als Herrscher der ganzen Erde zu sehen? Daß er die armen, vertrauensvollen Nez Percé siebzig Winter oder länger belogen, bestohlen und betrogen hatte? Waren all diese Dinge nicht genug? Mußte er nun noch den Indianer aushungern, ihm sein Wasser nehmen und es beschmutzen? Mußte er nicht nur das Gras nehmen, was er für sich allein wollte, sondern auch noch das wenige, was der Indianer für sein Vieh brauchte?

Was sollte Joseph in dieser Situation White Bird und Toohoolhoolzote sagen? Was konnte er seinen zornigen Brüdern sagen, um sie am kommenden Morgen am Kampf zu hindern? Wenn einer der weißen Männer auf diese Frage eine Antwort hätte, dann sollte er sie Joseph besser gleich geben.

Langes Schweigen folgte, während die weißen Männer über das Gehörte sprachen. Dann zeigte Agent Monteith seine breiten Zähne und sprach sehr unfreundlich.

Es sei Zeit, sagte er, daß die Nez Percé begriffen, daß sie und ihr Vieh nicht im Land herumziehen könnten, wie sie wollten. Sie hätten von nun an mit ihren Herden an einem Ort zu bleiben, genau wie es der weiße Mann tat. Es gäbe keine andere Wahl. Wenn sie es nicht tun würden, kämen Soldaten und würden sie dazu zwingen. Sei ihm, Joseph, das völlig klar?

Joseph war ein weiser Mann. Er sagte nicht einfach »Ja«, nur um einen guten Eindruck zu machen. Er schüttelte den Kopf und sagte »Nein«. Er glaube nicht, daß er verstehe, was Agent Monteith gesagt habe. Es schien, daß da möglicherweise mehr gemeint als gesagt war. Würde der Agent es noch einmal versuchen, bat Joseph ihn, dieses Mal nicht mit gewundener Zunge?

Chapman zuckte zurück und sagte zu Joseph: »Ich hoffe, du verstehst, daß mein Herz mit dir ist. Ich denke viel an das Volk meiner Frau. Aber ich bin ein Weißer; was kann ich tun?«

»Tu nichts«, antwortete Joseph, »von dem du nicht glaubst, daß ich es tun würde.«

»Danke, mein Bruder«, sagte Chapman und ging zurück zu Monteith. Der war bereit zu wiederholen, was er eigentlich meinte. Er mochte Joseph nicht, weil er ihn nicht täuschen konnte, und deshalb verschanzte er sich hinter drohenden Worten.

»Na, schön.« Monteith runzelte die Stirn. »Ich meine ganz genau folgendes: Du und dein Volk, ihr werdet nicht mehr ins Büffelland gehen, ihr werdet euer Land überhaupt nicht mehr verlassen. Dieses Herumziehen macht die Jungen ruhelos und wild. Wenn ihr euer Vieh auf die Weide treibt oder den Büffel jagt, seid ihr sechs Monate fort. Die Kinder bleiben der Schule fern, sie haben keine Gelegenheit das neue Leben kennenzulernen, das sie dazu bringen wird, Seite an Seite mit dem weißen Mann zu leben. Und das ist falsch, Joseph. Wir müssen mit den Kindern anfangen. Sie müssen in die Schule gebracht werden und dort bleiben. Das ist der einzige Weg zum wirklichen Frieden zwischen unseren Völkern. Wir müssen einen gemeinsamen Gott haben und gemeinsame Wege. Und das kann nur durch die Kinder geschehen.«

Als Joseph das hörte, fragte er nur, was der Schulbesuch der Kinder damit zu tun habe, daß am Kamiah Crossing die Gewehre gezeigt würden. Monteith antwortete ihm sofort. Friedliche Indianer, sagte er, seien Indianer, die an einem Ort blieben. Herumziehende Indianer seien kämpfende Indianer. Und die Tage, in denen Indianer herumziehen konnten, seien nun mal vorbei. Von heute an hätten die Nez Percé das zu tun, was der Indianeragent John Monteith sagte, nicht was White Bird sagte, nicht was Toohoolhoolzote sagte, oder was ein anderer Kriegshäuptling sagte. Und was Agent Monteith sagte, war, daß die Wallowas nun in ihrem flachen Tal zu bleiben hätten, die White Birds in ihrem tiefen Canyon, die Salmon Rivers hinter ihrem großen Berg. Um zu garantieren, daß sie gehorchen würden, gäbe es nur einen sicheren Weg: Die Kinder müßten in die Reservationsschule gehen und dort wie weiße Jungen und Mädchen aufgezogen werden. Es läge nun bei Joseph, das den anderen Nez Percé klarzumachen. Hatte Joseph verstanden?

Unser Häuptling nickte langsam. Der Schmerz in seinem Gesicht hätte einen Stein zum Weinen gebracht. Ja, sagte er, zum allerersten Mal hätte er verstanden. Nun war ihm klar, was der weiße Mann wirklich mit dem Indianer tun wollte. Es ginge nicht darum, mit ihm in Frieden zu leben, als Bruder neben Bruder. Als der Agent gesagt hatte, daß er nicht mehr den Büffel jagen sollte, daß das Vieh nicht mehr nach Kamiah getrieben werden sollte, war das nur eine Ausrede. Der weiße Mann wisse, wäre der Indianer erst eingesperrt in einem winzigen Stück Land, bedeute das, seine Seele zu zerstören, sein Herz zu brechen, ihn zu töten.

Wenn es das sei, was Joseph nun auf Wunsch von Agent Monteith den anderen Häuptlingen berichten solle, würde er es tun. Er würde ihnen sagen, daß sie entweder nach Hause gehen und dort bleiben müßten, oder daß die Pferde-Soldaten kämen und sie in die Reservation treiben würden. Er würde ihnen sagen, daß ihre Kinder in jedem Fall bald auf die Lapwai-Schule geschickt werden müßten und sie dort zu leben hätten. Aber er müsse den Agenten warnen, denn was er verlange, sei sehr gefährlich.

Joseph hatte dies mit leiser Stimme gesagt, entfernte sich und erzählte den kämpfenden Indianern, was er zu sagen hatte.

Diesen letzten Teil konnte ich sehr gut beobachten, denn ich wurde in dem Lagerzelt gefangengehalten. Der rotbärtige Mann war mit mir dort drinnen und hielt seine übelriechende Hand die ganze Zeit auf meinen Mund gepreßt. Doch ich konnte zwischen seinen dicken Fingern und einer Lücke zwischen den Zeltplanen hindurchsehen. Natürlich wußte keiner der Nez Percé, daß ich dort war. Sie glaubten alle, ich sei flußabwärts geflohen und würde sobald wie möglich in ihr Lager kommen.

Als Joseph den anderen sagte, daß sie nicht mehr Büffel jagen dürften, daß Soldaten kommen würden, um sie in die Reservation zu treiben, wenn sie weiter herumzögen, und von Agent Monteiths Forderung berichtete, daß sie ihre Kinder als Zeichen guten Willens fortzugeben hätten, reagierten die Indianer seltsam. Ihre Gesichter wurden nicht zornig, sondern sehr traurig, und als Joseph das letzte Wort gesagt hatte, wandten sie sich ab und gingen, ohne ein Wort zu sagen, zum Berghang. Nur der alte Toohoolhoolzote blieb mit Joseph zurück, und nun schritt er mit unserem Wallowa-Häuptling auf die weißen Männer zu.

Joseph stellte sich vor Monteith und sagte: »Ich habe meinem Volk gesagt, was du gesagt hast. Nun wird Toohoolhoolzote dir die Antwort meines Volkes geben.« Er trat zurück und machte dem älteren Mann Platz. Einen Augenblick lang sah Toohoolhoolzote alle weißen Männer an, dann nickte er.

»Ich mache es kurz«, sagte er auf Nez Percé zu Chapman, aber er richtete dabei seinen Blick auf den Lapwai-Agenten. »Wenn ihr morgen noch hier seid, wird es einen Kampf geben. Wir werden den Büffel jagen. Wir werden unser Vieh weiden, wo wir wollen. Wir werden unsere Kinder nicht nach Lapwai bringen. Joseph ist ein guter Mann, und er ist euer Freund. Toohoolhoolzote ist ein böser Mann, und er ist nicht euer Freund. Denkt daran, wenn die Sonne aufgeht. *Taz alago*, Agent Monteith. Schlaf gut.«

Eine Weile stand der alte Mann da, und das Feuer zeichnete ein schwarzes Spinnennetz von Furchen und Gräben auf sein Gesicht. Sein Mund war eine Linie, so schmal und häßlich wie der Hieb eines Kriegsbeils. Seine Augen brannten wie die Augen eines Wolfs. Sein Ausdruck war ohne Bewegung. Plötzlich fürchtete ich mich vor ihm ebenso wie vor den weißen Männern. Sein Anblick, wie er da stand, hager und dunkel und stark wie eine Tanne trotz seiner sechsundachtzig Winter, wie er all die bitteren Worte und all die drohenden Gewehre allein mit seinem Nez Percé *simiakia*, seinem furchtbaren Indianerstolz unter Kontrolle hatte, jagte mir einen Schauer über den Rücken. Und als er schließlich ging, um seinen Kriegern auf den Berg zu folgen, war es sogar noch ruhiger wie vorhin, als Joseph den Weg heruntergekommen war.

Nun war nur noch mein Häuptling geblieben.

Er sagte Chapman auf Nez Percé, daß er traurig sei, daß Agent Monteith diese gefährliche Sache den wilden Stämmen angetan hätte. Er versprach, daß er dennoch alles tun würde, um die Schießerei am Morgen zu verhindern. Doch er bat Chapman, mit den Siedlern zu reden und ihnen zu sagen, daß sie die Furt im Dunkel der Nacht verlassen sollten, damit sie weit weg seien, wenn am nächsten Tag die Sonne über den Buzzard Mountain kam. Und dann wandte auch er sich zum Gehen.

Im letzten Augenblick aber bat ihn Agent Monteith, einen Moment zu warten. Joseph tat es voller Müdigkeit, und Monteith wandte sich dem Zelt zu und sagte: »Bates, bringen Sie den Jungen her.«

Der rotbärtige Bates grinste und spuckte und schubste mich, so daß ich aus dem Zelt hinaustaumelte. Draußen stieß er mich in den Feuerkreis und vor meinen Häuptling.

Josephs müdes Gesicht wurde weich, als er mich sah, Agent Monteiths Gesicht dagegen wurde hart. »Joseph«, sagte er, »sag deinem Volk drüben auf dem Berg, daß ich ihm nicht traue. Ich werde den Jungen hierbehalten, bis wir sehen, daß es keine Schießerei gibt und uns niemand folgt. Dem Jungen wird nichts geschehen. Du kommst dann später nach Lapwai und wir werden über ihn reden. Ich weiß, daß dieser Junge zu deiner Familie gehört, und ich habe mit ihm etwas vor. Du tätest gut daran, mir dabei zuzuhören. Es könnte sein, daß wir ihn zum Vorbild für die anderen machen können. Verstehst du das?«

Joseph verstand.

Doch er nickte Agent Monteith nur wortlos zu, während er zu mir sanft mit seiner tiefen Stimme sprach.

»Nichts wird dir geschehen, kleiner Heyets«, sagte er. »Geh mit dem Agenten und hab' keine Furcht. Ich werde zu dir kommen. Während du wartest, denk über das nach, was du hier gesehen hast. Glaubst du, daß du dich daran erinnern wirst?«

Ich riß mich zusammen. »Ja, mein Häuptling, ich werde mich immer daran erinnern.«

»Gut. Es ist eine Lektion über den weißen Mann, die du nie auf seiner Schule in Lapwai lernen wirst.« Er lächelte und berührte mich leicht auf der Schulter. »*Taz Alago*, Heyets«, sagte er und entfernte sich nun zum letzten Mal von diesem dunklen Feuer am Clearwater.

»*Taz alago*, mein Häuptling«, rief ich ihm im Zwielicht nach, und ich war froh, daß er nicht zurückblickte und so die Tränen in meinen Augen nicht sehen konnte, Tränen, obwohl ich vierzehn Sommer alt war und bald ein Krieger sein würde.

Ich war noch nie länger als einen Tag in Lapwai gewesen, mal an einem Sonntag, um die gezähmten Indianer beten zu sehen, oder auch an einem Samstag, wenn sie von ihrer Agentur Fleisch bekommen hatten und einem ›wilden‹ Verwandten, der sie besuchte, eine Freude machen wollten. Dann gaben sie ihm einen Bissen fettes Fleisch, den er auf Kosten des weißen Mannes mit nach Hause nehmen konnte. Während ich nun mit dem Agenten und den Kamiah-Siedlern zur Missionsschule ritt, erholte ich mich langsam von dem Schrecken und überlegte, wie es sei, in der Reservation drüben in Idaho länger zu leben, vielleicht zwei oder drei Tage oder sogar eine ganze Woche.

Aber ich kam nicht dazu, das zu erfahren.

Wir waren fast die ganze Nacht hindurch geritten, hatten uns von der Furt, Josephs Rat folgend, fortgeschlichen. Nun, als die Sonne aufstieg, rasteten wir, um Wasser zu kochen und Kaffee zu bereiten. Bevor das Wasser in dem alten schwarzen Topf zu sieden begann, kamen fünf Nez Percé aus dem nahe gelegenen Wald und ritten an unser Feuer. Wir kannten sie alle. Es waren Joseph, Ollikut, Horse Blanket, Yellow Wolf und Elk Water, mein Vater.

»Aber Joseph«, fragte Agent Monteith sofort, »was hat das zu bedeuten? Hast du mich reingelegt? Was willst du hier?«

Joseph blickte ihn fest an. »Es ist nicht meine Art zu betrügen«, sagte er. »In der vergangenen Nacht habe ich dir den Jungen gegeben, damit es keinen Ärger mit den White Birds und Salmon Rivers gab. Es gab keinen Ärger, jetzt will ich den Jungen wiederhaben, das ist alles.«

»Geben Sie ihnen den Jungen!« Ich hörte Narrow-Eye Chapman mit Monteith flüstern, aber der Agent schob stur sein Kinn vor und sagte, nein, er würde es nicht tun.

Ollikut, der große, stattliche Ollikut, trieb sein Büffelpferd, einen Falben, vor. Er spannte sein Gewehr. »Agent«, sagte er, »wir wollen den Jungen.«

»Um Gottes Willen«, raunte Chapman Monteith zu, »geben Sie ihnen den Jungen, dann sind wir sie los. Was haben Sie vor? Wollen Sie, daß wir alle getötet werden? Dieser verdammte Ollikut nimmt mit bloßen Händen eine Kreissäge auseinander. Geben Sie nach, hören Sie? Sie haben es hier nicht mit Agentur-Indianern zu tun, denen Sie was vormachen können.«

Agent Monteith reckte seinen kräftigen Bart noch weiter vor und entblößte seine Zähne wie eine Fledermaus, die in die Enge getrieben war, aber er gab nach. »Joseph«, sagte er, »ich mache dich dafür verantwortlich. Ich will diesen Jungen in diesem Winter auf der Schule haben. Du weißt warum. Es ist die einzige Möglichkeit zu lernen, wie ein weißer Mann zu leben.«

»Ja, aber er muß selbst sagen, ob er das will.«

»Nein, das muß er nicht. Das ist ja das Problem mit euch Indianern. Eure Kinder können tun, was sie wollen. Ihr sagt niemals ›Nein‹ zu ihnen und bestraft sie nie, wenn sie etwas falsch machen. Kinder müssen dazu erzogen werden, das zu tun, was ihnen gesagt wird.«

»Wir erziehen sie. Aber was hat das mit Schlagen zu tun und damit, ihnen alles, was sie wollen, zu verbieten? Es gibt andere Wege, ihnen Weisheit zu zeigen.«

»Joseph, ich will mit dir nicht diskutieren. Ob dieser Junge als Indianer oder als Weißer aufwächst, liegt bei dir. Du und ich, wir sind erwachsene Männer: Wir werden uns nicht mehr ändern. Ich habe einen Gott, du einen anderen. Mein Vater hat aus dem Heiligen Buch gelehrt; dein Vater hat das Heilige Buch zerrissen. Wir sind, wie wir sind, du und ich, aber der Junge kann alles werden. Wenn du sagst, was er sein soll. Du bist der Oberhäuptling der Wallowas, des mächtigsten Stammes der Nez Percé. Wenn du diesen Jungen aus deiner eigenen Sippe, von deinem Blut in diesem Winter zur Schule in Lapwai schickst, sagst du damit den anderen wilden Stämmen, daß du den Weg des weißen Mannes gehen willst, deinem Agenten gehorchen und lernen willst, das neue Leben zu leben. Es ist eine wichtige Sache für den Frieden, eine wichtige Sache für dein Volk. Was meinst du? Die Entscheidung liegt bei dir. Nur du kannst sie treffen.«

Es war eine bedeutungsvolle Rede. Ich konnte sehen, daß Joseph darüber nachdachte. Ich hielt den Atem an, denn plötzlich fürchtete ich mich wieder. Urplötzlich verlor ich all meinen Mut, für ein paar Tage nach Lapwai zu gehen. Das hier war ernst. Sie sprachen über den ganzen Winter, vielleicht über mehrere Winter. Das konnte sehr traurig werden. Ich hatte viele Geschichten von Jungen gehört, die in der Schule gestorben waren, gestorben an gebrochenem Herzen und schlechtem Essen und aus Sehnsucht nach dem Rauch der Tipis und nach gekochtem Rinderfleisch und getrocknetem Lachs, nach geräuchertem Elch und dem Duft von Pferdeschweiß und Sattelleder und Waffenöl und Pulver und all den anderen großen Dingen, mit denen ein wilder Nez-Percé-Junge aufwuchs. Und ihn umgaben das Haus der Eltern, das Heimatdorf, die angestammten Jagdgründe.

Auch Joseph wußte von diesen armen Jungen. Der Gedanke an sie wog schwer in ihm und so lange, daß Ollikut ihm einen scharfen Blick zuwarf und sagte: »Komm, mein Bruder, entscheide dich. Ich fühle mich wie ein Narr, hier mit gespanntem Gewehr zu stehen.«

Joseph nickte ihm zu und seufzte sehr tief. »Also gut«, sagte er zu Agent Monteith, »gib uns den Jungen jetzt. Wenn das Gras sich braun färbt und der Geruch des ersten Schnees wie ein Messer im Wind sticht, werde ich ihn zu dir nach Lapwai bringen.«

Im Land der Nez Percé kommt im Mai die Frühlingssonne erst über die südlichen Hänge der aufragenden Hügel, die die weiten Täler und schattigen Schluchten bewachen. Hier bricht die Cowish-Pflanze aus der warmen sandigen Erde durch den Lehm der Berge, noch bevor der Schnee in den Felsnischen und Wannen geschmolzen ist, der diesen wetterharten Sproß der Berge wässert. Zu diesen Cowish-Flecken würde mein Volk im Monat Mai gehen, hungrig und gierig auf den Geschmack frischen Gemüses nach dem langen Winter mit getrockneten Camas und geräuchertem Lachs.

Die saftigen Wurzeln der Cowish, auf Nez-Percé-Art gebacken, haben einen keksähnlichen Geschmack.

Deshalb gab der weiße Mann der Pflanze den Namen Biscuitwurzel. Wir nannten sie *kouse,* und deshalb nannten uns die Siedler auch manchmal die Kouse-Esser. Mein Volk liebte diese gute Nahrung, die das Geschenk von Hunyewat war, und die Zeit seiner Ernte war für uns eine Festzeit. Wir Kinder freuten uns den ganzen Winter durch auf die Reise zu den Cowish-Feldern im Mai. Doch in dem Mai jenes Jahres, als wir nicht auf Büffeljagd gingen, sang ich keine Erntelieder, tanzte keine Danktänze, aß kein *kouse* bei dem großen Fest, das traditionell in der Zeit des Ersten Essens gefeiert wird. Ich saß weit abseits und dachte nur an den September und an den ersten Geruch von Schnee im scharfen Wind.

Im Juni war die Zeit, wo wir zu den Camas-Wiesen gingen. In diesem Monat würde mein Volk die Tipis nehmen und fröhlich zu den Gebirgsplateaus ziehen, wo sich an vielen Stellen Schmelzwasser sammelte und blieb. Aus diesen überfluteten Wiesen würde die wunderbare blaue Camaspflanze sprießen, die liebliche Wasserhyazinthe oder auch Indianerlilie des Nordwestens. Grünen Speeren gleich ragte sie aus der schwarzen Erde unter dem Wasser.

Innerhalb weniger Tage würden die Wasserflächen überwachsen sein mit gefächerten Blättern wie mit frischem Gras. Und wenige Wochen später würden die herrlichen Kelche ihrer blauen Blüten sich für kurze Zeit öffnen. Wenn die Blüte vorbei war, würde alle Nahrung aus Hunyewats warmem Himmel und kaltem Schneewasser aus der verwelkten Blume in die Wurzel unter der Erde gehen und dort Stärke und Lebenskraft für die fröhlichen Ernteleute sammeln.

In dieser frohen Zeit der Erwartung, bis die Camaswurzel reif und getrocknet war und ausgegraben werden konnte, lagerte mein Stamm gemeinsam mit den anderen Nez-Percé-Stämmen unter den schattigen Tannen oberhalb der Wiese. Die ganze Zeit über gab es fröhliches Singen und Tanzen, doch ich hielt mich von allem fern. Statt dessen blieb ich droben auf dem Berg und dachte an den September und an den Schneewind.

Unter der vollen Julisonne verdunsteten die seichten Wasser auf den Camasfeldern, der dicke Schlamm trocknete und die große Ernte begann. Und während die Männer bei ihren Spielen saßen oder mit ihren berühmten Appaloosa-Pferden um die Wette ritten, während die Kinder mit ihren Reifen spielten oder fischten und jagten, nahmen die Frauen die Grabgeräte mit den rauhen Holzgriffen und Elchschaufelspitzen heraus und gruben die reifen Knollen der blauen Lilie aus.

Darauf folgte das Kochen.

Jeweils dreißig Knollenbüschel wurden mit feuchtem Wiesengras zugedeckt und über erhitzten Steinen gekocht. Dann wurden die Knollen zerstampft, zu Laiben geformt und von der Sonne zu nahrhaftem Indianerbrot gebacken. Dieses Brot konnte man gut sechs bis acht Monde lang aufbewahren. Es war eine gute und wertvolle Nahrung, die im Geschmack sehr einer Süßkartoffel ähnelte. Damit und mit dem Lachsfleisch und dem Fleisch von Elch, Hirsch und Antilope kamen wir durch den härtesten Winter. Und deshalb war die Camasernte im Juli die Zeit allgemeiner Freude und Dankbarkeit für die Nez Percé. Doch an den Lobgesängen nahm ich nicht teil. Ich ritt mit Tea Kettle, meinem kleinen grauen Pony, herum und betrachtete mit schmerzender Verlassenheit die blauen Gipfel, dunstigen Täler, die fallenden Wasser und aufragenden Tannen der Heimat, die ich nicht mehr sehen würde, wenn das Gras im Herbstwind braun geworden war.

Im Spätsommer, im August, wenn das Hochwasser des Frühlings längst vergessen war und alle Flüsse langsam und klar flossen, war die Zeit der Silbernen Wasser, des großen Columbia-Lachses, der aus dem Meer zu den Quellbächen im Nez-Percé-Land strebte. Das war das Ende des Indianerjahres, die Zeit des Dankes für mein Volk und zugleich die Zeit härtester Arbeit.

Wenn endlich der blinkende Lachs kam, würden die Männer vom Morgendämmer bis zum Abend mit Speer und Netz arbeiteten. An jedem Wasserfall standen sie, ob an denen des mächtigen Celilo oder denen der winzigen Bäche, die sich in die großen Flüsse ergossen, den Salmon, Snake, Clearwater, Grande Ronde, Wallowa und Imnaha. Die sandigen Ufer würden bald so mit den großen Fischen übersät sein, daß ein kleines Kind bis zur Hüfte darin versank. Dann würden die Frauen wie Lastpferde arbeiten, würden aufschlitzen, reinigen, Dörren bauen und die hellroten Scheiben des gesegneten Fisches räuchern. Bei neun von zehn Nez-Percé-Mahlzeiten aßen wir rund ums Jahr diesen Fisch, der mein Volk vor Hungersnöten bewahrte, von denen die anderen Stämme des Nordwestens regelmäßig heimgesucht wurden.

Ja, der August und die Zeit der Silbernen Wasser waren die eigentliche Zeit, um Hunyewat zu danken. Doch selbst dann konnte ich nicht an Dankbarkeit, an Zufriedenheit, an Freude denken, sondern nur an Joseph und Agent Monteith. Und danach kamen das braune Gras und der Schneegeruch des Septembers, und dann wartete ein Gefängnis aus Baumstämmen in Gestalt der Lapwai-Schule auf mich.

Schließlich war der Mond der Rauchigen Sonne, September, nur noch drei Sonnen fern. Bald schon würde Sapalwit, würde Sonntag sein, und Joseph würde vor das Tipi meines Vaters reiten und mit seiner sanften tiefen Stimme rufen: »Elk Water, wo ist der Junge? Wo ist Heyets, unser kleines Mountain Sheep? Nun ist das Gras wieder braun geworden; der Himmel hat die Farbe von Büchsenstahl angenommen. Ich rieche den Schnee im Wind. Es ist Zeit, unser Wort an Agent Monteith zu erfüllen.«

Zwei Sonnen dieser letzten drei quälte ich mich. Dann, in der letzten Nacht, es war spät, der eisige Wind hatte die Glut aller Kochfeuer gelöscht, und nichts rührte sich mehr im friedlichen Lager, kroch ich unter den Häuten an der Rückseite des Tipis meines Vaters hindurch.

Ich bewegte mich wie ein Schatten und fand meinen getreuen Freund Tea Kettle da, wo ich ihn am selben Nachmittag in einem dunklen dichten Gehölz zurückgelassen hatte. Er schnaubte und rieb seine weiche Nase an mir, und ich weinte ein wenig und herzte ihn und legte meine Arme um seinen knochigen Nacken. Es war eine schlimme Zeit, aber ich dachte nicht daran, zurückzugehen. Ich stieg auf seinen Rücken und lenkte ihn in den tiefen Wald. Fort vom Lager meines Vaters, meines Volkes, das an den Lachsfällen von Kahmuenem, dem Snake River lag, neun Meilen oberhalb jener Stelle, wo er in den Imnaha mündete.

Ich ritt in das Land unserer Erzfeinde, der Shoshones. Hatte ich erst den Skalp eines Feindes genommen, würde man mich nicht mehr als Knaben betrachten. Ich würde ein Mann sein, ein Krieger, ob vierzehn Sommer alt oder nicht, und sie würden ebensowenig daran denken, mich zur Schule von Agent Monteith zu schicken, wie sie es mit meinem wilden Onkel Yellow Wolf tun würden.

Meine Ausrüstung bestand aus Tea Kettle, der es, selbst wenn er so schnell lief wie er konnte, nicht einmal mit einem lahmen Büffel aufnehmen konnte. Ich hatte eine *kopluts* oder eine Streitaxt, die eigentlich gar keine war, sondern ein Kaninchen-Wurfholz, das ich abgeschnitten hatte, damit es wie ein *kopluts* aussah. Dazu hatte ich eine rostige Axt mit gesplittertem Schaft und einer fast ganz abgebrochenen Klinge, ferner Pfeil und Bogen, die mir Joseph zu meinem zehnten Geburtstag geschenkt hatte; dazu kam eine fadenscheinige Soldatendecke, die in einer Ecke mit ›U.S.‹ gekennzeichnet war. Mein Vater hatte sie für mich aus dem großen Fort in Walla Walla gestohlen. Dann hatte ich drei Laib Camasbrot und eine getrocknete Lachsseite. Und mein *wyakin*, mein persönliches Kriegsamulett, den geräucherten Fuß eines jungen Bären, an dem noch Krallen und Haare waren. Und, o ja, natürlich hatte ich mein Messer dabei. Kein Nez Percé würde auf die Idee kommen, sein Tipi ohne sein Messer zu verlassen. Vielleicht würde er ohne Hose hinausgehen, aber nie ohne Messer.

So war ich also unterwegs, um einen Shoshonen zu töten, einen Snake-Krieger. Dazu mußte ich weit reiten, über die Bitterrot Mountains ins Wind River Country. Genauer betrachtet, könnte ich natürlich auch ein paar Pferde stehlen, wenn ich da drüben war. Aber darüber war ich mir noch nicht ganz im klaren. Es hing von den Umständen ab. Inzwischen gab es viel dringlichere Probleme.

Ich war von zu Hause guten Mutes fortgegangen, gewillt durchzuhalten, auch wenn mein Fleisch schwach werden sollte. Nun allerdings, nachdem ich lange Zeit durch den dunklen Wald geritten war, stellte sich langsam eine Art Gleichmut ein. Es kam mir bei längerem Nachdenken so vor, als sei ich schon viele Meilen geritten. Es konnte gut sein, daß ich etwas zu essen brauchte, um wieder zu Kräften zu kommen. Vielleicht machte ich doch besser eine Rast, zündete ein Feuer an und röstete etwas Lachs und eine Scheibe Brot. Nach dem Essen würde ich wieder meine alte Kraft in mir spüren. Und dann, obwohl ich ja schon eine große Strecke in der Nacht zurückgelegt hatte, würde ich noch weiterreiten, bevor ich mich zum Schlafen niederlegte.

Ich stieg von Tea Kettle ab und sammelte etwas Moos und Reisig und baute alles im Schutz einer riesigen Tanne, die der Wind gefällt hatte, auf. Mit dem Feuerstein schlug ich Funken, und gleich darauf brannte ein gutes kleines Nez-Percé-Feuer, etwa in der Größe von zwei Männerhänden, so klar und sauber wie ein Forellenwasser im Spätherbst. Ich schnitt einen grünen Zweig ab und hielt ihn, mit einem Stück Lachs und mit Camas gespickt, über die Flammen. Dann legte ich die Soldatendecke um meine Schultern und lehnte mich gegen den großen Stamm, um meine Reisepläne zu überdenken. Das nächste, an das ich mich erinnern konnte, war, daß ein Sonnenstrahl sich in meinen Augen zu schaffen machte, und dann sah ich zwei mir sehr vertraute Indianer, die an meinem Feuer hockten und meinen Lachs und mein Camasbrot aßen.

»Guten Morgen.« Häuptling Joseph nickte. »Ein gutes Essen, Heyets. Komm und iß mit uns.«

»Ja«, sagte Elk Water, mein Vater. »Es ist ein langer Ritt nach Lapwai.«

»Was ist los?« Ich murmelte, war völlig verwirrt, meine Augen noch voller Schlaf. »Welcher Tag ist heute? Was ist geschehen, daß ihr hier seid?«

»Heute ist Sonntag«, antwortete Joseph auf seine ruhige, bedächtige Art. »Und was uns veranlaßte herzukommen, ist, daß wir mit dir zur Schule von Agent Monteith reiten wollen.

Du mußt sehr früh aufgebrochen sein, Heyets. Das zeugt von einem guten Geist. Wahrscheinlich wolltest du uns nicht stören und uns nicht so früh wecken. Vielleicht hat dir dein Herz gesagt, gönne ihnen einen guten Morgenschlaf.«

»Ja«, stimmte mein Vater zu. »So muß es gewesen sein. Heyets ist ein guter Junge. Er wollte uns schlafen lassen. Er wollte auch allein zur Schule des weißen Mannes reiten, damit wir wissen, daß er sich davor nicht fürchtet, damit wir sicher sind, daß sein Herz stark ist und er keine Angst hat. Ist es nicht so, Heyets?«

Meine Augen waren klarer geworden, und ich wollte sie schon anlügen, sagen, daß sie recht hatten, wenn sie mich so rücksichtsvoll sahen. Doch ich brachte es nicht über mich. Vielleicht hätte ich meinen Vater belügen können, weil er ein einfacher Mann war und die andere Möglichkeit gar nicht erst erwogen hätte, nein, und er hätte auch kein Aufhebens davon gemacht. Aber Joseph! Joseph, das war eine völlig andere Sache und ein ganz anderer Mann. Sein großes, ruhiges Gesicht, die sanfte tiefe Stimme und die traurigen braunen Augen berührten mich mit einem Glauben und einem Gefühl, daß meine Zunge nicht lügen konnte.

»Nein«, antwortete ich mit gepreßter Stimme, »so war es nicht. Ich wollte davonlaufen. Ich wollte ins Snake-Land, um einen Shoshone-Skalp zu nehmen, damit ihr mich als

Mann ansieht und mich nicht auf die Schule von Agent Monteith schickt. Mein Herz war wie das eines Mädchens, ich war schwach und hatte Angst. Ich wollte nur bei meinem Volk bleiben, bei meinem Vater und bei meinem Häuptling.«

Danach war es still, und mein Vater sah Joseph ernst an. Dann wandte er seinen Kopf ab und blickte auch mich nicht an. Aber ich konnte sehen, daß sein großer Adamsapfel sich auf- und abbewegte. Und dennoch sagte er nichts.

Er wartete darauf, daß Joseph sprach.

Endlich richtete mein Häuptling seine Augen auf mich und sagte sanft: »Verzeih, Heyets. Der Wind hat in den Tannen so seltsam gerauscht, daß ich dich nicht verstanden habe. Hast du gehört, was er sagte, Elk Water?«

»Nein«, antwortete mein Vater. »Ich glaube nicht. Was sagtest du, mein Sohn?«

Ich sah Elk Water, meinen Vater, an und Joseph, meinen Häuptling. Dann blickte ich nach oben, in die Tannenwipfel über uns. Dort regte sich kein Lüftchen, da war überhaupt kein Wind. Ich schüttelte den Kopf und stand auf.

»Nichts«, sagte ich, band Tea Kettle los und trat Erde auf mein kleines Feuer. »Laßt uns nach Lapwai reiten und das Wort halten, das Agent Monteith gegeben wurde.«

Was über den Lapwai-Winter zu sagen ist, dauert nicht lange. Es war keine gute Sache. Die Erinnerung daran schmerzt mich wie ein schlechtgeheilter Knochen.

Die meiste Zeit war ich krank und voller Heimweh. Es war ein harter Winter, sehr kalt, mit viel verharschtem Schnee und dickem Eis auf dem Fluß. Einige meiner kleinen Indianerfreunde, die auf der Schule krank wurden, gesundeten nicht wieder. Hunyewat achtete nicht so auf sie wie auf Heyets. Sie legten sich zur Nacht nieder und standen am Morgen nicht mehr auf. Und als wir anderen sie sahen, weinten wir, sogar wir großen Jungen. Es tat uns sehr weh.

Wenn es christliche Indianerkinder waren, wurden sie auf dem Kirchhof begraben. Ihre Mütter waren da, ihre Väter waren da, und all ihre Freunde aus der Reservation waren da, um Lebewohl zu sagen und eine Handvoll Erde auf sie zu streuen, wie es Brauch war. Agent Monteith las am Grab aus dem Heiligen Buch, und die passenden Lieder von Jesus wurden dazu gesungen. Sie wurden als etwas Besonderes behandelt.

Doch wenn es wilde Indianerkinder waren wie ich, blieben ihre kleinen Körper über Nacht draußen liegen, und sie gefroren wie Hundelachs. Und dann wurden sie in der offenen Grube hinter dem Schulhaus wie Feuerholz gestapelt. Dort warteten sie, alle kalt und weiß und einsam, bis ihre Eltern über die schlechten Wege kommen und sie für die schlichte Nez-Percé-Zeremonie holen konnten, die wir ›Betten zum letzten Schlaf‹ nennen. Für einen Jungen, der auf die alte, freie Indianerart groß geworden ist, war dieser Ort weder schön noch freundlich. Es machte mein Herz traurig und einsam, dort zu bleiben. Folglich wurde ich immer ablehnender gegenüber Lapwai und dem Weg des weißen Mannes, obwohl ich wußte, daß man mich wegen meiner Verwandtschaft mit Joseph besonders beobachtete – von seiten meines Volkes und der Agentur.

Natürlich lernte ich auf der Schule wenig.

Durch meine Mutter hatte ich bereits die Sprache der Weißen gelernt. Doch ich wollte nicht, daß mir das half. Ich wollte nicht schreiben lernen, und beim Lesen stellte ich mich an wie ein sechs- oder siebenjähriges Kind. Dieser blinde Stolz kam aus dem Blut meines Vaters. Das alte Nez-Percé-Blut, der Geist, der *simiaka* der ungezähmten Vorfahren drang in mich. Ich war kein verstockter Junge, aber ich war auch nicht bereit zu arbeiten. Ich war wie ein wildes junges Pferd, das von der Herde getrennt worden war. Ich wollte nur eines: fliehen. Die einzige Chance, mich etwas zu lehren, war, mich zunächst einmal zu beschwichtigen, aber es gab keine Gelegenheit mich zu beschwichtigen.

Natürlich dachte ich oft an Josephs Vertrauen in mich. Ich wollte tun, was richtig war, die Hoffnungen meines Häuptlings erfüllen, damit ich den anderen wilden Stämmen ein Vorbild sein würde und sie ihre Kinder mit gutem Gefühl hierherschicken konnten, zu ihrem eigenen Nutzen. Doch mein Vertrauen war nicht so groß wie das meines Häuptlings. Täglich bereitete ich Agent Monteith mehr Schwierigkeiten. Und mit jedem Tag glaubte er weniger an meine Errettung.

Als ich fünf Monde bei ihm gewesen war, von Weihnachten an bis ins neue Jahr hinein, war Agent Monteith schließlich klargeworden, daß man mich nicht ›angewöhnen‹ konnte, wie er es nannte, und er benachrichtigte Joseph. Als mein Häuptling kam, wurde ich zu dem Gespräch über mich hereingeholt. Joseph begann es auf seine gewohnte ruhige Art. Er kam sofort auf den Punkt.

»Die Mutter dieses Jungen«, sagte er, »berichtet mir, daß sie ihn hier in der Schule besucht hat. Und du hast ihr gesagt, daß ihr Sohn ein böser Junge sei, daß er nicht arbeiten will und daß er, böse wie er ist, auf die anderen Kinder einen schlechten Einfluß hat.« Er hielt inne und blickte Agent Monteith fest an. »Nun, ich erinnere mich nicht, daß Heyets ein böser Junge ist. Aber vielleicht läßt mich mein Gedächtnis im Stich. Und da ich dazu von seinem Blute bin, sagst besser du mir, was du seiner Mutter erzählt hast.«

Agent Monteith wurde auf die gewohnte Art wütend. »Sag mal, Joseph«, polterte er, »versuchst du mich einzuschüchtern?«

»Verzeih. Ich verstehe nicht, was du meinst.«

»Versuchst du, mir Angst zu machen?«

»Nein. Ich will nur die Wahrheit. Sollte dich das erschrecken?«

»Natürlich nicht! Der Junge will sich einfach nicht beugen und lernen, wie er sollte. Er will mit den anderen nicht arbeiten. Die Klasse sollte ein Bild malen, auf dem unser Herr Jesus auf einem kümmerlichen Esel sitzt, und dieser Junge malt ein unheimliches Bild mit einem bewaffneten Krieger auf einem Appaloosa-Hengst. Ich frage ihn: ›Was ist das für ein Bild, Heyets?‹ und er sagt: ›Nun, das ist ein Bild von Yellow Wolf auf Sun Eagle, wie er auf die Büffeljagd geht.‹ Nun frage ich dich, Joseph, ist das die richtige Art für einen Jungen, sich so vor den anderen zu benehmen? Für einen Jungen, auf den wir alle soviel Hoffnungen gesetzt haben? Für einen Jungen, auf den alle anderen Stämme sehen, um zu sehen, wie es ihm in Lapwai geht? Antworte mir. Sage, was du denkst.«

Mein Häuptling runzelte die Stirn und spielte an seinem breiten Kinn. »Ich weiß nicht«, sagte er bedächtig. »Zeichnet er gut?«

»Er zeichnet hervorragend. Er ist der Beste in der Klasse.«

»Er zeichnet ein gutes Pferd? Einen richtigen Indianer?«

»Sehr gut und sehr genau.« Agent Monteith blickte finster. »Perfekte Ähnlichkeit, besonders bei dem Pferd. Er zeichnete alle Einzelheiten, und als ich ihm einen Verweis erteilte, bot er mir an, mich zu den Wallowa zu führen und mir zu zeigen, daß Sun Eagle wirklich das Pferd der Pferde sei.«

Agent Monteith atmete aus und füllte seine feisten Backen dann wieder mit Luft wie den gasgeblähten Leib einer toten Kuh.

»Nun hör mir zu, Joseph! Du hast versprochen, diesen Jungen herzubringen, und daß er sich gut benimmt und hart arbeitet, um das Leben des weißen Mannes zu lernen. Seitdem ist er ein Problem für die ganze Schule geworden. Ich kann das nicht länger unbeachtet lassen. Heyets bereitet mir ernsthafte Probleme, vor allem bei den älteren Jungen. Einige von ihnen beginnen damit, in ihre Bibeln gefleckte Nez-Percé-Ponies zu zeichnen. Ich möchte dich darauf hinweisen, daß es nicht angehen kann, daß dieser Junge aus deiner Familie unsere Vereinbarung so hintertreibt.«

Mit verhaltener Sympathie schüttelte Joseph seinen Kopf. »Du hast recht, Agent«, sagte er, »wenn das wahr ist, was du sagst. Doch bevor ich eine Entscheidung fälle, möchte ich, daß du mir etwas Besonderes nennst, was Heyets angestellt hat – zeig mir ein Beispiel dieser bösen Irrungen, damit ich sie mit eigenen Augen sehen kann, damit ich weiß, worüber du und ich reden.«

Er zögerte einen Augenblick.

»Weißt du«, sagte er, »manchmal sagt der weiße Bruder etwas und meint in Wirklichkeit viele andere Dinge. Es wird für einen Indianer schwer, sicher zu sein.«

Agent Monteiths dichter Bart sträubte sich, doch seine Stimme blieb beherrscht. »Joseph, du bist der intelligenteste Indianer, den ich kenne. Du bist ein kluger Mann, gemessen an allen Maßstäben, ob rot oder weiß. In den alten Tagen hast du selbst diese Schule besucht. Du warst der beste Schüler, den es jemals hier gegeben hat, bis dein Vater, Old Joseph, die Bibel zerriß und dich von hier fortnahm. Du weißt genau, was ich meine, und du brauchst mich nicht nach Beispielen zu fragen.«

Joseph nickte nur wieder und sagte: »Trotzdem, zeig mir etwas besonders Schlimmes, was der Junge getan hat.«

Der Agent wandte sich rasch ab und nahm eine Bibel von James Redwings Tisch, einem christlichen Wallowa-Jungen meines Alters und meinem besten Freund unter den Indianern aus der Reservation. Er öffnete das Buch und überreichte es Joseph.

»Nun gut«, schnappte er. »Sieh dir das an!«

Joseph nahm das Buch und betrachtete es gedankenvoll, »Sehen wir uns das einmal an«, sagte er. »Hier ist das Bild eines kleinen Babys in den Armen seiner Mutter. Sie reitet auf einem Maultier, das ihr Mann führt. Sie verlassen eine seltsame Stadt in einem fremdartigen Land, und sie sind nicht schnell, da sie nur dieses armselige Tier haben. Dennoch sind sie in großer Eile. In ihren Gesichtern steht Furcht geschrieben, und ich glaube, daß Feinde sie verfolgen. Habe ich etwas ausgelassen?«

Agent Monteith stampfte wütend mit dem Fuß auf. »Du

weißt sehr wohl, daß dies das Christkind ist, das mit Maria und Josef aus Bethlehem flieht!«

»Ach, ja, so ist es. Ja, ein schönes Bild von allen. Besser als das in jenem Buch, was ich hier früher hatte.«

»Du weißt sehr gut«, fuhr Agent Monteith fort und blickte ihn kalt an, »wovon ich dabei auch rede und was du ausgelassen hast. Was steht unter dem Bild des Christkindes?«

Joseph nickte und hielt das Buch vor meine Augen, damit ich ihm die Worte sagen konnte. Ich tat es, und er wandte sich wieder Agent Monteith zu und sagte: »Die Worte hier lauten ›Jesus flieht aus der Heiligen Stadt.‹«

»Genau. Und was hat ein heidnischer Schüler mit der Hand unter diesen geheiligten Titel geschrieben, mit einem Nez-Percé-Pfeil, der auf den Esel weist?«

Die Miene meines Häuptlings blieb unverändert. Wieder hielt er das Buch vor meine Augen, und wieder flüsterte ich ihm die Worte zu. Er blickte auf Agent Monteith und drehte die Bibel, als wolle er sie so besser sehen und antwortete: »O ja, natürlich steht da noch etwas. Es heißt: ›Wenn er ein Appaloosa-Pony genommen hätte, würden ihn seine Feinde nie erwischt haben.‹ Ist es das, was du meinst?«

»Genau das meine ich, Joseph.«

Der Agent brauchte Zeit, um tief Luft zu holen und atmete wieder aus vollen Backen aus.

»Der handschriftliche Zusatz wurde von James Redwing, einem christlichen Indianer aus deinem eigenen Wallowa-Stamm, gemacht. Bis auf die letzten Monate war er ein sehr lieber Junge und unser bester Schüler. James ist fünfzehn Jahre alt, und ich arbeite schon lange mit ihm, Joseph. In seinen Gedanken und Taten ist er ein weißer Junge geworden. Ich hatte ihn bereits errettet. Jeden Tag betete er auf seinen Knien, und frohen Herzens hatte er sein Leben in die Hände seines Erretters gelegt. Nun schreibt er solche Dinge wie diese, die du da siehst, und alle anderen Jungen lachen.«

»Das ist nicht recht«, sagte Joseph sanft, »aber schließlich sind dies alles nur Jungen. Jungen, die voller Streiche stecken, Agent.«

»Was man wohl sagen kann!« schrie Monteith. Und ich will dir auch von einem dieser Streiche berichten!«

»Tu das, mein Freund. Meine Ohren sind nicht verschlossen.«

»Nun, beim vergangenen Weihnachtsfest feierten wir die Geburt unseres Herrn, indem wir die Stallszene in Bethlehem mit der Krippe und so weiter darstellten. Natürlich war das kleine Maultier dabei, als getreuer Esel neben dem schlafenden Kind angebunden. Und weißt du, was dein scheußlicher Junge mit diesem unschuldigen Tier angestellt hat?«

Fragend schüttelte Joseph seinen Kopf. »Ich kann es mir nicht vorstellen«, entgegnete er. »Verrate es mir.«

»Er nahm – er *stahl* – weiße Tünche aus der Mission und bemalte damit das Hinterteil des Tieres, um so ein Nez-Percé-Appaloosa-Pferd aus ihm zu machen, und malte mit roter Farbe auf die beiden Hälften des Rumpfes den Namen ›Sun Eagle‹. Was hältst du nun von deinem lieben Jungen? Du mußt wissen, er hat es zugegeben. Es war sein Werk.«

Mein Häuptling senkte das Kinn auf die Brust. Er schien Schwierigkeiten beim Schlucken zu haben. Es war, als säße in seiner Kehle eine Fischgräte quer, und er versuchte höflich zu sein und nicht zu husten. Doch nach einer Weile konnte er den Kopf wieder heben und fuhr fort.

»Das war natürlich sehr unglückselig«, antwortete er dem Agenten. »Es ist wahr, daß mein Vater die Bibel zerrissen hat und daß ich seinem Weg gefolgt bin. Aber ich werde nicht dulden, daß Wallowa-Jungen sich über deinen Gott lustig machen. Was sollen wir deiner Meinung nach tun?«

»Heyets muß streng bestraft werden.«

»Auf welche Weise?«

»Er müßte verprügelt werden.«

»Hast du ihn schon einmal verprügelt, Agent?«

»Nein. Offengestanden, ich hatte Angst, es zu versuchen. Der Barbar sagte mir, wenn ich ihn auch nur anfaßte, würde er seinen Onkel Yellow Wolf holen, und der würde mich töten.«

»Sein Onkel Yellow Wolf ist doch selbst noch ein Junge, Agent.«

»Erzähl mir nichts von Yellow Wolf. Den kenne ich sehr gut. Er hat die Augen eines verrückten Hundes. Dem traue ich keine zehn Schritt über den Weg.«

»Ich verstehe. Wie, dachtest du, könne man Heyets dann bestrafen?«

»Er muß das Schulgebet ganz allein auf den Knien vor den anderen Schülern sprechen.«

»Allein?«

»Ja, allein.«

»Hat er schon vorher einmal so gebetet, Agent?«

»Kein einziges Mal. Er sagt, er glaubt an Hunyewat. Er sagt, er sei nicht hergekommen, um Jesus Christus zu studieren. Er erzählt wilde Geschichten von Hunyewats Macht, und die Christenjungen glauben, daß alles, was Jesus von Nazareth in zehn Monden tat, Hunyewat in zwei Sonnen tun könne. Er stellt ihnen so gotteslästerliche Fragen wie ›Habt ihr je ein Bild gesehen, auf dem Hunyewat auf einem Maultier reitet?‹, und er hat die ganze Klasse so durcheinandergebracht, daß sie jetzt mehr Zeit darauf verschwenden, Kriegsgesänge, Skalpgesänge und Lachstänze von ihm zu lernen, als die Sonntagsschul-Hymnen von mir. Ich werde das keinen Tag länger dulden, Joseph. Ich kann es einfach nicht und will es nicht. Die Angelegenheit unterliegt ganz deiner Verantwortung, und die letzte Entscheidung mußt du jetzt treffen.«

Joseph nickte verstehend und hob die Hand, damit der Agent sich beruhigte. Dann dachten beide eine Weile nach.

»Nun gut, Agent«, sagte er schließlich. »Weißt du, was mein Vater, Old Joseph, mir über diese Schule sagte, als er vor vielen Wintern kam, um mich zu holen?«

»Ich kann mir gut vorstellen, was der alte Heide gesagt haben wird«, meinte Agent Monteith. »Aber rede weiter und erzähl es auf deine Art, was du ohnehin tun wirst, das ist eben das Indianische daran.«

»Das ist es«, antwortete Joseph, »und so sagte es mein Vater mir. Er sagte: ›Mein Sohn, denke immer an das, was ich dir sage. Eine Schule ist eine gute Sache, wenn sie Schulgedanken aus Schulbüchern lehrt. Aber der Platz für Gott und sein Buch ist in der Kirche. Wenn du willst, bete in der Kirche und wähle den Gott, der dir gefällt. Aber bete nicht in der Schule. In der Schule arbeite die ganze Zeit hart an den gedruckten Gedanken, lerne lesen und schreiben und die Art des weißen Mannes, mit Zahlen umzugehen. Tu dies sechs Tage lang und gehe am siebten Tage in die Kirche und bete, was du willst.«

»Dein Vater war ein sehr weiser Mann«, gab Agent Monteith zu, »bis er aus der Kirche austrat.«

»Er war auch ein weiser Mann, nachdem er aus der Kirche ausgetreten war«, sagte Joseph. »Und hier ist der Rest der Weisheit, die du mich nicht ganz aussprechen ließest. Schließlich sagte der alte Häuptling zu mir: ›Aber, mein Sohn, wenn die Zeit kommt, daß sie dich nur dann etwas lehren, wenn du auf den Knien zu ihrem Gott gebetet hast, wenn sie dir erst dann ein Schulbuch geben wollen, wenn du zu ihrem Glauben übergetreten bist, dich erst dann mit ihrem Essen nähren, dir erst dann Zuflucht vor Schnee und Kälte gewähren, dann ist es an der Zeit, ihnen zu sagen, daß sie selber den Wegen ihres Herrn Jesus nicht folgen. Er selbst hat all dies vor zweitausend Wintern im Heiligen Land gelehrt, vor unserer kurzen Zeit hier auf unserer Mutter Erde. Ich habe einmal an Jesus Christus, den Retter, geglaubt‹, sagte mein Vater, ›und ich kenne seine Worte so gut wie jeder Agent. Er hat nie nach Bezahlung gefragt, weder bevor noch nachdem Er von Sich und Seinen Gütern gab.‹«

»Um Himmels willen«, regte sich Agent Monteith auf, »was willst du mir damit sagen, Joseph?«

Und Joseph antwortete ihm sehr ruhig: »Ich versuche dir zu sagen, daß dies auch nicht mein Weg ist.« Danach standen beide Männer eine beträchtliche Zeit einander gegenüber und blickten sich fest an.

»Nun«, sagte Agent Monteith schließlich und war irgendwie nervös, »das ist wohl kaum etwas Neues. Seit dein Vater hier vor elf Jahren die Bibel zerriß, bist du nicht in der Kirche gewesen.«

»Das meine ich nicht, Agent.«

»Na gut, na gut, was meinst du denn?«

»Ich meine den Jungen.«

»Was ist mit dem Jungen?«

»Ich werde mit ihm tun, was mein Vater mit mir tat, als sie mich nur dann unterrichten wollten, wenn ich vorher gebetet hatte.«

»Joseph, ich warne dich!«

»Zum Warnen ist es zu spät. Alles ist gesagt. Du und ich, wir haben versagt Agent, nicht dieses Kind. Er kann hier nichts tun. Auf seine Art ist er weiser als wir beide. Er weiß, daß er ein Indianer ist und kein weißer Mann sein kann. Ich nehme ihn mit zu seinem Volk, Agent. Du wirst ihn hier nicht wiedersehen. *Taz alago.*«

Ich hätte nicht verblüffter sein können.

Da ich um die Bedeutung meiner Stellung an der Schule wußte, war ich darauf gespannt welche Strafe für mich ausgehandelt werden würde. Statt dessen nahm mich mein Häuptling stolz bei der Hand und führte mich aus dem umzäunten Schulhaus in Lapwai, Idaho, im harten Winter des Jahres 1875, ohne daß noch ein Wort des Abschieds gesprochen wurde oder den mächtigen Indianer-Agenten John Monteith ein weiterer Blick traf.

Ich will damit sagen, daß es ein eigenartiges und wundervolles Gefühl war.

Ich genoß es, stieg hinter Joseph auf sein breitgebautes, altes, braunes Reisepferd, und wir ritten durch den fallenden Schnee zu den behaglichen Tipis am Imnaha River, wo unser Nez-Percé-Volk seit Menschengedenken die Winter verbrachte.

Auf dem langen Weg nach Hause sprachen Joseph und ich kein Wort miteinander, und auch das war Indianerart. In Lapwai war alles gesagt worden. Nun hieß es, schweigend zu reiten, und einem dankbaren Nez-Percé-Jungen blieb nur, wenn er am alten Glauben festhielt, ein letztes Dankeswort an Hunyewat zu richten.

Und so kam es, daß ich meinen kleinen Kopf hinter Josephs breiten Schultern beugte und nach fünf Monden zum ersten Mal wieder betete.

Und so ging mein Lapwai-Winter zu Ende.

JAMES FENIMORE COOPER

Die Frau aus der Bibel

Kaum war das Zeichen gegeben, sprangen die dreistesten und mutigsten jungen Männer heran, den Tomahawk in der Hand. Es galt, mit der gefährlichen Waffe den Baum so nahe wie möglich am Kopf des Gefangenen zu treffen, ohne ihn selbst zu verletzen – ein schwieriges Unterfangen, das meisterliche Fertigkeit erforderte. Nur die Geschicktesten der Geschickten durften sich an der Beilprobe beteiligen. Ein versehentlicher Treffer hätte zwangsläufig einen verfrühten Abbruch der Belustigungen bedeutet.

Noch hatte Gespaltene Eiche die Hoffnung nicht aufgegeben, das Leben des Gefangenen zu retten. Alle Anzeichen deuteten darauf hin, daß sich die Wettstreiter aufrichtig bemühen würden, ihre Sache gut zu machen und sich nicht hinreißen lassen würden, Häuptling Puma durch einen Willkürakt zu rächen.

Als erster stellte sich Krähe in Positur. Er war ein junger Mann, der bisher keine Gelegenheit gefunden hatte, einen würdigeren Namen zu erwerben. Bei seinen Kameraden galt er als ungewandt und wenig waghalsig, als rechthaberischer Gernegroß. Alle, die ihn näher kannten, glaubten das Leben des Bleichgesichts bedroht, sobald dieser Krieger das Beil in der Hand wog. Krähe war jedoch von Natur gutmütig. Nichts wünschte er sich sehnlicher, als den anderen zu zeigen, daß er den Tomahawk am besten werfen konnte. Dem Gefangenen war freilich nicht entgangen, daß die älteren Krieger Krähe höchst ungern zur Teilnahme am Wettbewerb zugelassen hatten, nur mit Rücksicht auf seinen Vater, einen verdienten Mann in greisenhaften Jahren. Diese Vorbehalte ließen nach Wildtöters Meinung lediglich einen Schluß zu. Der Indianer, der bei dem gefährlichen Spiel den Anfang machte, genoß unter seinen Stammesbrüdern kein sonderlich hohes Ansehen. Natty war auf jede Überraschung gefaßt. Wenn er äußerlich völlige Ruhe bewahrte, so vor allem deshalb, weil er sich sagte, daß sein Tod beschlossen sei. Unter diesem Umstand gleich am Beginn der Folter zu sterben, war keinesfalls ein Unglück, sondern eher eine Gnade.

Erst nachdem Krähe eine Zeitlang mit dem Tomahawk gefuchtelt hatte, verließ die Waffe seine Hand. Sie wirbelte durch die Luft, drehte sich im Fluge mehrmals um sich selbst, schlug – wenige Zoll neben Nattys Wange – ein Stück vom Holz des Baumes ab, an den der Gefangene gebunden war, und grub sich mehrere Yards dahinter in den Stamm einer mächtigen Eiche. Allgemeines Hohngelächter folgte dem mißlungenen Wurf, sehr zum Kummer des jungen Mannes. Doch in das schadenfreudige Gemurmel mischten sich Töne der Anerkennung für die Standhaftigkeit des Bleichgesichts, der nicht einmal versucht hatte, der Axt auszuweichen, obwohl er den Kopf frei bewegen konnte.

Als nächster trat Elch heran, ein für seine Geschicklichkeit bekannter Mann in mittleren Jahren. Er hatte nichts von dem gutartigen Gemüt des Vorgängers und hätte seinen Haß gegen alle Bleichgesichter schlechthin gern an dem Gefangenen ausgelassen, wäre ihm nicht um seinen Ruf zu tun gewesen. Erwartungsvoll verfolgten die Zuschauer seine sicheren Bewegungen. Elch maß mit schnellem Blick das Ziel, stellte rasch einen Fuß vor, und schon sah Wildtöter die Waffe auf sich zufliegen. Er glaubte, sein Ende sei gekommen, aber die Axt nagelte lediglich ein kleines Haarbüschel an den Baum fest. Lauter Beifall lohnte dem Krieger sein Können. Elch selber dankte im stillen dem Gefangenen, dessen Kaltblütigkeit ihm das Kunststück ermöglicht hatte.

Auf Elch folgte Springender Junge – Bounding Boy, wie er bei den Weißen englischer Zunge hieß. Er hüpfte, unablässig den Tomahawk schwingend, vor dem Baum einher. Er bedrohte Wildtöter bald von der einen, bald von der anderen Seite, zwischendurch auch mehrmals von vorn, indem er tat, als wollte er im nächsten Augenblick die funkelnde Axt schleudern. Seine Erwartung, mit dieser Parade den Gefangenen einzuschüchtern oder ihm gar ein Zeichen der Furcht zu entlocken, erfüllte sich allerdings nicht.

Schließlich war es dann Natty, der dem Spuk ein Ende bereitete und ungeduldig ausrief: »Hast du vergessen, daß du einen Tomahawk in der Hand hältst, Hurone? Was tollst du herum? Bist du ein Kalb, das der Mutter zeigen will, wie munter es hüpfen kann? Ich habe dich für einen erwachsenen Mann gehalten, aber du schämst dich nicht, vor dem Angesicht eines Kriegers, der dir die Stirn bietet, blödsinnige Grimassen zu schneiden. Wirf zu, damit die Huronenmädchen nicht über dich lachen!«

Die Worte, die den Indianer lediglich zu größerer Eile bewegen sollten, feuerten ihn zu unbesonnener Hitze an und bewirkten, daß der Tomahawk geflogen kam, als Natty kaum ausgesprochen hatte. Bounding Boy hatte schlecht geworfen, in der Absicht zu töten, unfähig, den aufwallenden Groll zu bändigen, aber die Stelle, die er treffen wollte, hatte er verfehlt. Wäre er weniger gereizt gewesen, hätte er sicherlich größeren Erfolg gehabt. So stak die Axt neben der Wange des Jägers. Bei ihrer letzten Umdrehung hatte sie ihn leicht an der Schulter verletzt. Bounding Boy wurde für seinen ungezügelten Haßausbruch gerügt und unverzüglich der Arena verwiesen. Erstmalig hatte ein Krieger etwas anderes zu tun beabsichtigt, als eine Probe seines Könnens zu liefern und den Gefangenen zu schrecken.

Nach dem jähzornigen, nervösen Burschen schleuderten noch mehrere andere Krieger den Tomahawk. Einige warfen auch das Messer. Mehrmals wurde Wildtöter die Haut leicht geritzt, eine ernstere Wunde trug er jedoch nicht davon. Seine unerschrockene Haltung gewann ihm die Achtung der Zuschauer, und als die Häuptlinge bekanntgaben, der Gefangene habe die Beil- und auch die

Messerprobe wacker bestanden, waren Sumach und Bounding Boy die einzigen, die feindselige Gefühle gegen ihn hegten.

Zum Schluß betonte Gespaltene Eiche noch einmal, daß sich das Bleichgesicht als Mann gezeigt habe. Er habe zwar bei den Delawaren gelebt, aber der Stamm habe kein Weib aus ihm gemacht. Nach diesem freimütigen Lob für das tapfere Verhalten des Jägers fragte der Häuptling, ob die Huronen die Marter fortsetzen wollten. Die Indianer hatten an der vorangegangenen Bewährungsprobe so viel Gefallen gefunden, daß sie den bevorstehenden Belustigungen mit großen Erwartungen entgegensahen. Es gab daher nur eine Antwort. Alle – auch die Frauen – wünschten, noch mehr solcher aufregenden Szenen zu erleben.

Nun war Gespaltene Eiche ein zu scharfsinniger Politiker, als daß er versucht hätte, den Stammesgenossen seinen Willen mit Gewalt aufzuzwingen. Andererseits fürchtete er, ihre Freude an den blutigen Exzessen könnte sich so weit steigern, daß es ihm nicht mehr gelänge, die niederen Instinkte zu zügeln. Folglich mußte er die Gefühle jetzt in die rechten Bahnen lenken. Er rief die fünf besten Schützen zu sich, forderte sie auf, den Gefangenen der Gewehrprobe zu unterziehen, und gemahnte sie gleichzeitig, ihr Ansehen nicht durch Fahrlässigkeit aufs Spiel zu setzen.

Wildtöter gewahrte das Nahen der Schützen mit Erleichterung. Er befand sich in ähnlicher Lage wie ein Patient, der von einer unheilbaren Krankheit betroffen ist und nach langer, schwerer Leidenszeit den Tod willkommen heißt.

Unter den Zuschauern war auch Hetty zu finden. Sie hatte bereits die Beil- und Messerprobe miterlebt, dabei aber nichts anderes empfunden als lähmendes Entsetzen. Wie in einem Bann war sie gewesen, unfähig, sich zu regen. Nun überwand sie allmählich die Folgen des Schocks und eilte herbei – scheu wie ein junges Reh –, um zu verhindern, daß dem Jäger neue Qualen zugefügt wurden.

»Warum foltert ihr Wildtöter, ihr Rotmänner?« rief sie.

»Was hat er getan, daß ihr mit seinem Leben spielt? Wenn Wildtöter etwas zustößt, habt ihr einen Freund auf dem Gewissen. Als Vater und Hurry Harry eure Skalpe holen wollten, hat er sich geweigert, mitzugehen.«

Die Huronen hörten aufmerksam zu. Einer, der des Englischen mächtig war, übersetzte laut für die anderen, was sie gesagt hatte. Gespaltene Eiche entgegnete ihr, salbungsvoll lächelnd, in seiner Muttersprache, und der Dolmetscher machte das Mädchen mit der Antwort des Häuptlings vertraut.

»Meine Tochter ist willkommen, sie mag sprechen. Die Huronen freuen sich, ihre Stimme zu hören. Oft spricht der Große Geist mit ihrer Zunge. Diesmal sind ihre Augen nicht weit genug geöffnet gewesen, um alles zu sehen. Wildtöter ist nicht nach unseren Skalpen gekommen. Doch warum nicht? Hier sind die Trophäen, auf unseren Köpfen. Ein kühner Feind sollte seine Hand ausstrecken, sie zu ergreifen. Die Irokesen sind eine große Nation, sie sehen andere gern tun, was sie selber nicht lassen. Als wir in eure Jagdgründe zogen, waren meine Krieger fast so zahlreich wie die Finger an den Händen von vier Menschen. Jetzt fehlt eine ganze Hand. Zwei Finger hat dieses Bleichgesicht abgeschlagen. Meine Huronen möchten sehen, ob er es mit starkem Herzen oder durch Lug und Trug getan hat, wie ein schleichender Fuchs oder wie ein springender Panther.«

»Als einer fiel, warst du selber dabei, Hurone. Es war eine Bluttat, und ich machte die Augen zu, aber es war nicht Wildtöters Fehler, daß es dazu kommen mußte. Er hat nur sein Leben verteidigt. Und, Hurone, wenn du wissen willst, wer hier am besten schießt, gib Wildtöter ein Gewehr. Dann wird sich zeigen, daß er mehr vermag als alle deine Krieger.«

Die Indianer nahmen diese ungewöhnliche Forderung sehr gelassen hin, mit ernster Aufmerksamkeit. Kein spöttischer Blick wurde getauscht, kein mitleidiges Lächeln zeigte sich auf den Gesichtern.

»Meine Tochter spricht nicht immer wie ein Häuptling am Ratsfeuer«, erwiderte Gespaltene Eiche, »sonst hätte sie dies nicht gesagt. Zwei meiner Krieger fielen durch die Hand des Gefangenen. Für einen dritten ist ihr Grab zu klein. Die Huronen lieben keine Scharen von Toten. Wenn noch ein Geist in die jenseitige Welt reisen soll, dann darf es nicht der Geist eines Huronen sein. Geh, Tochter, setz dich zur trauernden Sumach. Laß die Huronenkrieger beweisen, wie gut sie schießen können. Laß das Bleichgesicht zeigen, wie wenig er ihre Kugeln fürchtet.«

Hetty war nicht gewöhnt, hartnäckig zu widersprechen. Gehorsam, erschöpft folgte sie der Aufforderung und kauerte sich still an der Seite der Witwe auf einen Baumstamm nieder, aber sie wandte das Gesicht von der schrecklichen Szene ab.

Die Krieger schickten sich an, mit der Probe zu beginnen. Die Distanz war kurz, eben weit genug, um den Gefangenen nicht durch das Mündungsfeuer zu gefährden. Wildtöter sah die Läufe dicht vor sich, und die listigen Huronen kannten die Wirkung dieses Anblicks. Kaum einer schoß, ohne nicht zuvor auf seine Stirn gezielt zu haben, doch wenn sie gehofft hatten, ihn vor Angst winseln zu hören, so wurden sie enttäuscht. Nicht ein einziges Mal bewegte er den Kopf. Er zuckte mit keiner Wimper, obwohl die Einschläge alle knapp neben seinem Kopf saßen. Die Huronen schossen mit Bedacht. Sie fürchteten die Schande und scheuten sich, ihn zu verletzen. Und Natty, der mit dem Leben abgeschlossen hatte, zog diese Art zu sterben jedem anderen Tode vor. Hinzu kam, daß er mit dem Gewehr besonders vertraut war. Die Feuerwaffe übte auf ihn nicht die schreckliche Wirkung aus, die für andere von ihr ausging. Er blickte mannhaft in die Läufe und hätte jedesmal auf den Zoll genau die Stelle bestimmen können, an der die Kugel den Baum traf.

»Mingos, das nennt ihr schießen?« rief er verächtlich, als der sechste Schuß gefallen war. »Unter den Delawaren haben wir Squaws, und am Mohawk kenne ich junge Holländerinnen, die euch beschämen würden. Bindet mir die Hände los, gebt mir ein Gewehr, dann will ich die dünnste Haarsträhne an jeden beliebigen Baumstamm nageln. Das auf hundert Yard, meinethalben auf zweihundert, und neunzehn von zwanzig Schüssen sollen treffen – auch alle zwanzig, wenn die Waffen etwas taugen.«

Ein dumpfes, drohendes Murren war die Antwort auf diese kaltblütige Herausforderung. Die Schmähung kränkte die ehrgeizigen Krieger. Gespaltene Eiche sah, daß die Lage kritisch wurde und daß er einschreiten mußte, bevor das Schlimmste geschehen war. Er trat in den Kreis der erzürnten, rachsüchtigen Männer, um sie zu beschwichtigen.

»Wir haben einen Fehler gemacht«, sagte er diplomatisch, »wir haben uns benommen wie die Bleichgesichter, wenn sie nachts aus Furcht vor dem Rotmann die Türen verrammeln. Sie legen so viele Riegel vor, daß sie, wenn es brennt, in den Flammen umkommen. Wir haben Wildtöter zu fest eingeschnürt. Die Stricke hindern seine Glieder, zu zittern, seine Augen, sich zu schließen. Schneidet ihm die Fesseln durch, dann werden wir sehen, wie sein Körper beschaffen ist.«

Der Vorschlag des Häuptlings fand sofort Zustimmung. Viele Hände griffen zu, eine halbe Minute später waren alle Bande gefallen. Gespaltene Eiche, der meinte, daß die erhitzten Gemüter ein wenig Zeit zum Abkühlen brauchten, gab zu bedenken, noch seien die Glieder des Gefangenen steif, er könne sie nicht gebrauchen; wenn man wünsche, daß er zusammenzucke, müsse man warten, bis das Blut ungehindert zirkuliere.

Wildtöter rieb sich Arme und Beine, er stampfte umher. Bald war er wieder im Vollbesitz seiner körperlichen Kräfte und konnte sich frei bewegen, als hätte er nicht wenige Minuten zuvor starr und reglos am Baum gestanden. Doch mit den Stricken hatten ihm die Huronen auch seine Todeserwartungen genommen. Das Gefühl der Ohnmacht verließ ihn, seine Lebensgeister erwachten, eine unbestimmte Hoffnung begann sich zu regen.

Die Krieger bildeten einen Ring und schlossen den Gefangenen darin ein. Ihr Wunsch, seinen Willen zu brechen, wurde immer stärker, denn wie sie sahen, war er weiter als je davon entfernt, sich zu unterwerfen.

Die Männer wichen einige Schritte zurück und winkten die Frauen heran. Sie sollten das Opfer hänseln und reizen, um es aus seiner Reserve zu locken. Dann, wenn der Gefangene vor Wut zitterte, würde er reif sein, von den Kriegern wieder in Empfang genommen zu werden. Die Weiber, die ihrem Mißfallen gegen Sumachs Beleidiger schon von fern vernehmlichen Ausdruck verliehen hatten, kamen bereitwillig näher. Auch Bärin und die verschmähte Witwe selber befanden sich unter denen, die in den Kreis drängten. Eine Flut von Beschimpfungen ergoß sich auf das Bleichgesicht. Ein wildes Keifen fing an. Eine Fülle von Spottnamen, vorzugsweise aus dem Tierreich, mußte er hinnehmen, aber sein Gehirn war viel zu sehr mit anderen Dingen beschäftigt, als daß er sich durch das Gezeter hätte beeindrucken lassen. Zwar gelang es den Frauen nicht, Natty in Zorn zu bringen, doch erzürnte er schließlich die Weiber. Sein starrsinniger Gleichmut versetzte sie in Raserei. Sie ließen ihren Gefühlen völlig freien Lauf und glichen haßsprühenden Furien. Bald hatte ihre Tollheit eine Grenze erreicht, über die hinaus keine Steigerung mehr möglich war. Da begriffen die Krieger, daß sich ihr Plan als ein Fehlschlag erwiesen hatte, und sie setzten der Szene ein Ende. Das schien ihnen um so nötiger, als die Zeit mittlerweile fortgeschritten war und sie ernsthaft daran denken mußten, mit den Vorbereitungen für die eigentliche Folter zu beginnen.

Die Meldung eines Zwölfjährigen, der auf Beobachtungsposten gestanden hatte, bewirkte indes einen weiteren Aufschub.

Wildtöter ahnte zunächst nicht, was die rührigen Krieger bewogen haben mochte, in ihren Bemühungen plötzlich innezuhalten. Alle Bewegungen waren erstorben. Die Schützen verharrten, in einer Pose würdevoller Erwartung auf ihre Gewehre gestützt, jeder wo er stand. Auf ein Gebot von Gespaltene Eiche hin verstummten auch die Frauen und Kinder.

Das Rätsel löste sich, als etwa zwei Minuten später Judith erschien. Die Krieger machten ihr bereitwillig Platz, und sie trat in die Mitte des Kreises.

Wildtöter war erstaunt, das Mädchen plötzlich in seiner Nähe zu erblicken. Was ihn jedoch in gleichem Maß überraschte wie ihr unbegreifliches Eintreffen, war der Aufzug, in dem sie sich zeigte. Judith trug das kostbare Brokatgewand, das schon einmal sein Entzücken erregt hatte.

Die Wirkung, die diese phantastische Erscheinung auf die Huronen ausübte, war einzigartig. Die grimmigsten alten Krieger konnten nicht umhin, ihr Entzücken durch ein verblüfftes »Hugh!« zum Ausdruck zu bringen. Noch stärker beeindruckt zeigten sich die jüngeren Männer und die Frauen, die auch sonst selten sprachlos waren. Sie überboten einander in Äußerungen der Bewunderung. Nie hatten sie soviel Schönheit und solche Pracht gesehen.

Als Judith mit Zufriedenheit feststellte, daß aller Blicke verzückt auf sie gerichtet waren, wandte sie sich an Wildtöter. »Welcher von diesen Kriegern ist der oberste Häuptling? Meine Botschaft ist so bedeutsam, daß sie nicht an einen Mann ohne Rang oder Würde gerichtet werden kann. Teilen Sie den Huronen mit, was ich gesagt habe, dann übersetzen Sie mir die Antwort.«

Wildtöter kam dem Wunsche nach. Die Indianer lauschten andächtig den ersten Worten, die dieses Fabelwesen von sich gegeben hatte. Niemand war überrascht, daß die Besucherin darauf bestand, mit dem obersten Häuptling zu verhandeln, denn sie gehörte ja selber – das sah man deutlich an ihrer Kleidung – allerhöchsten Kreisen an. Gespaltene Eiche machte sich persönlich bekannt und ließ durchblicken, daß er sich den Anforderungen, die der schöne Gast an einen Gesprächspartner stellte, vollauf gewachsen fühlte, denn Judith spielte die Damenrolle mit Sicherheit und Würde.

»Möge die Blume der Wälder sprechen«, sagte der alte Häuptling höflich, »wenn ihre Worte so angenehm sind wie ihr Äußeres, werden sie meine Ohren nie verlassen. Ich werde sie noch hören, nachdem der Winter in Kanada die Blumen getötet hat und die Gespräche des Sommers im Frost erstarrt sind.«

Judith lächelte unwillkürlich, für einen Augenblick vergaß sie ihren Vorsatz, reserviert zu bleiben. »Nun, Hurone, höre meine Worte. Deine Augen verraten dir, daß ich keine gewöhnliche Frau bin. Ich will nicht sagen, daß ich die Königin dieses Landes wäre. Die lebt weit fort von hier in einer großen, fremden Stadt. Aber an den Höfen unserer gnädigen Herrscher gibt es viele Stellungen von hohem Rang. Eine davon bekleide ich. Du siehst, wer ich bin, du mußt fühlen, daß du einer Frau lauschst, die deine Freundin, aber auch deine Feindin sein kann, je nachdem, wie du sie behandelst.«

Judith stellte zufrieden fest, daß soweit alles wunschgemäß verlaufen war. Sie schien Eindruck gemacht zu haben. Der Häuptling nahm ihre Worte mit Zeichen der Hochachtung und gebührlicher Würde auf. Aber sie wußte, wie schwer es war, dem Gedanken eines Indianers bis an seine Wurzeln nachzuspüren. Fiebernd vor Ungeduld erwartete sie die nächste Antwort, doch ihr war bekannt, daß indianischer Anstand stets eine kleine Pause gebot, damit alle Worte, die gesprochen wurden, voll wirken konnten. Darum zügelte sie ihren brennenden Eifer, bis der Häuptling endlich sagte: »Meine Tochter ist schöner als die Heckenrosen am Ontario. Der Kolibri ist nicht viel größer als die Biene. Manchmal stattet der Große Geist sehr kleine Vögel mit prächtigem Gefieder aus. Dem großen Elch aber gibt er ein grobes Kleid aus hartem Fell. Das kann ein armer Indianer nicht verstehen. Er weiß nur, was er sieht.

Meine Tochter bewohnt einen großen Wigwam nahe dem See. Sind die Huronen mit Blindheit geschlagen, daß sie ihn nicht gefunden haben?«

Aus den Worten des Häuptlings glaubte Judith Zweifel an der Echtheit ihrer Erscheinung herauszuhören. Unter den anwesenden Huronen war er wohl der einzige, den sie nicht fasziniert hatte. Sie antwortete schnell: »Mich nach meinem Rang und Wohnsitz zu fragen, hätte keinen Zweck, Häuptling, du würdest meine Erklärungen doch nicht verstehen. Vertraue deinem Auge und deinem Wissen. Welcher Rotmann könnte nicht sehen? Das Kleid, das ich trage, ist nicht das Kleid einer gewöhnlichen Squaw. In diesem Schmuck zeigen sich die Frauen und Töchter unserer Häuptlinge. Höre nun, weshalb ich allein zu euch gekommen bin und was ich begehre. Die Yengeese haben junge Männer ebenso wie die Huronen. Das weißt du.«

»Die Yengeese sind zahlreich wie die Blätter auf den Bäumen. Das weiß und fühlt jeder Hurone.«

»Ich verstehe dich, Häuptling. Ich wollte keine jungen Männer mitbringen. Sonst hätten sie mit deinen jungen Männern böse Blicke getauscht, besonders, wenn meine Krieger das Bleichgesicht gesehen hätten, das gemartert werden soll. Er ist ein großer Jäger. Von unseren Garnisonen weit und breit wird er sehr geschätzt. Deine und meine Krieger hätten um ihn gekämpft. Die Fährte der Irokesen nach Kanada zurück wäre mit Blut getränkt.«

»Es wurde schon so viel darauf vergossen, daß es unsere Augen blendet«, erwiderte der Häuptling finster. »Meine jungen Männer sehen, daß es Huronenblut ist.«

»Ohne Zweifel, und mehr Huronenblut würde fließen, wäre ich in der Gesellschaft der Bleichgesichter gekommen. Ich habe von Gespaltene Eiche gehört und gedacht: Es ist besser, den Häuptling in Frieden ziehen zu lassen. Sollten dann Frauen und Kinder in seinem Dorf bleiben, und er hätte Lust, mit den Kriegern zurückzukommen, wären meine Soldaten bereit, ihn zu empfangen. Er liebt Tiere aus

Elfenbein und kleine Gewehre. Sieh, ich habe einige mitgebracht, sie ihm zu zeigen. Ich bin sein Freund. Wenn er diese Dinge zu den anderen Sachen gepackt hat, wird er in sein Dorf aufbrechen, bevor meine jungen Männer eintreffen. Er wird seinen Leuten in Kanada zeigen, welche Reichtümer sie hier finden können. Unsere Väter jenseits des Salzsees haben einander das Kriegsbeil zugeschickt. Diesen großen Jäger werde ich mitnehmen. Ich brauche ihn, damit er mein Haus mit Wild versorgt.«

Judith bemühte sich, die knappe, treffende Ausdrucksweise der Indianer nachzuahmen, und mit der Hilfe eines Dolmetschers wie Wildtöter gelang ihr dies besser, als sie gehofft hatte. Das Angebot Elefanten und Pistolen – schien die meisten Huronen zu locken. Gespaltene Eiche blieb auffallend kühl, so sehr ihn die Entdeckung zweischwänziger Tiere anfangs frappiert hatte.

»Mag meine Tochter ihre doppelschwänzigen Schweine behalten«, sagte er trocken, »wenn das Wildbret knapp wird, hat sie etwas zu essen. Und Gewehre mit zwei Mündungen brauchen die Huronen nicht. Sind sie hungrig, töten sie den Hirsch. Sie haben lange Gewehre, mit denen sie auch zu kämpfen verstehen. Dieser Jäger kann meine jungen Männer jetzt nicht verlassen. Sie wollen sehen, ob er so standhaft ist, wie er prahlt.«

»Daß ich geprahlt habe, bestreite ich, Hurone«, sagte Natty empört, »das ist nicht wahr. Reißt mir meinethalben die Haut vom Leibe und röstet das zitternde Fleisch, aber kein Mensch soll mich prahlen hören. Ich mag Pech haben und euer Gefangener sein, aber ich bin kein Aufschneider.«

»Mein junges Bleichgesicht prahlt, daß er nicht prahlt«, entgegnete der verschlagene Häuptling, »dann muß es wohl so sein. Ich höre einen seltsamen Vogel singen. Er hat ein schönes Gefieder. Kein Hurone hat je solche Federn gesehen. Sie würden sich schämen, in ihr Dorf zurückzukehren und daheim zu erzählen, daß sie ihren Gefangenen freiließen, weil ein Vogel gesungen hat, den sie nicht kennen. Das wäre eine große Schmach. Meine jungen Leute dürften nicht wieder allein durch die Wälder streifen. Sie müßten ihre Mütter mitnehmen, um von ihnen die Vogelnamen zu lernen.«

»Wenn du meinen Namen erfahren willst, kannst du deinen Gefangenen fragen«, entgegnete das Mädchen. »Ich heiße Judith. In dem großen Buch der Bleichgesichter steht viel über Judiths Geschichte geschrieben. Bin ich ein Vogel mit schönem Gefieder, so habe ich auch einen Namen.«

»Nein«, erwiderte der Hurone auf englisch, »ich nicht fragen Gefangener. Er müde, er brauchen Ruhe. Ich fragen meine Tochter Schwachkopf. Sie sagen Wahrheit. Kommen her, Tochter! Du antworten. Dein Name Hetty?«

»Gewiß«, antwortete sie, »in der Bibel heißt es allerdings Esther.«

»Er schreiben auch in Bibel? Alles schreiben in Bibel. Egal. Was ihr Name?« fragte der Hurone.

»Das ist Judith, und so steht's in der Bibel. Freilich, das ist Judith, meine Schwester, Thomas Hutters Tochter. Thomas Hutter, den du Ratte nennst, obwohl er keine Ratte war, sondern ein Mensch.«

Ein triumphierendes Lächeln glitt über das faltige Gesicht des Indianers. Stolz schritt er zu den übrigen Häuptlingen, während Judith bekümmert den Jäger anblickte und ihn um einen Rat bat.

»Da läßt sich nichts machen«, sagte Wildtöter sachlich. »Es war ein kühner Einfall, aber der Mingo dort ist ein ungewöhnlicher Mensch. Den kann man nicht so leicht hinters Licht führen. Wenn Sie ihn überlisten wollen, dann nicht mit fremden Federn.«

»Immerhin haben wir Zeit gewonnen, Wildtöter. Fürs erste sind Sie sicher. Man wird nicht wagen, Sie vor meinen Augen zu martern.«

»Warum nicht? Meinen Sie, die Huronen behandeln die Frauen der Bleichgesichter anders als ihre eigenen Squaws? Daß Sie ein Mädchen sind, schützt Sie vielleicht vor der Folter, aber mich nicht. Ich wollte, Sie wären auf der Burg geblieben, Judith. Mir können Sie nicht helfen, und sich selber bereiten Sie wahrscheinlich großes Ungemach.«

»Dann will ich Ihr Schicksal teilen«, sagte das Mädchen lebhaft, »schaden kann es nicht, wenn ich dabei stehe und versuche, das Unheil von Ihnen zu wenden. Außerdem ...«

»Was, Judith? Welche Möglichkeiten haben Sie, die Indianer von ihrem grausamen Vergnügen abzuhalten?«

»Mag sein, daß ich keine habe, Wildtöter«, erwiderte das Mädchen unbestimmt und fuhr entschlossen fort: »Zumindest kann ich mit meinen Freunden leiden. Wenn es sein muß, auch sterben.«

»Ach, Judith! Leiden? Ja, das werden Sie. Aber mit dem Sterben hat's noch eine Weile Zeit. Das Ärgste, was einem so schönen Kind widerfahren mag, ist, die Frau eines Häuptlings zu werden. Wollten Sie nicht etwas sagen? Sie hatten einen Satz angefangen.«

»Ich weiß nicht, ob wir hier darüber sprechen sollten.« Sie lief ein paar Schritte und flüsterte im Vorübergehen: »Eine halbe Stunde, mehr brauchen wir nicht. Keiner Ihrer Freunde schläft.«

Der Jäger antwortete ihr mit einem dankbaren Blick. Dann wandte er sich den Huronen zu. Inzwischen hatte sich Gespaltene Eiche mit den älteren Kriegern beraten. Sein Wunsch, Wildtöter zu retten, war anderen Bestrebungen gewichen. Der Täuschungsversuch ärgerte ihn. Das Mädchen hatte ihn an der Nase herumgeführt und sein Ehrgefühl verletzt. Als er zu dem Gefangenen zurückkehrte, war seine Miene verändert. Aus seinem Gesicht war alles Wohlwollen geschwunden. So schien es, als hätte Judith das Gegenteil von dem bewirkt, was sie hatte erreichen wollen.

Schweigend trugen die Huronen trockenes Reisig zusammen. In der Nähe des Bäumchens errichteten sie einen Haufen. Die angespitzten Kienspäne lagen schon bereit. Judith stand neben Wildtöter und verfolgte atemlos die Vorbereitungen. Der Gefangene selber wartete ruhig alles Weitere ab. Als die Krieger herüberkamen, um ihn zu holen, sah er das Mädchen fragend an. Sie gab ihm mit einem Blick zu verstehen, daß er sich fügen solle. Da leistete er keinen Widerstand, sondern ließ sich geduldig an den Stamm binden.

Der Reisighaufen wurde angezündet. Die Indianer zeigten emsige Geschäftigkeit und hatten es offenbar eilig, mit der Folter durch das Feuer zu beginnen. Dabei lag es keineswegs in ihrer Absicht, das Leben des Bleichgesichts so bald auszulöschen. Vorher wollten sie ihn bis zum äußersten quälen, um seine moralische Stärke zu erproben. Das Reisig hatten sie wohlweislich ein Stück abseits von ihm aufgehäuft. Es war ihr Wunsch, ihn zusammenbrechen zu sehen, ihn zu erniedrigen, in ein leidendes Jammerbild zu verwandeln, an dessen Anblick sie sich weiden konnten, ehe sie ihn anderen Folterungen unterwarfen und ihm die Kopfhaut heruntergerissen. In dem Haufen knisterte und prasselte es. Bald mußte die Hitze unerträglich werden. Als eine Bö aufsprang und den Brand herübertrieb, züngelten die Flammen in bedrohlicher Nähe seines Gesichts. Ein zweiter Windstoß konnte ihm zum Verhängnis werden.

Da drängte sich Hetty durch die Menge, einen Stock in der Hand. Sie stieß die brennenden Zweige nach allen Seiten auseinander. Viele Fäuste wurden in die Luft gereckt. Die Häuptlinge verhinderten die Schläge und erinnerten die empörten Huronen an den Zustand des Mädchens.

Judith, selber unfähig, einen Finger zu rühren, murmelte leise: »Gott segne dich, liebste Schwester, das war tapfer und noch zur rechten Zeit.«

»Es war gut gemeint«, sagte Wildtöter, »aber was kommen muß, kommt ja doch. Vielleicht wäre es barmherzig gewesen, die Flammen näher kommen zu lassen. Ein einziger Atemzug genügt, und alles ist vorüber.«

Auf einen Wink von Gespaltene Eiche wurde das verstreut liegende Reisig aufgelesen. Frauen und Kinder schleppten mehr Holz heran. Aber kaum war an einer

Stelle das Feuer entfacht, als eine Indianerin herbeilief und die brennenden Zweige mit dem Fuß fortstieß, noch ehe die Flammen den Haufen erfaßt hatten. Lautes Wutgeheul folgte der Tat. Doch die Schreie verstummten sehr rasch, denn die Indianerin richtete sich auf und die Huronen sahen ihr Gesicht. Sie erkannten Wah-ta-Wah. Freudiges Erstaunen erfaßte alle. Für die nächste Minute blieb der Gefangene unbeachtet. Jeder wollte wissen, wann, wie, weshalb das Mädchen zurückgekehrt war. Wah-ta-Wah trat dicht an Judith heran, ließ ihr verstohlen einen kleinen Gegenstand in die Hand gleiten und begrüßte die Huronenmädchen, die sie alle gut leiden mochten.

Judith gab das schmale, scharfe Messer an Hetty weiter, weil sie meinte, daß man ihre Schwester am wenigsten verdächtigen würde, den Gefangenen befreien zu wollen. Dem Mädchen fiel jedoch nicht ein, nur die Handfesseln durchzuschneiden und ihm das Messer dann zuzustecken. In ihrer Einfalt machte sie sich gleich gründlich an die Arbeit. Zuerst durchtrennte sie die Stricke, mit denen sein Kopf an den Stamm gebunden war. Sie tat dies, weil Wildtöter keine Flammen einatmen sollte. Natürlich wurden die Umstehenden aufmerksam. Hetty mußte das Messer hergeben, als das Befreiungswerk bis zu den Ellbogen vorgeschritten war. Der Verdacht der Huronen fiel sofort auf Wah-ta-Wah. Die Delawarin wurde befragt, und zu Judiths Verwunderung leugnete sie ihre Mittäterschaft nicht.

»Warum sollte ich Wildtöter nicht helfen?« gab sie furchtlos zur Antwort. »Er ist der Bruder eines Delawarenhäuptlings.« Wah-ta-Wah wollte nichts anderes, als durch Reden Zeit gewinnen. Mehrere Krieger zogen das Mädchen von dem Reisighaufen weg. Der Kreis der Zuschauer weitete sich. Gespaltene Eiche gab den Beschluß der Häuptlinge bekannt, das Feuer wieder anzünden zu lassen.

»Halt, Hurone!« schrie Judith, ohne selbst zu wissen, was sie tat.

Die Worte erstarben auf ihren Lippen, als sie den Indianer sah, der sich einen Weg durch die Menge bahnte und federnd in die Mitte des Kreises sprang.

Im ersten Augenblick glaubten die Huronen, es wäre einer der Posten vom Seeufer, er wäre ins Lager geeilt, um den Häuptlingen eine wichtige Nachricht zu überbringen. Aber als er nach drei gewaltigen Sätzen neben dem Gefangenen stand und mit wenigen Schnitten die Stricke durchgetrennt hatte, mußten sie zu ihrer grenzenlosen Verblüffung erkennen, daß sich ein Feind herangeschlichen hatte. Mit einer Tollkühnheit, die keiner für möglich gehalten, war er an die Seite seines Freundes geeilt, hatte ihn befreit, und jetzt gab er ihm blitzschnell eines der beiden Gewehre, die er mitgebracht hatte. Dann reckte er sich in der Kriegsbemalung und im Waffenschmuck der Delawaren.

Als den Huronen plötzlich zwei bewaffnete Männer gegenüberstanden, stutzten sie zunächst. Sie selber trugen nur Messer und Tomahawk bei sich, während sie ihre Gewehre weiter hinten bei den Bäumen abgelegt hatten. Trotzdem hätten sie wahrscheinlich nicht gezögert, gegen die beiden vorzugehen, wären Wildtöter und der Delaware, von dem Ring eingeschlossen, nicht fest in ihrer Gewalt gewesen. Zudem dachte ein jeder, daß der feindliche Krieger nach der üblichen Höflichkeitspause eine Erklärung abgeben wolle.

In dieser Erwartung sollten sie sich nicht getäuscht haben. »Huronen«, sagte Schlange, »die Erde ist groß. Jenseits der Seen ist für die Irokesen viel Platz, diesseits gehört das Land den Delawaren. Ich bin Chingachgook, der Sohn des Uncas. Das ist meine Braut, und das Bleichgesicht ist mein Freund. Mein Herz war schwer, als er mich verließ. Alle Delawarenmädchen warten auf Wah-ta-Wah. Sie fragen schon, wo sie so lange bleibt. Kommt, laßt uns Lebewohl sagen, und zieht eurer Wege.«

Bisher hatten die Huronen dem Geschehen abwartend zugeschaut. Jetzt – seit dem Auftauchen des Delawarenhäuptlings war kaum eine Minute vergangen – schrie die Menge nach Taten. Doch ehe die Krieger etwas unternommen hatten, blieben sie wie erstarrt stehen. Wie gebannt lauschten alle auf das eigenartige Geräusch, das aus dem Wald kam. Es war ein regelmäßiges, dumpfes Klopfen, als wären viele Hände dabei, den Boden mit Schlegeln zu bearbeiten. Aber so harmlos die schweren Schläge zuerst geklungen hatten – drohend und unheilverkündend wirkte das Stampfen, sobald zwischen den Bäumen, gegen den lichtgrünen Hintergrund, scharlachrote Uniformröcke sichtbar wurden. Im Gleichschritt marschierte ein Trupp Soldaten auf die Spitze der Landzunge zu.

Die Huronen schrien wütend auf. Lautes Hurra war die Antwort. Noch fiel kein Schuß, doch unaufhaltsam kam das rhythmische Grollen näher, immer lauter dröhnte der Marschtritt. In den spärlichen Strahlen der Sonne blitzten Bajonette, schon war die Reihe der vorrückenden Truppe – an die sechzig Köpfe stark – in ihrer ganzen Breite zu überschauen. Die Lage der Huronen war verzweifelt. Vorn umspülte das Wasser des Sees die Landzunge, nach hinten schnitten die Rotröcke den Rückweg ab. In heilloser Verwirrung rannten die Krieger zu den Gewehren, gleichzeitig suchte alles – Männer, Frauen, Kinder – auf dem engen Raum Schutz und Deckung.

Wildtöter zog Judith und Wah-ta-Wah hinter einen Baum, wo sie fürs erste sicher waren. Hetty konnte er nirgends sehen. Eine Gruppe Huroninnen hatte sie mit fortgerissen. Die Masse der Indianer drängte nach Süden, ans Ufer, in der Hoffnung, durch das Wasser zu entkommen. Der Jäger nahm die Flanke der fliehenden Krieger aufs Korn. Zwei seiner früheren Peiniger stürzten. Die Huronen erwiderten das Feuer. In den Lärm mischte sich der Kriegsruf von Große Schlange und das Krachen seines Gewehrs. Auch Hurry Harry, der mit den Soldaten gekommen war, schoß dazwischen. Die Soldaten marschierten stampfend weiter. Kommandos erschollen. Dann verrichteten die Bajonette ihr blutiges Werk.

THOMAS BERGER

Little Big Man

Ich zog meine Leggings und mein Hemd aus und schmierte mich mit schwarzer Farbe ein, so daß ich keinen Nachteil von meiner weißen Haut hatte, und Kleines Pferd kam mit einem ganzen Wolfsfell wieder, das war so groß, daß ich reinkriechen konnte und kaum was von mir rausguckte. So sollte es auch sein: Der Kopf paßte genau über meinen eigenen Schädel, und ich linste durch die Augenhöhlen.

Wir brachen auf, sobald es völlig dunkel war, sieben Mann hoch, und ritten im Trab zwanzig Meilen über eine Grasebene; dann gingen wir zu Fuß, sagen wir, noch mal drei und führten unsere Tiere am Zügel. Dabei ging's meistens von einer Schlucht in die nächste, durch lauter Gestrüpp, und das alles nur beim Licht des Halbmonds, der dieselbe Wolke wie einen Schatten mit sich über den Himmel zunehmen schien. Ich hätte höchstens meine Hand auf Armeslänge erkennen gekonnt, wenn ich sie nicht schwarz gemacht hätte. Aber Schatten-Der-Sichtbar-Wird bewegte sich genauso gewandt wie am hellichten Tag, und drei Mann hinter ihm folgte ich ihm im Schlepptau meines Pferdes.

Wir kamen zu einer tiefen Felsspalte, die zum Crazy Woman's Creek runterging, und drüben am Wasser standen die Wigwams der Crows, von denen jedes wegen dem Feuer innen wie eine Lampe glühte, denn je älter eine Zelthaut ist, um so mehr wird sie wie Butterbrotpapier, und manchmal kann man nachts draußen stehen und durch sie durch die Leute drin sehen. Dafür waren wir noch zu weit weg, aber was ich sah, war verdammt hübsch, wie ein Spielzeug, und der Wind, der von ihnen zu uns blies, trug den Geruch von gebratenem Fleisch zu uns rüber. Wir hatten den ganzen Tag noch nichts gegessen, denn man stopft sich nicht den Wamst voll, wenn man Pferde stehlen will. Gelber Adler schnupperte neben mir und sagte: »Vielleicht sollten wir sie erst besuchen.« Wir hätten ganz friedlich ins Lager gehen können, und dann hätten die Crows uns was zu essen geben müssen, denn das ist bei den Indianern so Sitte.

»Wir lassen die Ponys hier«, flüsterte Schatten-Der-Sichtbar-Wird, »und du und du, ihr haltet sie fest«, dabei tippte er mich und Jüngerer Bär an. Mir war's recht, aber Jüngerer Bär begann so heftig zu protestieren, daß man glauben konnte, er flennte.

Darüber wurde Gelber Adler böse. Ich kannte den Mann nicht gut, denn er war erst vor ein paar Monaten zu uns ins Lager gekommen, aber er besaß eine Menge Skalpe und einen Zündhütchenkarabiner, was damals unter den Cheyennes eine Seltenheit war. Lange blieb das das einzige Gewehr in unserer Schar, aber viel nützte es auch nicht, denn es gab keine Zündhütchen dazu, weil wir auf Alte Zeltbahn hörten und den Weißen, also auch den Händlern, aus dem Weg gingen. Dagegen statteten die Sioux und andere Cheyennestämme sonstwo den Amerikanern auf dem Oregon-Trail kurze Besuche ab und nahmen den Auswanderern ihren Kaffee ab, ohne darauf zu warten, bis sie den angeboten bekamen, und manchmal auch noch alles übrige. Ich bemerkte unter der Skalpsammlung von Gelber Adler Haar, das viel zu hell aussah, um je auf dem Kopf eines Pawnee oder eines Snake gewachsen zu sein. Der Karabiner stammte vermutlich aus derselben Quelle.

Gelber Adler kochte vor Wut über das schlechte Benehmen von Jüngerer Bär.

»Du hast oft genug den Schnee erlebt«, schimpfte er auf ihn los, »um zu verstehen, daß unter den Menschenwesen ein alter Krieger über Pferdestehlen besser Bescheid weiß wie ein junger Kerl. Es hat überhaupt nichts damit zu tun, wer tapfer ist und wer nicht: Kein Menschenwesen ist je ein Feigling gewesen. Dir wurde gesagt, hier zu bleiben, weil jemand die Ponys halten muß, was genauso wichtig ist, wie ins Lager der Crows zu schleichen, und du weißt, daß wir die Beute ehrlich teilen werden. Ich höre keine Klagen von Kleine Antilope. Er ist ein besseres Menschenwesen wie du, dabei ist er weiß.«

Sonst sagte keiner ein Wort, und Gelber Adler hatte geflüstert. Trotzdem trat eine fürchterliche Stille ein, wie nach einem Riesenkrach. Jüngerer Bär hatte zwar unrecht gehabt, aber Adler noch mehr. Seit ich beim Stamm war, hatte niemand je was über meine Rasse gesagt, nicht mal Bär selber, der mich haßte. So was tat man nicht, das konnte nicht gutgehen, wie die Indianer sagen, und Gelber Adler merkte seinen Fehler, sobald er es ausgesprochen hatte.

»Das hätte ich nicht sagen dürfen«, sagte er zu mir. »Ein Teufel ritt meine Zunge.«

Ich schlüpfte gerade in das Wolfsfell, das ich beim Reiten hinter mich gebunden hatte, und rückte die Augenhöhlen zurecht, damit ich rausgucken konnte. Das Licht war schwach, und alles wirkte haarig.

»Ich denke nicht schlecht von dir«, antwortete ich, »denn du bist noch nicht lange in unserem Lager.«

»Ich finde die Nacht nicht gut zum Pferdestehlen«, sagte Schatten und wollte schon wieder aufsteigen, während die anderen ihm murmelnd zustimmten und seinem Beispiel folgten.

»Nein«, sagte Gelber Adler, »ich werde das Unglück, das ich gerade gebracht habe, wieder von euch nehmen.« Er sprang auf sein Pferd und ritt in die Richtung, aus der wir gekommen waren.

»Ich bleibe und paß auf die Ponys auf«, sagte Jüngerer Bär zerknirscht und senkte den Kopf. »Mit dem da«, damit meinte er mich.

Er ließ sich also drei Halfter geben, ich nahm genausoviel, und damit niemand uns gegen den Mond sehen konnte, drückten wir uns an die linke Seite der Felsspalte, die dort ungefähr sieben bis acht Fuß tief war, also günstig, um Menschen und Tiere vor irgendwem auf dem Plateau drüben zu verstecken. Die vier großen Cheyennes schlichen zum Lager der Crows, das am anderen Ufer schimmerte. Innerhalb einer Minute konnte keiner von uns sie noch sehen oder hören. Nach einer Weile wurde der Mond endlich seine Wolke los und schien heller, aber nicht hell genug, um Schatten zu werfen.

Ich setzte mich in meinem Wolfsfell hin, über das ich schon allein deshalb froh war, weil es so schön wärmte, und mir tat es überhaupt nicht leid, daß ich nicht zum Lager unterwegs war. Wenn ich doch mit gemußt hätte, dann hätte ich mir allerdings keine besseren Kameraden wie die vier da auswählen können. Mir begann allmählich zu dämmern, was die Cheyennes meinten, wenn sie dauernd vom Sterben redeten: Ich begann ihre Treue zu Freunden zu verstehen, was mir aber abging, war die Bereitschaft, den eigenen Kopf hinzuhalten. – Nachdem die anderen weg waren, fing Jüngerer Bär an zu murren.

»Das hätten sie mir nicht antun dürfen«, murmelte er. »Ich hätte mit gemußt. Du hättest die sechs Ponys allein halten können.«

»Das hättest *du* auch gekonnt«, sagte ich, »und dann wäre ich mit.«

»Du hättest Schiß gehabt«, erwiderte er. »Deine Medizin ist vielleicht beim Spielen ganz schön und gut, aber sie legt keinen Crow rein. Jetzt muß man ein Mann sein.« Da stand er, wie gewöhnlich Brust raus, aber er war nicht mehr so breit wie früher, sondern mager und schlaksig, wie es nun mal Halbwüchsige sind.

Ich weiß nicht, was ich in diesem Augenblick alles getan hätte, nur um nicht gegen diesen Indianerbengel den kürzeren zu ziehen – höchstwahrscheinlich hätte ich einfach die Halfter fallen lassen, wenn er sich geweigert hätte, sie mir abzunehmen, so daß wir die Pferde verloren hätten, und dann wäre ich zum Lager der Feinde gerannt, um mich den Angreifern anzuschließen, so daß ich mein Leben verloren und die anderen in Gefahr gebracht hätte.

Aber ich wurde auf seltsame Weise gerettet. Plötzlich sprang ein riesiger Crow in die Felsspalte und schlug Jüngerer Bär mit einer Kriegskeule bewußtlos. All das passierte in völliger Stille, bis auf den Aufprall seiner Mokassins im Sand, was kaum zu hören war, und das Geräusch der Keule auf Bärs Kopf, bloß ein kurzer Bums, wie wenn man einen Stein gegen ein leeres Faß wirft.

Blitzschnell zückte er sein Messer, und seine linke Hand zog Bärs Zöpfe so straff, daß der Skalp einfach runterkommen mußte, sobald er zu schneiden anfing.

Da fiel ich über den Crow her, der mich nicht beachtet hatte, vielleicht weil er mich für einen echten Wolf hielt, mit dem Bär sprach – ein Indianer hätte daran nichts Komisches gefunden. Ich fiel also über ihn her und kletterte an ihm rauf wie an einem Baum, denn er war riesengroß mit all seinen gespannten Muskeln und seiner Haut, die rauh wie Rinde war. Aber oben wußte ich nicht recht, was ich mit dem Hundesohn anfangen sollte. Ich war jetzt zu nah an ihm dran, um mit dem Bogen zu schießen, den hatte ich sowieso fallen lassen, und ich griff nach meinem Messer, aber das Wolfsfell hatte sich so gebauscht, daß ich es nicht finden konnte.

Natürlich ließ das der Crow nicht einfach belustigt und tatenlos zu. Dieser Teufelskerl krümmte den Rücken und schleuderte mich an die Wand von der Felsspalte, wo ich das Bewußtsein verlor, weil mein Kinn mit meinem rechten Knie zusammenstieß.

Eine Sekunde später kam ich wieder zu mir, als die Spitze seines Messers schon die Haut über meinem rechten Ohr aufgeschlitzt hatte und gerade zum Hinterkopf abbiegen wollte. Ich machte eine Bewegung, und das Messer kratzte über den Knochen. Das klingt ganz gräßlich, und man spürt es bis runter in die Hoden.

Nun war mein Haar zwar länger wie damals, als ich noch bei meiner weißen Familie war, aber längst nicht so lang wie das eines Indianers. Von Natur aus sah es nämlich wie alter

Draht aus, und wenn ich es einen Monat wachsen ließ, sah ich weder indianisch, noch weiß, männlich oder weiblich aus, sondern eher wie der Bauch von einer Ziege, der durch frischen Mist geschleift war, denn je länger das Haar war, um so dunkler wurde das Blond und ging in Braun über, und jedes Tierfett, mit dem ich es einrieb, gab ihm einen Stich ins Grüne.

Deshalb schnitt ich es dann und wann ab, wenn es mir halb in den Nacken runterhing. Darum zögerte dieser Crow auch, der schon dabei war, mich zu skalpieren, als sich dieses kurze Haar so komisch anfaßte, weil es bestimmt zu keinem geborenen Cheyenne gehörte.

Dieser unterbrochene Rhythmus brach für mich den Bann, einfach stillzuhalten, während mein Kopf geschält wurde und mir das Blut ins rechte Ohr lief. Ich konnte ihn nicht im Ringen unterkriegen, ich hatte keine Waffe, Jüngerer Bär war, soviel ich wußte, mausetot, und die anderen Cheyennes waren inzwischen im Dorf und zu weit weg, um mir zu helfen, und wenn ich Krach schlug, dann würde ich die restlichen Crows wecken und sie würden meine Freunde umbringen. Wegen so was hatte uns Alte Zeltbahn als Jungens die Geschichte von Kleiner Mann im Kampf mit den Snakes erzählt. Er wußte, daß es uns früher oder später von Nutzen wäre. Ich konnte unmöglich zulassen, daß ein *Crow* so was einem *Menschenwesen* antat!

Mit einem Ruck wich ich zurück und fletschte die Zähne. »*Nixono!*« zischte ich. »Ich bin ein Cheyenne!« Es hätte imposanter geklungen, wenn es mir möglich gewesen wäre, das als Kriegsschrei auszustoßen, aber ich habe schon erklärt, warum ich das nicht konnte.

Und wissen Sie was – dieser Crow zog darauf sein Messer weg, hockte sich auf seine Fersen und hielt sich die linke Hand vor den Mund. Sein Daumen war nämlich bei meiner Bewegung ausgerutscht und über meine Stirn gefahren und hatte dabei eine weiße Spur in meiner Bemalung aus Ruß und Büffelfett hinterlassen. Er verstand nicht, was ich sagte, denn die Crows und die Cheyennes sprechen verschiedene Sprachen, aber wie zur Antwort sagte er auf englisch:

»Kleines Bleichgesicht? Legt Crow rein. Hahaha, groß, Reinlage. Willst du was essen?«

Er hatte eine Heidenangst, daß ich beleidigt wäre, verstehen Sie, weil die Crows den Amerikanern immer Honig ums Maul schmieren, und wollte mich drum in seiner plumpen Art mit in sein Zelt nehmen. Natürlich war das alles nicht sein Fehler, aber ich habe seitdem diesen Kerl auf dem Gewissen. Offenbar war er in dieser Nacht aus irgendwelchem Grund allein unterwegs, als er auf mich und Bär stieß, und ging ganz leise vor, weil er nicht wußte, wie viele von uns sonst noch in der Nähe waren. Aber das konnte ich nicht wissen; ich konnte ihm auch nicht in der Zeit, die mir blieb, die Lage erklären; und am allerwenigsten konnte ich als sein Gast ins Lager gehen oder ihn noch länger laut darüber reden lassen.

Also mußte ich ihn töten, einen so netten Kerl wie ihn ermorden, und was schlimmer ist, ihn rücklings erschießen. Denn während ich mein Wolfsfell aufhob, das in der Hitze des Gefechts zu Boden gefallen war, fand ich meinen Bogen und meinen Köcher wieder. Der Crow kraxelte gerade die Felswand rauf, um sein Pony zu holen, das er oben auf dem Plateau gelassen hatte.

Drei Cheyennenpfeile *tang, tang, tang* schnurgerade in sein Rückgrat. Seine Hände lockerten ihren Griff, und sein großer Körper rutschte runter, bis seine Mokassins auf dem Boden landeten, und da blieb er steif an der steilen Wand stehen.

Das war das erste Mal, daß ich einen Menschen umbrachte, und was Sie auch davon denken, es war mit das beste Mal. Ich rettete meine Freunde, und dafür hat man nie eine Entschuldigung nötig. Und schließlich *hatte* er mich schon fast halb skalpiert, was, wenn er dann auch freundlich wurde, doch Spuren zurückließ, das kann ich Ihnen sagen. Auf der rechten Seite klebten mein Gesicht und mein Hals wie Sirup von meinem leibeigenen Blut – das mir sehr teuer ist –, und ich hatte Angst, hinzufassen, weil vielleicht meine ganze Kopfhaut schon runterhing. Dann wurde mir schwarz vor den Augen.

Als ich die Augen wieder aufschlug, lag ich in einem kleinen Zelt aus Zweigen, und neben mit hockte ein Kerl, den Teil eines Büffelschädels mit Hörnern und verfilzten Haaren auf den Kopf gestülpt, und sang, während er mir mit einem Büffelschwanz im Gesicht rumwedelte. Ich hatte schreckliches Kopfweh; mein Schädel fühlte sich wie eine zusammengeschrumpelte Erbse an. Ich schien eine Schlammkappe auf zu haben. Ich fingerte dran rum, aber da schnaubte mich der Medizinmann wie ein Büffel an und spuckte mir einen Mundvoll zerkaute Blütenblätter ins Gesicht.

Ich war schon lange genug bei den Cheyennes, um mich nicht zu mucksen. Außerdem schwoll mein Kopfweh nur noch einmal kurz an und verebbte dann. Ich setzte mich auf, und Linkshändiger Wolf, so hieß nämlich der Medizinmann, fing an, auf dem Fell rumzutanzen, auf dem ich lag, und sang schnaubend und rülpsend Heillieder. Und er kaute immer noch getrocknete Blüten aus einem kleinen Beutel an seinem Gürtel und prustete sie bei jeder Vierteldrehung auf mich.

Dann beugte er sich über mich und klopfte mit einem Stöckchen auf meine Hirnschale, und die Schlammkappe fiel in zwei Hälften ab und ließ ein paar von meinen drahtigen Haaren mitgehen. Jetzt fühlte sich mein Kopf ganz kühl an, als würde tatsächlich der ganze Skalp fehlen, aber Wolf spuckte noch mal Blüten drauf, und er tat mir überhaupt nicht mehr weh.

Jetzt tanzte er langsam vor mir her und schlenkerte dabei so mit dem Büffelschwanz, daß ich ihn grade nicht packen könnte. Ich machte einen schwachen Versuch, ihn zu erwischen, aber Wolf wich immer ein Stückchen zurück. Ich fühlte, daß aus meinen Fußsohlen Kraft aufstieg, und als sie meine Knie erreicht hatte, stand ich auf und folgte ihm, wobei ich noch immer den baumelnden Schwanz schnappen wollte, den er rülpsend und mit den Hörnern wackelnd vor mir herschwenkte. Sein Gesicht war schwarz angemalt und seine Augen und Nasenlöcher rot umrandet.

Linkshändiger Wolf wich durch die Zeltöffnung zurück, und ich kam immer noch eifrig nach dem Schwanz grapschend hinter ihm her, und als ich draußen war, erblickte ich das ganze Lager – Krieger, Frauen, Kinder, Babys – im Spalier vom Zelteingang bis runter zum Fluß aufgereiht. Durch ihre Anwesenheit wollten sie mir alle dabei helfen, gesund zu werden. Kein Cheyenne leidet nämlich allein. Ich war von diesem Anblick sehr gerührt und spürte die Kraft, die von ihnen ausstrahlte, also machte ich den Rücken gerade und ging fast wieder normal.

Als wir zum Ufer kamen, sagte Linkshändiger Wolf: »Streck dich aus.«

Das tat ich, und auf einmal floß schwarzes Blut aus der Stelle über meiner Schläfe, wo der Crow sein Messer angesetzt hatte, tropfte ins Wasser und wurde von der schnellen Strömung des Powder River fortgetragen und löste sich auf. Dann kam gutes rotes Blut raus, das Linkshändiger Wolf mit getrockneten Blüten stillte.

»Jetzt bin ich wieder gesund«, sagte ich. Und, bei Gott, das war die reine Wahrheit und das Ende des ganzen Zwischenfalls. Später guckte ich in einen Spiegel und entdeckte eine dünne blaue Linie an meinem Haaransatz, aber auch die verschwand restlos nach ein oder zwei Tagen.

Die Sache hatte aber noch ein moralisches Nachspiel. Erst mal zog ein Ausrufer durchs Lager und sang, was für ein großer Held ich war, und lud die Leute zu einem Festessen ein, das Alte Zeltbahn mir zu Ehren gab. Nun pflegte ein Häuptling, der so eine Feier veranstaltet, seine meisten Pferde an arme Cheyennes wegzugeben, die keine hatten, und nach dem Gelage allen Gästen Geschenke zu machen, Decken, Schmuck und so – bis er selber fast nackt war. Er hielt auch eine Rede, die ich bis auf die wichtigsten Punkte aus Bescheidenheit übergehen will.

Nach der ausführlichen Schilderung meiner Heldentat in so blütenreicher Sprache, daß sie in der Übersetzung einfach albern klingen würde, sagte er: »Dieser Junge hat bewiesen, daß er ein Menschenwesen ist. Heute nacht gibt es großes Klagen in den Zelten der Crows. Die Erde erbebt, wenn er darüber geht. Die Crows weinen wie Weiber, wenn er kommt! Er ist ein Menschenwesen! Er geht wie ein Kleiner Mann, der Berühmte, der ihm im Traum erschien und ihm die Kraft verlieh, den Crow zu töten!«

Das war natürlich ein bißchen übertrieben, aber wie gesagt, ich hatte wirklich an Kleiner Mann gedacht und zuckte deshalb vor dem Messer zurück; dadurch rutschte die Hand des Crows ab, und er sah, daß ich ein Weißer war. Ich hatte Alte Zeltbahn nur von meiner Kleiner-Mann-Eingebung erzählt, um ihm eine Freude zu machen. Daher hatte er das.

Nach ein paar Minuten von dem Quatsch da, der mir überhaupt nicht peinlich war, weil alle mich anstrahlten, auch die jungen Mädchen, die unter den Zelthäuten rauslinsen durften – in dem Alter fing ich nämlich an, mich für Mädchen zu interessieren –, danach also sagte der Häuptling:

»Weil ihm Kleiner Mann erschienen ist, hatte dieser Junge eine Medizin. Er selber ist zwar nur klein von Gestalt, und jetzt ist er ein Mann. Aber sein Herz ist groß. Darum soll sein Name von jetzt an Kleiner Großer Mann sein.«

Das war das, und seitdem wurde ich von den Cheyennes so genannt. Ganz nach Indianerbrauch nannte niemand mich bei meinem richtigen Namen; ja den kannte sogar keiner. Er ist Jack Crabb.

Der Pferdediebstahl stellte sich übrigens auch noch in anderer Hinsicht als Erfolg raus. Die vier Krieger waren in das Crow-Lager geschlichen, ohne eine Seele dabei zu wecken, und hatten dreißig Pferde oder so mitgenommen und sie während den letzten Nachtstunden bis zum frühen Morgen in unser Lager getrieben. Als sie zu mir und Jüngerer Bär zurückkehrten, kam Bär mit einer Beule auf dem Kopf, ansonsten aber völlig in Ordnung, gerade wieder zu sich. Zu unserem Glück war mein Crow ohne Pfeil und Bogen rumgestreift, andernfalls hätte er uns vom Kamm aus einfach niedergestreckt und den Unterschied gar nicht gemerkt. So aber banden sie mich auf mein Pony und brachten mich heim.

Ich kriegte vier Ponys von der Beute ab, was mich ziemlich wohlhabend machte, aber noch großartiger fand ich, als ein Junge von acht oder neun, Rotz-An-Der-Nase hieß er, mich fragte: »Darf ich jetzt, wo du ein Mann bist, für deine Pferde sorgen?« Dadurch hätte ich nämlich jetzt morgens liegen bleiben können, wenn die Jungens aufstanden und ihre Arbeit erledigten. Ich hätte es vielleicht gekonnt, aber ein Cheyenne schindet nun mal keine Vorteile für sich raus. Schatten-Der-Sichtbar-Wird, der erfahrenere Krieger, der den Überfall leitete, behielt zum Beispiel von seinen drei Beutepferden nur das schlechteste für sich und schenkte das beste Alte Zeltbahn und das zweitbeste Büffelnacken – nicht weil sie Häuptlinge waren, so was zieht nicht; kein Cheyenne kriecht der Obrigkeit in den Arsch –, sondern weil sie ihm gute Ratschläge gegeben hatten. Kaltes Gesicht und Vogelbär schenkten je eins von ihren Ponys Gelber Adler, der zwar einen Fehler begangen, aber den auch wieder gutgemacht hatte. Auch ich gab ihm eins von meinen aus demselben Grund und weil ich dabei eine Rolle gespielt hatte. Dann bot ich Linkshändiger Wolf eins an, der es natürlich ablehnte, weil man für seine Heilung nichts bezahlen darf. Er fand es aber ganz in der Ordnung, daß ich es seinem Bruder schenkte, was ich auch tat.

So antwortete ich Rotz-An-Der-Nase: »Durch das Töten eines Crows kann ich mich noch lange nicht mit den großen Kriegern unter den Menschenwesen messen. Deshalb will ich weiter für meine eigenen Pferde sorgen, aber weil du ein braver Junge bist, schenke ich dir das schwarze Pony, auf dem ich geritten bin.«

Alle sagten: »Hau, hau.«

Keiner von uns, die Kopf und Kragen riskiert hatten, wurde also stinkreich, außer an Stolz und Ehre, aber gerade dafür hätte damals jeder Cheyenne sein Leben gegeben.

Daß Jüngerer Bär nicht zum Fest erschien, wird Ihnen natürlich einleuchten. Es dauerte bis tief in die Nacht, und ich aß viel zuviel gekochten Hund, der wirklich ein Hochgenuß war: Inzwischen war ich nämlich auf den Geschmack gekommen, dagegen habe ich mich nie daran gewöhnt, mich wie ein Indianer mal vollzufressen und mal zu fasten. Als der ganze Rummel vorbei war, ging ich auf die Prärie, um mich zu erleichtern, und setzte mich danach auf einen Hügel. Der Mond war einen Strich dünner wie gestern nacht, aber es war hell genug zum Reiten. Trotzdem würde es morgen regnen: Das spürte man in der Nase und an den Mokassinsohlen auf dem alten Herbstgras und sogar durch die Hinterbacken am Boden. Niemand hatte mir das beigebracht. Das lernte man, wenn man so lebte wie wir, wie ein Großstädter eben einem Laden von außen ansieht, daß dort Tabak verkauft wird.

Eine Meile oder so entfernt bellte ein Kojote, mal kläffte er, mal heulte er, mal winselte er in lauter verschiedenen Tönen. Es klang wie ein ganzes Rudel, aber es war nur einer, denn die Viecher sind alle geborene Bauchredner. Im Norden antwortete ihm ein Grauwolf mit langem, kläglichem Geheul – oder Crow-Diebe, denn die können ihn täuschend nachahmen; aber es war eine Stunde lang immer wieder an derselben Stelle zu hören, es muß also ein echtes Tier gewesen sein.

Nachdem ich dort lange genug gehockt hatte, um die Erde mit meinem Hintern zu wärmen, ringelte sich eine Klapperschlange auf mich zu, denn denen ist es immer kalt, und sie kriechen bis zu einem ins Bett, wenn man es zuläßt, nur um sich ein bißchen anzuwärmen. Aber ich hörte im Wind ihren Leib über den Boden schleifen und machte das Geflatter eines Adlers nach, was sie sofort vertrieb.

Ich, Jack Crabb, war also ein Cheyenne-Krieger. Hatte meinen ersten Menschen mit Pfeil und Bogen getötet. War skalpiert und durch Hokuspokus wieder geheilt worden. Hatte einen alten Wilden, der nicht Englisch sprach, zum Paps, und eine fette braune Squaw zur Mama und einen Kerl zum Bruder, dessen Gesicht ich vor lauter Lehm oder Farbe so gut wie nie sah. Lebte in einem Fellzelt und aß junge Hunde. Mein Gott, es war einfach zum Lachen.

Solche Gedanken gingen mir damals durch den Kopf, und das war typisch weiß. Die Kinder, mit denen ich in Evansville einmal spielte, würden mir kein Wort davon glauben, auch die von den Wagen nicht. Sie wußten zwar immer, daß ich gemein war, aber nicht, daß ich so verdorben war. In der Nacht meines größten Triumphs saß ich also da und fühlte mich ganz klein. Bis auf meinen echten Paps, der verrückt war und bei den Wagen getötet wurde, gab es in der Stadt kaum einen Menschen, der einen Indianer nicht noch mehr verachtete wie einen Negersklaven.

Da hörte ich plötzlich ein Geräusch, das mich auf den Gedanken brachte, daß die Klapperschlange sich die Sache anders überlegt hatte und auf ihre träge, dickköpfige Art zu dem Schluß gekommen war: Was hat ein Adler hier mitten in der Nacht zu suchen? und kehrtgemacht hatte, um ihr Glück noch mal bei der Wärmequelle zu versuchen.

Aber es war Jüngerer Bär, der ein Stück weiter saß. Das zeigt Ihnen, wie gefährlich es sein kann, mitten auf der Prärie wie ein Weißer zu denken. Ich hatte ihn nicht kommen hören. Ich hätte meinen Skalp, der grade erst wieder angewachsen war, dabei verlieren können, wenn es ein Feind gewesen wäre.

Er hockte zehn Fuß oder so von mir weg, starrte in die Nacht und dachte wahrscheinlich wie ein Roter. Ich sagte nichts. Schließlich sah er zu mir hin und sagte: »Komm her!«

»Ich war zuerst hier«, sagte ich.

»Ich habe was für dich«, sagte er. »Komm her und hol es dir.«

Ich ließ mir nichts mehr von ihm gefallen, nachdem ich ihm das Leben gerettet hatte, sondern drehte mich um und schon kam er angekrabbelt.

»Hier«, sagte er. »Hier ist ein Geschenk für Kleiner Großer Mann.«

Ich konnte nicht sehen, was er hinter seinem Rücken hatte und beugte mich vor, da rieb er mir den großen wuscheligen Skalp meines Crows unter die Nase und lachte wie verrückt.

»Das ist ein blöder Witz«, sagte ich. »Du bist der größte Dummkopf, der mir je begegnet ist.«

Er ließ das Haarbüschel fallen und schmiß sich hin.

»Ich fand es komisch«, sagte er. »Das ist ein schöner Skalp und mit Moschus parfümiert. Riech nur, wenn du mir nicht glaubst. Er gehört dir. Ich habe ihn zwar genommen, aber du sollst ihn haben. Du hast ihn getötet und mir das Leben gerettet. Wenn ich irgendwas für dich tun kann, dann tu ich es. Du kannst mein Pony haben und meine schönste Decke, und ich will für deine Pferde sorgen.«

Ich war immer noch wütend über seine Albernheit; wenn es auch ein typischer Indianerscherz war, so war es doch geschmacklos und in diesem Augenblick reichlich böswillig. Ich ließ mich keine Minute von seiner scheinbaren Freundlichkeit täuschen.

»Du weißt doch«, sagte ich, »daß ein Menschenwesen sich von einem anderen nicht bezahlen läßt, wenn er ihm das Leben gerettet hat.«

»Ja«, erwiderte Jüngerer Bär mit Grabesstimme, »aber du bist ein Weißer.«

Es gibt keine Flüche auf cheyennisch und die meisten Schimpfwörter gehen höchstens so weit, daß man den anderen Kerl ein Weib oder einen Feigling oder so nennt, und sogar in meiner Wut fiel es mir nicht ein, wenigstens die Jüngerer Bär an den Kopf zu werfen. Außerdem saß das, was er gesagt hatte, weil ich gerade dasselbe gedacht hatte. Aber Sie wissen ja, wie es ist: es gibt Frauen, die einen gegen Bezahlung an sich ranlassen, aber wehe Ihnen, wenn Sie sie »Hure« nennen.

In den Augen dieses Indianers war das schlimmste Schicksal, was man sich nur vorstellen konnte, das, kein Cheyenne zu sein. Er hatte mich wirklich gekränkt. Ich hätte es wie ein Indianer tragen, nämlich so lange schmollen und fasten sollen, bis er sich entschuldigte, und wegen meines hohen Ansehens im Stamm gerade zu dieser Zeit wäre er nicht drumrum gekommen. Eigentlich glaubte Bär nur halb an seine Beschuldigung. Er war eifersüchtig und schleuderte mir deshalb die gemeinste Beleidigung ins Gesicht, die er sich ausdenken konnte. Wenn ich klug gewesen wäre, hätte ich den Spieß umgedreht: Dann hätte er beweisen müssen, daß er ein Cheyenne war, ich hatte das ja schon getan.

Statt dessen sagte ich hitzig. »Das stimmt, du Idiot. Da ich dir dein Leben wiedergegeben habe, schuldest du mir ein Leben. Und du kannst mich nicht mit dem Skalp da oder einer Decke oder deinen sämtlichen Ponys bezahlen. Da zählt nur ein Leben, und ich lasse dich wissen, wenn ich eins haben will.«

Er steckte den Crow-Skalp in den Gürtel und stand auf.

»Ich habe dich gehört«, sagte er und trollte sich zum Lager.

Ich hatte das gesagt, weil ich wütend war und mich aufspielen wollte. Ich wußte damals nicht genau, was ich damit meinte. Es war vielleicht nur jungenhafte Aufschneiderei. Ich persönlich vergaß es auf der Stelle, wenn ich mich auch noch eine Zeitlang an die Abneigung erinnerte, die Jüngerer Bär gegen mich hatte: Dann vergaß ich auch die, weil ich nichts mehr davon zu spüren bekam. Er schoß keine Spielpfeile mehr auf mich, er steckte mir keine Kieselsteine mehr unter den Sattel, ja er schien sich nun ebenso große Mühe zu geben, in mir ein anständiges Menschenwesen zu sehen, wie er vorher versucht hatte, genau das Gegenteil davon zu beweisen.

Die Sache ist nur, daß er nie vergaß, was ich ihm auf dem Hügel beim Powder River sagte, und ungefähr zwanzig Jahre später und ungefähr fünfzig Meilen von der Stelle entfernt, wo wir in jener Nacht saßen, zahlte er mich voll und ganz aus.

Wie gesagt, ich fing an, mich für Mädchen zu interessieren. Doch gerade da änderte sich die Lage so, daß ich an kein einziges Cheyenne-Mädchen in meinem Alter mehr rankam. Sie kriegten ihre Tage und wurden von da an von den Jungens ferngehalten, waren immer mit ihren Müttern oder Tanten zusammen und trugen einen Gürtel zwischen den Beinen, bis sie heirateten. (Den trugen sie auch noch jedesmal nach der Hochzeit, wenn ihr Mann fort war.) Es blieb einem nicht viel andres übrig, als tüchtig anzugeben, wenn die Angebetete grade guckte. Das überrascht Sie sicher: Sie denken vielleicht, daß die Indianer es wie die Kaninchen treiben, aber das tun die Cheyennes nicht mit ihren Frauen, außer wenn sie verheiratet sind, aber da die verheirateten Männer immer ein Keuschheitsgelübde ablegen, bevor sie auf Kriegspfad gehen, und wir meist gegen irgendwen kämpften, tat sich da nicht viel. Das ist der Grund, warum sie so tapfere Krieger sind oder das wenigstens glauben. Ich habe nie einen Mann kennengelernt, der nichts für sein eigenes Glied übrig hatte, aber für einen Cheyenne war es eine Zauberrute.

Nachdem Jüngerer Bär gegangen war und ich mich abgeregt hatte, dachte ich an ein Mädchen, das Howaheh hieß – und Sie können es mir glauben, *Howaheh* bedeutet »Nichts«. Als wir noch kleiner waren und Lager spielten, mußte ich zum Schein öfters Nichts zur Frau nehmen, weil die anderen Jungen es besser verstanden, sich die hübscheren zu angeln, und ich mit diesem Mädchen sitzenblieb, das ziemlich häßlich war. Aber in letzter Zeit war sie, wie das bei Mädchen nun mal so ist, plötzlich schön geworden wie ein samtfelliges Fohlen, mit großen, scheuen Augen wie eine Antilope und zierlichen Gliedern wie ein Reh. Als ich mir noch nichts aus ihr machte, mochte sie mich natürlich gern, aber jetzt gönnte sie mir, wie zu erwarten, keinen Blick mehr.

Nun ja, bei Nichts war im Augenblick nichts zu machen, also stand ich auf und ging zum Lager zurück. Dort war ein Hund wach und wollte gerade mit seinem Bellen einem Kojoten antworten, obwohl er genau wußte, daß er das nicht durfte, weil er damit rumstreifenden Crows vielleicht unser Lager verriet. Deshalb sagte ich zu ihm: »So etwas tut ein Cheyenne nicht«, und er klappte die Schnauze zu und schlich davon.

Sonst schliefen alle, die Feuer waren aus. Ich fand mein Fell nicht weit von der Türöffnung und war schon dabei, reinzukriechen, als ich merkte, daß es das Fell von Kleines Pferd sein mußte, weil er sich da reingewickelt hatte, also rutschte ich zu dem leeren daneben weiter, wenn ich auch gewöhnlich links von ihm lag.

Aber er war noch wach und flüsterte: »Das hier ist deins.«

»Das macht nichts«, sagte ich. »Bleib nur drin.«

»Ja wirklich?« fragte er, und es klang sehr enttäuscht.

Dann schlief ich ein und dachte nicht mehr daran. Wenn ein Cheyenne glaubt, daß er im Leben nicht seinen Mann stehen kann, dann braucht er es auch nicht zu tun. Dann kann er ein *homoneh* werden, das heißt halb Mann, halb Frau. Diese Burschen machen sich auf ihre Art nützlich, und jeder hat sie gern. Manchmal sind sie so was wie Drogisten, besonders erfahren im Brauen von Liebestränken, und meistens gute Unterhalter. Sie tragen Frauenkleider und können jeden anderen Mann heiraten, wenn der Spaß daran hat.

Kleines Pferd begann kurz nach diesem Vorfall, sich als *homoneh* zu üben. Vielleicht hatte er in dieser Nacht wirklich aus Versehen die Betten verwechselt und sich nichts dabei gedacht. Wie dem auch sei, er war nicht mein Typ.

DOROTHY M. JOHNSON

Bittere Medizin

Mahlon Mitchell lebte als junger Mann lange Jahre unter den Crow-Indianern, verließ sie ohne Abschied und kehrte zu ihnen zurück, als er alt und gebrochen war.

Was immer man von Mahlon Mitchell denken mochte, man mußte ihm zugestehen, daß er ein tapferer Mann war. Er hatte Angst, zu den Crows zurückzugehen, aber er tat es trotzdem. Es ist nicht wichtig, daß er ging, weil er verzweifelt war.

Die Gruppe bestand aus sechs Mann. Leutnant Bradford hatte Sergeant O'Hara und drei Kavalleristen mitgenommen. Der sechste Mann war der rothaarige Mahlon Mitchell, und er trug als einziger statt der blauen Uniform Wildlederkleidung. Er war der Kundschafter, der für sie die Crows finden sollte. Er war der weiße Mann, der die Indianer kannte, weil er selbst einer gewesen war. Zum erstenmal seit dreißig Jahren war er eine wichtige Person.

Nirgendwo gab es einen Mann, der als Kundschafter und Dolmetscher besser geeignet gewesen wäre als er, aber er hatte betteln müssen, um den Job zu bekommen.

»Ich habe Einfluß auf die Crow-Indianer«, hatte er sich vor dem Major im Fort gebrüstet. »Ich war Unterhäuptling bei ihnen.«

Der Major hatte ihn unbewegt gemustert, mit einem Ausdruck im Gesicht, der genauso beleidigend war wie ausgesprochener Zweifel. Mitchell war damals kein Kundschafter gewesen; er war nur ein rheumatischer alter Zivilist, der das Brennholz für das Fort hackte, zu steif von den Jahren und alten Wunden, um eine gute Tagesleistung zu erbringen. Und er war verzweifelt, weil er wußte, daß man ihn mit der nächsten Wagenkolonne in den Osten und damit in die Vergessenheit zurückschicken würde.

Er meldete sich freiwillig für die Mission zu den Crow-Indianern.

»Ich bezweifle, daß Sie die Strapazen der Reise aushalten können«, sagte der Major kühl. »Vielleicht machen Sie unterwegs schlapp. Das können wir uns nicht leisten.«

Mitchell vergaß, daß er als Bittsteller gekommen war. »Schlappmachen!« rief er. »Einmal bin ich mit einem gebrochenen Bein neunzig Meilen geritten und noch zehn gekrochen! Ich habe nicht schlappgemacht!«

»Sie sind jetzt ein alter Mann«, erinnerte ihn der Major.

Es war nicht der Augenblick, um Zorn zu zeigen. Stolz warf Mitchell den Kopf zurück. »Ich bin immer noch Mahlon Mitchell. Ich bin der Mann, den sie wegen seiner roten Haare ›Eisenkopf‹ nannten. Ich habe es den besten von ihnen gleichgetan. Und die Crows haben mich nicht vergessen.«

Der Major wollte nicht zugeben, daß auch weiße Männer sich an Mahlon Mitchell erinnerten. »Gut«, sagte er schließlich. »Leutnant Bradford hat die Aufgabe, Gelbes Kalb und seine Bande ausfindig zu machen, ihnen Geschenke zu bringen und weitere Geschenke zu versprechen, wenn sie dafür aufhören, die Sioux mit Munition zu beliefern.«

Crows und Sioux waren Feinde, aber sie trieben Handel miteinander, wenn es sich lohnte. Und die Munition, die die Crows von weißen Männern bekamen, hagelte aus Siouxgewehren auf andere weiße Männer.

»Bis Green Springs lasse ich die Gruppe von zwanzig Mann Eskorte begleiten«, fuhr der Major fort. »Das dürfte ausreichen, um sicher durch das Siouxgebiet zu kommen.«

Sie waren durchgekommen, und die Eskorte hatte sich auf den Heimweg gemacht, und er, Mahlon Mitchell, hatte sie sicher geführt, aber das war auch alles, woran er sich klammern konnte. Die Reise zu den Crows war ein neuer Weg in die Gefahr, und welches Ende würde es nehmen, wenn er überlebte? Nur die gefahrvolle Rückkehr zum Fort, die Verbannung in den Osten, in ein Armenhaus.

Eine Erinnerung würde ihm wenigstens bleiben: daß er noch einmal das Schicksal herausgefordert hätte.

Die Crows hatten sie bereits entdeckt. Mitchell behielt die Neuigkeit eine halbe Stunde lang für sich, um sein Überlegenheitsgefühl über die Soldaten auszukosten, die ständig umherspähten, ohne etwas zu sehen. »Leutnant«, bemerkte er zuletzt, »lassen Sie haltmachen. Dort drüben auf dem Hügel sind ein paar Indianer, und dies hier ist ein guter Platz zum Verhandeln.«

Sie warteten, die Soldaten so geduldig wie ihre Pferde.

Mitchell erinnerte sich, wie es vor dreißig Jahren gewesen war, als er die Crows verlassen hatte – impulsiv, weil die Gelegenheit günstig gewesen war, aber der Gedanke war schon viel früher in ihm gereift.

Angefangen hatte es mit dem geringschätzigen Grinsen im Gesicht eines Pelzhändlers, als Mitchell mit einer Gruppe Crows zum Handelsposten geritten war und dafür gesorgt hatte, daß sie nicht übervorteilt wurden. Das Benehmen des Händlers hatte auch ohne Worte deutlich genug gesagt: Squawmann – Indianerfreund. Fühlt sich unter den Wilden wohl. Und so was war mal ein weißer Mann.

Als die Zeit kam, ging Mitchell zurück, um wieder ein weißer Mann zu sein.

Er hatte zu einem Trupp gehört, der zu Fuß ausgezogen war, um von den Cheyennen Pferde zu stehlen. Man hatte sie entdeckt, und im darauffolgenden Kampf war er mit einem Crow namens Treibt-sein-Pferd versprengt worden. Treibt-sein-Pferd war verletzt, und sie hatten zu zweit nur ein Pferd. Als sie zehn Meilen vom Lager der Cheyennen an einen Fluß gekommen waren, hatte Mitchell erkannt, daß der Verwundete die Flucht nicht überleben konnte.

Bis zum Morgengrauen war er bei ihm geblieben. Dann hatte er ihm mit einem Messer den Tod gegeben und war mit dem erbeuteten Pferd weitergeritten.

Er hatte sich selbst überredet, daß es notwendig und sogar gnädig gewesen sei, den Gefährten zu töten. Er hatte ihn auch skalpiert, damit es mehr nach Arbeit der Cheyennen aussah, doch zog er es vor, dieses Detail aus seinem Gedächtnis zu verbannen.

Wenn die Crows, zu denen er nun zurückkehrte, die Wahrheit über sein Verschwinden wußten oder vermuteten, stünde ihm kein gnädiges und schnelles Ende bevor.

Als die beiden Indianerspäher den Hügel herunterkamen, stieß Mitchell geräuschvoll seinen Atem aus. Niemand hätte sagen können, daß er seufzte. Mit weit ausholender Geste nahm er seinen schäbigen Hut ab, damit die Crows sehen konnten, was von dem buschigen roten Haar übriggeblieben war, auf das er einst stolz gewesen war. Die dünnen, mit Grau durchmischten Locken hingen ihm von den Schläfen bis auf die Schulter herab.

Er beobachtete die Indianer, wie sie ihre struppigen Pferde schräg über den Hang trotten ließen, und dann fiel es ihm ein: Sie waren zu jung, um sich an ihn erinnern zu können. Es waren allem Anschein nach geübte und erwachsene Krieger, doch nicht alt genug, um auf den Kriegs- und Beutezügen früherer Zeiten seine Kameraden gewesen zu sein.

Die beiden Crows hielten an und starrten herüber. Einer fragte etwas. Mitchell verstand die Worte nicht, und es überlief ihn kalt. Er dachte: Habe ich ihre Sprache verlernt, oder werde ich taub?

Der Indianer sprach wieder, und Mitchells Zweifel verflogen. Was der Crow mit einem Unterton von Ergriffenheit und Ehrfurcht in der Stimme sagte, war: »Eisenkopf ist zurückgekommen!«

»Ich bin Eisenkopf«, antwortete er. »Ich bin zu meinen Brüdern zurückgekehrt.«

Der Mann, der gesprochen hatte, stieg ab und ging auf Mitchell zu. Seine Bewegungen waren stolz, doch ohne Arroganz. Er war ein Krieger und durfte sich jedem anderen Mann ebenbürtig fühlen.

Er blickte aufmerksam in Mitchells Gesicht und sagte: »Ich bin Büffelschulter. Ich bin der Sohn von Eisenkopf.«

Mitchell blinzelte. »Bei Gott«, murmelte er. »Es könnte sein.« Er wollte fragen: Und was ist mit Stiller Mund, deiner Mutter? Ist sie am Leben, oder ist sie jung gestorben, vor langer Zeit?

Er sprach ihren Namen nicht aus. Die Nachricht über Stiller Mund konnte keine gute Nachricht sein. Er wollte nicht wissen, daß sie tot war. Er wollte nicht wissen, daß sie alt war.

Er wurde sich der wachsenden Gereiztheit und Ungeduld des Leutnants bewußt, doch er ließ Bradford auf die Erläuterung des Wortwechsels warten. Zu Büffelschulter sagte er: »Mein Sohn ist ein Krieger. Hat er Coups gezählt?«

»Viele Male«, antwortete Büffelschulter mit angemessenem Stolz.

Mitchell streckte seine Hand aus, und der Krieger nahm sie.

Mitchell wandte den Kopf und grinste den Leutnant an. »Ich habe Ihnen gesagt, daß ich Einfluß auf sie habe. Sie haben Eisenkopf nicht vergessen. Dieser junge Mann sagt, er sei mein Sohn, und ich wußte nie, daß ich einen hatte.«

Mitchell und Bradford ritten Seite an Seite, als sie das Dorf der Crows erreichten. Sie haben nie erfahren, wie es mit Treibt-sein-Pferd war, dachte Mitchell erleichtert. Sie entsinnen sich nur der guten Dinge, und so soll es auch sein. Nun, ich habe ihnen stets Glück gebracht; sie haben es immer gesagt. Ich war gute Medizin – bis zu jenem letzten Gefecht.

In jenen alten Tagen war ihre Jagd erfolgreich gewesen, und ihre Krieger waren singend aus dem Kampf zurückgekehrt, mit Skalps und erbeuteten Pferden und Geschichten, die dem Stamm zur Ehre gereichten.

Sie hatten immer Glück gehabt, bis zu diesem letzten Überfall, als die Krieger versprengt wurden und Eisenkopf seinen Freund tötete, um wieder Mahlon Mitchell zu werden.

»Sie denken gut von Ihnen«, kommentierte der Leutnant.

Mitchell konnte es sich leisten, bescheiden zu sein. »Sie pflegten zu sagen, ich sei gute Medizin.«

Aber für mich selbst war ich keine gute Medizin, mußte er sich eingestehen. Als ich sie verlassen hatte, ging es abwärts mit mir. Er dachte ungern an die trostlosen Jahre, in denen er sich mit gleichbleibendem Mißerfolg als Farmer, Händler, Grobschmied, Deckarbeiter und Fuhrunternehmer versucht hatte. Zuletzt war er in das Grenzland zurückgekehrt, wo er aufgewachsen war, um für die Armee zu arbeiten. Das Leben hatte keinen Reiz mehr. Die Jugend war unwiederbringlich dahin, aber ihre Gefährtin, die Gefahr, die er damals geliebt hatte, ließ sich noch immer finden, wenn man sie suchte. Als er sich um den Kundschafterposten beworben hatte, wußte er, daß er sich damit vielleicht auf sein letztes Abenteuer einließ.

»Sie kennen Gelbes Kalb, sagten Sie?« fragte Bradford.

»Ziemlich gut. Ich war mit seinem älteren Bruder befreundet. Gelbes Kalb ist ungefähr zehn Jahre jünger als ich. Er war noch ein Junge, als ich zu den Crows kam. Als ich sie verließ, war er gerade zum Krieger geworden. Ich erinnere mich noch an den ersten Kriegszug, an dem er teilnahm.«

Das Leben eines Crow-Indianers war einer strengen Ordnung unterworfen. Er wuchs mit der Sehnsucht nach Ruhm auf. Er fastete und betete um magische Kräfte, um Medizin. Wenn er sie erlangt zu haben glaubte, suchte er Kampf und Gefahr, um sich zu bewähren. Und nach einer mehr oder minder langen Zeitspanne starb er. Das Leben eines weißen Mannes war unendlich komplizierter. Es gab zu viele Dinge, die er sich wünschen konnte, zu viele Möglichkeiten, auf der Suche nach ihnen zu scheitern.

Unsere Jugend liegt weit zurück, dachte Mitchell wehmütig, als der Häuptling zu ihnen kam. Die Jahre hatten tiefe Furchen in das dunkle Gesicht gegraben.

Gelbes Kalb streckte seine Hand nicht aus. Er stand da

und starrte in Mitchells Gesicht. Dann fragte er respektvoll, fast demütig: »Ist es Eisenkopf selber, der zu seinen Brüdern zurückgekehrt ist?«

Er hat mich wiedererkannt, sagte sich Mitchell, und er hat Angst. Er denkt, ich sei vielleicht ein Geist.

»Es ist Eisenkopf selber, der einmal mit den Geistern gelebt hat«, antwortete er. »Die Geschichte ist allein für Gelbes Kalb bestimmt.«

Die Krieger, die in jener ersten Nacht mit dem Leutnant zusammensaßen und rauchten, waren vornehme Männer, deren Gesellschaft sich niemand zu schämen brauchte. Aber sie waren nur Unterhäuptlinge.

In einer anderen Hütte saß Gelbes Kalb allein mit Mahlon Mitchell, der sich Zeit ließ, seine Geschichte vorzutragen.

»Gelbes Kalb ist ein großer Krieger und ein Führer seines Volkes«, sagte Mitchell. »Als wir junge Männer waren, wußte ich, daß es so sein würde.«

»Ich wußte es nicht«, antwortete Gelbes Kalb nachdenklich. »Eisenkopfs Medizin muß es ihm gesagt haben. Seine Medizin war immer stark.« Nach einer Pause setzte er hinzu: »Ich hoffe, mein Bruder Eisenkopf hat sie noch immer.«

Mitchell durfte sein Versagen nicht zugeben. »Ich habe jetzt eine bessere Medizin«, log er. »Denn einige Zeit lang – ich weiß nicht, wie lange es war – lebte ich mit Geistern.«

Er rauchte schweigend und ließ die furchtsame Beklemmung des Häuptlings anwachsen, bevor er die Geschichte erzählte. Er improvisierte sie und verwendete Bruchstücke von anderen magischen Erzählungen, die er früher in den Hütten der Crow-Indianer gehört hatte. Er berichtete, wie er Seite an Seite mit Treibt-sein-Pferd gegen einen Krieger gekämpft hatte, der größer und größer geworden war, bis er sich schließlich in einen weißen Wolf verwandelt und Mitchell weit fort in eine neblige Welt entführt hatte, wo alle Menschen Wölfe waren, und wie er ihn dort festgehalten hatte.

Gelbes Kalb bedeckte zum Zeichen der Verwunderung seinen Mund und schüttelte voll Mitgefühl den Kopf.

»Ich habe Treibt-sein-Pferd nie wieder gesehen«, schloß Mitchell seinen Bericht. »Ich sehe ihn auch heute nicht. Auch Buckliger Stier und Wirbelwind, die an jenem Tag mit uns waren, habe ich nicht gefunden.«

Gelbes Kalb schüttelte den Kopf. »Sie sind tot, und viele andere mit ihnen. Wirbelwind liegt nicht weit von hier. Lange Zeit nach jenem Kampf ritt ich in das Land der Cheyennen und suchte, bis ich meinen Bruder Treibt-sein-Pferd fand. Ich erkannte seine Knochen an den Dingen, die bei ihnen lagen. Ich brachte alles in eine Decke gewickelt zurück. Ich dachte, die Cheyennen hätten ihn getötet. Nun weiß ich, daß es der weiße Wolfsgeist war.«

Mitchell nickte traurig. »Selbst nachdem der weiße Wolf mich mit einem Donnerschlag in der Dunkelheit neben einem Fluß absetzte, kam ich nicht zu den Crows zurück. Ich glaubte, ich brächte ihnen Unglück, weil die Geister meinen Medizinbeutel weggenommen hatten. Also ging ich zu den weißen Männern, um es herauszufinden. Aber es war nicht so. Wo ich auch hinkam, waren die weißen Männer vom Glück begünstigt. Ich glaube, ich habe jetzt eine bessere Medizin als zuvor.«

»Es ist wahr, daß sie immer stärker und reicher werden«, stimmte Gelbes Kalb zu. »Ich bin froh, daß Eisenkopf wieder zu den Crows gekommen ist.«

Er scheint zu glauben, daß ich bleiben will, dachte Mitchell. Den Crows geht es nicht mehr so gut wie früher. Nicht mehr so viele gute Pferde, und ihre Hütten sind verfallen. Der Hunger ist bei ihnen zu Gast.

»Eisenkopf hat unter den Crows einen Samen gepflanzt«, fuhr Gelbes Kalb fort. »Er ist zu einem starken Baum herangewachsen. Auch ich habe Söhne, und so ziehe ich nicht mehr in den Kampf. In der Hütte, die für Eisenkopf bereitsteht, wartet eine Frau. Sie ist alt. Vielleicht möchte Eisenkopf lieber eine junge Frau dort haben.«

»Auch Eisenkopf ist nicht mehr jung«, antwortete Mitchell lächelnd.

Unterwegs zur Hütte fiel ihm ein, daß sie nie eine Schönheit gewesen war und jetzt eine unförmige alte Squaw sein würde. Aber sie hatte nie Ansprüche gestellt und war ihm nie durch Geschwätzigkeit auf die Nerven gefallen, wie er es von weißen Frauen kannte. Bei Gott, dachte er, es ist ein Gefühl, als käme ich nach Hause.

Zufriedenheit wärmte ihm das Herz. Hier, sagte er sich, behandeln sie einen Mann, wie es sich gehört. Wenn er alt ist, wird für ihn gesorgt, und er braucht nicht mehr zu kämpfen.

Sie wartete am Eingang der Hütte und hatte eine Decke über ihr Gesicht gezogen. Ohne sie zu sehen, wußte er, wie sie aussah. Formlos und runzlig, ohne Freude, aber mit einem stillen Stolz, den ihr niemand nehmen konnte, es sei denn, sie verlöre ihren Sohn, wie sie einst seinen Vater verloren hatte.

Mitchell trat in die kümmerliche Behausung ein und setzte sich auf den ihm gebührenden Platz des Familienoberhauptes. Ohne sie zu begrüßen, sagte er, »Eisenkopf möchte, daß seine Frau ihm das Haar bürstet.«

Sie gehorchte wortlos. In friedlicher Stille bürstete sie sein Haar mit dem Schwanz eines Pelztieres. Sie hätte sagen können, daß sein Haar dünn geworden sei oder daß er sie verlassen habe. Sie hätte ihn mit bittern Vorwürfen überschütten können. Aber das einzige, was sie nach einer Weile sagte, war: »Es ist gut, daß Eisenkopf zu seinem Volk zurückgekehrt ist.«

Mein Volk, dachte er. Er fühlte sich ihm mehr zugehörig als er sich jemals den Weißen zugehörig gefühlt hatte. Warum sollte er nicht bei diesen Leuten bleiben?

»Ich hatte zwei weiße Frauen«, sagte er ihr. »Stiller Mund ist eine bessere Frau als jede von ihnen.«

Soviel Anerkennung war er ihr schuldig. Mochte sie es ihren Freundinnen erzählen ...

Leutnant Bradfords Mission war erstaunlich leicht zu einem erfolgreichen Abschluß gekommen, obgleich die Verhandlungen einen halben Tag des Zeremoniells und der Beredsamkeit erfordert hatten. Ja, die Crows würden den Sioux keine Munition mehr verkaufen. Die Sioux waren Feinde, und man trieb mit ihnen nur Handel, weil man Waren benötigte, die die Crows nicht besaßen. Die Crows würden sich freuen, diese Waren als Geschenke ihres weißen Vaters anzunehmen.

Gelbes Kalb sprach: »Einst lebte unser Bruder Eisenkopf mit uns. Seine Medizin war gut. Wir waren ein reiches Volk mit vielen starken Kriegern und guten Pferden. Wir waren nicht oft hungrig.«

Er begann detailliert die Größe seines Volkes und Eisenkopfs Tapferkeit und das Glück, das er ihnen gebracht hatte, zu schildern. »Dann ging Eisenkopf fort, und wir wußten nicht, warum. Nun ist er zurückgekommen, um uns zu berichten, was ihm widerfahren ist.«

Mitchell erzählte ihnen die gleiche Geschichte, die Gelbes Kalb gehört hatte, und er erzählte sie, wie man es von einer guten Geschichte erwartete, in allen Einzelheiten und ohne die geringste Abweichung. Dann setzte er sich, und als Leutnant Bradford irritiert die Stirn in Falten zog, weil er die lange Rede nicht verdolmetscht hatte, schenkte er ihm keine Beachtung.

Für Mahlon Mitchell konnte es kein besseres Leben geben als dies, unter den Crows. Das Alter hatte seine Gelenke steif gemacht und plagte seinen Körper mit Schmerzen, aber hier war es nicht nötig, mit jüngeren Männern in Wettbewerb zu treten. Er konnte seine Coups mit seinesgleichen zählen, und seine Taten galten auch jetzt noch soviel wie damals, als er sie vollbracht hatte. Solange er lebte, würden die Frauen ihren Kindern seine Taten als leuchtende Beispiele darstellen. Und seine Frau würde sich um sein Wohlergehen kümmern.

Gewiß, die Indianer waren immer vom Hungertod bedroht, nie vor plötzlichen Angriffen sicher. Aber hier gab es Ehre und mehr Sicherheit als irgendwo sonst – wenn man Mitchell hieß. Er durfte ihnen nur nicht das Gefühl geben, er sei leicht zu umwerben.

»Eisenkopf ist zu seinen Brüdern zurückgekehrt«, sagte er feierlich. »Er würde gern bei ihnen bleiben. Aber seine Medizin sagte ihm nur, daß er zurückkommen solle. Er weiß nicht, ob es auch bedeutet, daß er bleiben soll. Er muß seine Medizin befragen. Morgen wird er gehen und in Erfahrung bringen, was zu tun ist.«

Ach, meine Brüder, ihr seid leichter zu täuschen als der weiße Mann. Ich kann euch um meinen kleinen Finger wickeln. Nie werdet ihr erfahren, daß meine Medizin nur bei euch etwas taugt.

Als er sich zu dem Hügel aufmachte, wo er seine Medizin befragen wollte, stand Mitchells Entschluß bereits fest. Gelbes Kalb hatte ihm gesagt, wo der Körper von Wirbelwind bestattet worden war, nachdem der Krieger vor neun Wintern an seinen Wunden gestorben war. Es hatte tagelange Trauerfeiern gegeben. Seine Frauen hatten sich die Haare abgeschnitten und die Beine blutig gegeißelt.

Auf einer Plattform aus Zweigen, hoch in einem Baum, lag unter freiem Himmel, was von Wirbelwind übriggeblieben war. Die brüchigen Fetzen einer Decke, die den Leichnam umhüllt hatte, hingen von der morschen Plattform herunter. Es waren keine Vögel da; Krähen und Geier hatten längst reinen Tisch gemacht. Am Fuß des Baumes lagen die gebleichten Knochen eines geopferten Pferdes.

Mitchell stieg steif und ächzend vor Schmerzen ab. Er reckte sich, stemmte die Hände in die Hüften und blickte zur Plattform hinauf. Dumpfe Erbitterung stieg in ihm auf, als er an die Vergangenheit dachte. Wirbelwind war in einer Hütte der Crows geboren worden und auf der Prärie gestorben. Er hatte ehrenvoll und ohne viele Zweifel gelebt, hatte in die Umgebung gepaßt, die für ihn bestimmt gewesen war, und nie nach einer besseren suchen müssen.

»Kommt das Pferd, das sie für dich getötet haben, wenn du ihm pfeifst?« fragte er laut. »Hält dich diese verrottete Decke im Winter warm?«

Abergläubische Dummköpfe, dachte er. Vor allem hatten die Crows Angst – nur nicht vor dem Tod. Jedes Tier konnte ein Geist sein, jedes Vogelgezwitscher eine Botschaft. Die Botschaften waren geheimnisvoll, die Geister fast immer böse. Die Crows waren Wilde; sie zitterten vor allem, was um sie war, sehnten sich nach guter Medizin, die sie vor unverständlichen Gefahren retten sollte.

Er pflockte sein Pferd am Fuß des Medizinhügels an. Plötzlich spürte er das Verlangen, sein Herz der Magie zu öffnen, wie die Indianer es taten, statt sie als Unsinn zu verachten, weil er ein weißer Mann war.

Er hatte alles das schon einmal durchgemacht, den Hunger und den Durst allein auf einem Berg, aber diesmal war es schlimmer, denn er war nicht mehr jung und hatte keine Hoffnung, daß er an dieser Stätte jene demütige Ehrfurcht verspüren würde, die ein Indianer empfand, der mit seiner Naturreligion verwachsen war. Offiziell durfte er weder essen noch trinken, bis er die Botschaft des Geistes empfing.

Aber wer würde es schon sehen, wenn er im Dunkel der Nacht Proviant aus den Satteltaschen holte oder aus der Quelle trank? Bei Tage sang und tanzte er, wie es der Ritus der Geisterbeschwörung verlangte.

Am dritten Tag ruhte er sich aus und ließ sich von der Sonne wärmen. Noch war er Mahlon Mitchell, aber bald würde er wieder Eisenkopf sein und es für immer bleiben.

Leutnant Bradford begleitete die Indianer, die Eisenkopf ins Dorf zurückgeleiteten, und er teilte Bradford seine Entscheidung mit: »Ich werde bei den Crows bleiben.«

»Wirklich, Mr. Mitchell? Natürlich steht es Ihnen frei; wir können Sie nicht zwingen, zum Fort zurückzukehren.«

Er wußte, daß sie es lieber gesehen hätten, wenn er mit ihnen geritten wäre, schon deshalb, weil er sie sicher zurückführen konnte, vielleicht aber auch, um der Meldung des Leutnants beim Major mehr Substanz zu geben. Aber niemand konnte Eisenkopf herumschubsen. Mit Mahlon Mitchell, dem weißen Mann, konnte man so etwas machen. Als Mitchell mußte er sich herumschubsen und erniedrigen und kommandieren lassen. Als Eisenkopf war er ein Krieger der Crows.

»Ich will Sie zu nichts überreden und schon gar nicht zwingen«, fuhr Bradford fort. »Aber wenn Sie dableiben wollen, müssen Sie natürlich auf Ihre Bezahlung verzichten. An Ihrer Stelle würde ich es vorziehen, mit Geschenken zu ihnen zurückzukehren. Ich würde nicht gern arm und mit leeren Händen kommen und ihre Gastfreundschaft annehmen.«

»Was ich habe, ist mehr wert als Geschenke«, erwiderte Mitchell. »Für sie bin ich gute Medizin, ein Glücksbringer.«

Sie ritten schweigend zum Dorf zurück, aber Mitchell überlegte angestrengt. Er war arm zu ihnen gekommen, und sie hatten ihn mit Freude und offenen Armen aufgenommen. Brächte er ihnen aber kein Glück, könnten sie sich daran erinnern. Käme er dagegen reich, mit Geschenken, die er großzügig unter sie verteilte, würden sie auch das nie vergessen. Er grübelte immer noch darüber nach, als Stiller Mund ihm nach dem Schwitzbad half, sich für den Rat zurechtzumachen, wo er berichten wollte, was seine Medizin ihm zu tun geheißen hatte. Sie brachte ihm Farbe und einen wertvollen Spiegelscherben. Und sie legte die alte Halskette aus Bärenkrallen vor ihn hin, die sie über dreißig Jahre lang für ihn verwahrt hatte, und sie hatte auch eine Feder für sein Haar – die einzelne Adlerfeder, die nur ein bewährter Krieger tragen durfte.

Er war eingehüllt in Zufriedenheit. Er kehrte zurück zum guten Leben und diesmal würde er bleiben. Gewiß, es würden Hungersnöte kommen, und die Winterkälte war bitter, wenn man in einer Hütte aus Stangen und Fellen lebte. Zahnschmerzen konnten die Hölle sein, und ein Grobschmied mit einer Zange konnte mehr dagegen tun, als ein Medizinmann mit allen seinen Zauberformeln. In einem Indianerdorf herrschte immer Gestank, die indianische Geisterreligion war ein Unfug, und immer gab es zuviel Lärm. Aber Respekt und Ehre und das Bewußtsein, erwünscht zu sein – das wog alles andere auf.

Stiller Mund trat murmelnd zurück, und als Mitchell sich umwandte, stand Leutnant Bradford im Eingang der Hütte.

Er räusperte sich und fragte höflich: »Werden sie Einwände erheben, wenn ich an der Ratssitzung teilnehme?«

»Das ist möglich«, sagte Mitchell. »Aber ich kann sie ihnen ausreden.« Er schämte sich auf einmal seiner bemalten Nacktheit und des barbarischen Schmuckes aus Tierkrallen und Federn. In seiner Jugend hatte er nichts dabei gefunden, in indianischer Tracht herumzulaufen. Aber in jenen Tagen hatte es keine uniformierten Kavallerieoffiziere gegeben, die ihm mit einem Schweigen betrachteten, das Verachtung verbergen mochte.

Er wollte den Leutnant in seine Schranken weisen und fragte: »Glauben Sie, daß Sie den Weg zum Fort zurückfinden werden, ohne Ihr Haar zu verlieren?«

»Ich denke schon«, erwiderte Bradford. Nachdenklich fügte er hinzu: »Wenn Sie nicht einen gewissen Ruf als Kundschafter hätten, könnte man glauben, daß Sie hierbleiben, weil Sie nicht noch einmal durch das Gebiet der Sioux gehen wollen.«

Mitchell wurde zornig, aber er beherrschte sich. »Ich will das auf sich beruhen lassen, Leutnant. Sie sind als Freund zu den Crows gekommen. Wir werden Sie als Freund ziehen lassen.«

Als sein Sohn und mehrere andere Krieger kamen, um ihn zur Beratungshütte zu geleiten, wußte Mitchell genau, was er sagen wollte.

Er betrat die Hütte, sah die ernsten, dunklen Gesichter um das Feuer, und ließ sich leise seufzend auf dem für ihn freigehaltenen Platz nieder. Er fühlte die alte Freundschaft um sich, und das Bewußtsein, geehrt und erwünscht zu sein, erfüllte ihn mit tiefer Befriedigung. Aber bevor sie sich seiner sicher fühlen durften, sollten sie ihn noch mehr schätzen lernen. Das würde nicht zuletzt auch dem Leutnant eine Lehre sein.

Nach dem langwierigen Eröffnungszeremoniell stand er auf.

»Eisenkopf wird mit seinen Brüdern, den Crows, leben«, sagte er ernst. »Er kommt zurück, und die Crows werden für immer seine Brüder sein. Dies hat ihm seine Medizin gesagt.«

Er wiederholte die Sätze für Bradford, während die Indianer stumm warteten. Der Widerschein des Feuers zuckte über ihre dunklen, stolzen Gesichter.

Gelbes Kalb nahm das Wort. »Es ist gut, daß Eisenkopf zu seinem Volk kommt. Nun wird es wieder stark sein, denn Eisenkopf ist gute Medizin für die Crows. Aber er sagt, daß er zurückkomme. Ich hätte gern gewußt, was das bedeutet. Er ist bereits hier.«

»Eisenkopf geht zuerst zum Fort, wo die weißen Soldaten sind«, erklärte Mitchell. »Er hat versprochen, zum Fort zu gehen und den weißen Häuptlingen zu sagen, daß die Crows ihre Freunde sind. Dann wird er mit Geschenken zu seinen Brüdern zurückkehren.«

Auch das wiederholte er für den Leutnant.

Die Reaktion war stärker, als er erhofft hatte. Die Indianer baten und argumentierten. Einer nach dem anderen brachten sie ihre Gründe vor, warum Eisenkopf dableiben und nicht mehr zum Fort zurückgehen solle. Einer meinte, er habe vielleicht nicht verstanden, was seine Medizin gesagt habe, und der Rest stimmte murmelnd zu, daß dies in der Tat so sein könne. Mitchell sah, daß sie zutiefst beunruhigt waren.

Betrübt versicherte er ihnen, daß ein Irrtum ausgeschlossen sei. Er müsse zuerst zum Fort gehen, dann werde er für immer bei den Crows bleiben.

Es schien ihm, daß ihre Gesichter Trauer und Kummer ausdrückten. Ich habe sie in der Hand, sagte er sich. Diese guten, einfältigen Menschen schätzen mich höher als alle Geschenke.

Sie forderten nur eins: daß er noch einen Tag bleibe. Sie wollten ein Fest für ihn veranstalten ...

Der kleine Trupp der Weißen machte sich am Morgen nach dem Fest auf den Weg. Zur Ehre Eisenkopfs zog eine Prozession der Indianer mit, um ihm das gebührende Geleit zu geben.

Mitchell fühlte sich unwohl und verdammte seinen schwachen Magen, der es ihm verwehrte, seinen Triumph voll auszukosten. Gelbes Kalb, Büffelschulter und ein gutes Dutzend anderer Krieger ritten mit ihm, und sogar ein paar Frauen waren dabei, die sich um das Gepäck kümmerten. Unter ihnen befand sich auch Stiller Mund, Eisenkopfs Frau. Sie ritt ein geschecktes Pferd und führte ein zweites mit sich, das ein Schleifgestell aus Stangen und Rohlederriemen zog.

Um die Mittagszeit fühlte Mitchell sich so elend, daß es ihm gleich war, was die anderen taten oder sagten.

»Zuviel Hundefleisch beim Festschmaus, was?« fragte der Leutnant süffisant. »Mir hat es schon beim ersten Bissen den Magen umgedreht.«

»Ich habe schon früher Hundefleisch gegessen«, murmelte Mitchell. »Hundefleisch ist nicht schlechter als anderes.«

Beim Absitzen konnte er sich kaum auf den Beinen halten, und als er sich hinlegte und zu schlafen versuchte, saß Stiller Mund neben ihm ...

Er wachte stöhnend auf und fühlte ihre streichelnde Hand auf seiner nassen Stirn.

Am folgenden Morgen ging es ihm nicht besser.

»Wir müssen uns beeilen«, sagte Bradford. »Im Fort ist ein Arzt, der wird Ihnen wieder auf die Beine helfen.«

Mitchell hatte kein Verlangen, sich zu beeilen. Er wurde von Magenkrämpfen gefoltert. Er konnte sich nicht einmal erinnern, wie viele Tagesreisen noch zwischen ihnen und dem Fort lagen.

»Ich werde einen Reiter vorausschicken, um den Arzt zu holen«, versprach Bradford, »sobald wir das Siouxgebiet hinter uns haben.«

Mitchell krümmte sich und gab keine Antwort.

An diesem Tag konnte er nicht reiten. Sie banden ihn auf das Schleifgestell, und bevor die Reise weiterging, kam er soweit zu sich, daß er dem Leutnant sagen konnte: »So – so haben sie mich zurückgebracht – nach einem Gefecht mit den Schwarzfußindianern.«

Und ich habe es überlebt, dachte er noch, bevor er wieder in Agonie versank. Und einige Zeit später dachte er noch etwas: Ich war noch nie so krank wie jetzt. Diesmal könnte ich sterben.

Manchmal teilte sich die Schwärze wie ein Vorhang, und Mitchell, wie ein Ertrinkender in der Flut seiner Schmerzen, sah Gesichter: Bradford, der sich bekümmert über ihn beugte und Fragen stellte, die er nicht beantworten konnte; Sergeant O'Hara, der ihm Wasser brachte, das er nicht trinken konnte; Stiller Mund, die ihm sanft ihre Hand auf die Stirn legte. Das riß ihn aus seiner Apathie. Sie schien vergessen zu haben, welcher Platz ihr gebührte und zeigte vor allen anderen, daß Eisenkopf ihr gehörte. Eine Angst, die er nie gekannt hatte, überschwemmte ihn, aber er war zu schwach und elend, um ihre Hand wegzustoßen.

Er sah das Gesicht von Büffelschulter, seinem Sohn. Er war ernst und wachsam.

Dann wieder der Leutnant mit sorgenvoller Miene.

»Anhalten!« keuchte Mitchell. »Anhalten!«

Er mußte auf etwas warten. Es hatte keinen Sinn, davor

zu fliehen. Sollte es kommen und den Qualen ein Ende machen.

Er sah das dunkle Gesicht seines Freundes Gelbes Kalb. Der Häuptling blickte mit einem Ausdruck auf ihn herab, den er in diesem braunen, faltigen Gesicht noch nie gesehen hatte.

In einem entsetzten Aufbäumen seines Verstandes begriff Eisenkopf, daß er die Crows nicht in der Hand hatte. Denn was er in dem verwitterten Gesicht des Indianers sah, war Mitleid.

Das Festessen! Sie haben mich vergiftet! Er öffnete seine trockenen Lippen und keuchte: »Warum? Warum?«

»Es tut uns leid, daß wir so handeln mußten«, antwortete Gelbes Kalb. »Aber Eisenkopf ist gute Medizin für mein Volk. Nun wird er nie mehr von seinen Brüdern weggehen, die ihn brauchen.«

Nachdem ihre Eskorte am Ufer eines Flusses zurückgeblieben war, ritten die weißen Soldaten rasch weiter.

Zum Klagegesang der Frauen errichteten die Indianer am Ufer eine Plattform in einem Baum, die den Körper von Eisenkopf aufnehmen sollte. Sie wollten, daß seine gute Medizin für immer und sicher im Land der Crows verwahrt bliebe.

Hanta Yo

Jeder am Rapid Creek half mit bei der Vorbereitung der Sonnenschau, die wichtigeren Aufträge aber wurden von der lyuptala-Gemeinschaft erteilt. Zusammen mit den Pfeifen-Bewahrern aller Krieger-Gemeinschaften bildeten die lyuptala eine Gruppe, deren Aufgabe unter anderem darin bestand, die acht Keulenträger zum Fällen des Sonnenpfahl-Baumes und vier Junge, unverehelichte Frauen auszuwählen, die Kerben in diesen Baum schnitten, bevor er durch eine scharfkantige Steinkeule gefällt wurde.

Doch das Vorrecht, jenen Mann zu bestimmen, der den geraden, schlanken, als Sonnenpfahl geeigneten Baum aussuchte, stand Ahbleza zu. Und so schickte er Tonweya, diese Wahl zu treffen und Stöcke an die Seiten des ausgesuchten Baums zu stellen und vor ihm Salbei auszulegen.

In der Morgendämmerung des zweiten Tages rief Wanaġi alle Seher zusammen; er gab Anweisung, daß jede Gruppe einen Vorbereitungs-Wigwam, einen Initi, zu errichten und Helfer für ihre Tänzer zu stellen hätte. Als Leiter des ganzen Unternehmens übernahm er selbst die Verantwortung für die Beschaffung von Süßgras, Farbe für den Pfahl und einer Pfeife für besondere Rituale.

»Ihr werdet mich Rinde vom Holz schälen und rote Streifen auf den Pfahl malen sehen, und ihr werdet mich bei der Arbeit singen hören«, erklärte Wanaġi den versammelten Wapiya. »Als nächstes werdet ihr mich meinen Körper in ein fließendes Gewand hüllen und mein Gesicht rot bemalen sehen. Ich werde meine Hände in diese Farbe tauchen. Und ihr werdet wissen, warum ich in dieser Weise handle.«

Er fuhr fort: »Ihr werdet mich Erde weichmachen und in diesen unbewachsenen Boden zwei gekreuzte Linien furchen sehen. Diese Kerben werde ich mit Pfeifenmischung füllen und diese mit rotem Pulver bedecken, und dann werdet ihr mich glitzernden Steinstaub auf das rote Pulver streuen sehen.

Ihr werdet mich dort, wo die Linien sich kreuzen, Brustfedern hinlegen sehen und mich singen hören, während ich diesen Erdflecken vorbereite. Und ihr werdet wissen, warum ich in dieser Weise handle.«

Als Wanaġi das ›hau‹ hörte, womit die Geheiligten-Männer bekundeten, daß sie ihn verstanden hatten, benannte er seine persönlichen Helfer – zwei, die, wie er selbst, nie einen Mann getötet noch ihre Macht zum Zerstören von irgendwelchen Dingen verwendet hatten. Er ersuchte den einen, einen alten Wakanhca von den Śiyo, ihn beim Fällen des Baumes zu vertreten, und den anderen – Śunihanble von den Mahto – für ihn die Leitung der Inipi-Zeremonien zu übernehmen. Auf diese Weise konnte sich Wanaġi großenteils im Vorbereitungs-Wigwam bei Ahbleza aufhalten.

Ahbleza hatte viele Tage an jenen Dingen gearbeitet, die von dem anführenden Sonnenschauer verlangt werden. Er hatte alles zu liefern, was an den Sonnenpfahl gehängt wird: ein Streifen aus roter Haut für eine Stelle unmittelbar unter der Spitze, ein in halber Höhe anzubringender Beerenbusch und ein Bündel in Manns-, ein anderes in Pte-Gestalt, die an einem der Tage von Sonnenauf- bis Sonnenuntergang an dem Pfahl zu hängen hatten.

Cankuna hatte ihm eine zeremonielle Schürze für Schenkel und Beine geschenkt, und in diese Niteiyapehe ihr Traum-Muster gestickt. Und Kehala hatte einen kurzen Streifen zum Umwickeln des Rohres der Visions-Pfeife, der alten Pfeife des Traum-Paares, bestickt. Und so war nun Ahbleza bereit, sich in den einsamen Wigwam zurückzuziehen, und dort während der nächsten drei Nächte zu bleiben.

Am Mittag dieses zweiten Tages am Rapid Creek probierte der Trommelmacher im Oglalalica-Lager seine neue Trommel aus, seine zwanzig neuen Schlegel mit der Haarseite nach außen, so daß sie tiefe Töne erbrachten. Er machte sich auch auf die Suche nach einem bestimmten Verkünder, einem mit Worten höchst sorgfältig umgehenden Mann, der ihm helfen sollte, die besten Sänger-Trommler im Lager herauszufinden.

Eben dieser Verkünder, dessen Aufgabe es unter anderem war, den Leuten auf Fragen nach der Sonnenschau zu antworten, hatte soeben die Wahl Wozes als Heyoka bekanntgegeben, der in der Morgendämmerung des dritten Tages, des Tages des Gewährenlassens, den Sonnenpfahl erklettern und Sinnzeichen am Querstück anbringen wird.

Als die Sonne jetzt die Mitte überschritten hatte, zog das Volk in laut redenden Gruppen umher, und überall in den Lagern herrschte buntes, lebhaftes Treiben. Überall tanzten und sangen junge Leute für kleine Gaben, Fleisch oder etwas anderes, die sie, um ein Lächeln hervorzulocken, an die weniger Fröhlichen verteilten. Und am Rande des Lagers ertönten die aufgeregten Rufe der Keulenträger, die zu Fuß oder beritten, um die Wette Groß-Ohren jagten und von der Mehrzahl der Sonnenschauer um Schwanzbüschel gebeten wurden, um sie sich fürs Tanzen an die Knöchel zu binden und so ihre Füße zum Hoppeln und Springen zu bringen.

Und auch die verschiedenen Seher machten sich eifrig zu schaffen, suchten Botenjungen zusammen, Salbeisammler, Wasserträger, Pferde-Hüter, und es entging ihnen auch nicht eine Gruppe von unverehelichten jungen Frauen und Mädchen, die an einem auffälligen Ort feierten und sich als Wunden-Wischerinnen um die Ehre bewarben, sich der Verletzungen der Sonnenschauer annehmen zu dürfen.

Scheu und ab und zu gickernd betonte jede der Bewerberinnen, daß sie noch nie mit Männern gesprochen, daß noch nie die Hand eines Mannes sie berührt und sie noch in keiner Nacht das Band um ihre Schenkel gelöst habe. Und so saßen sie da, bereit, die Hand in ein von ihnen gegrabenes

Loch zu stecken und ein Messer herauszuholen. Bissen sie auf dieses Messer, so zeigten sie damit an, daß sie Keuschheit gelobt hatten und somit als Wundpflegerinnen für die Sonnenschauer geeignet waren.

Viele Personen hatten ihre eigene Tätigkeit unterbrochen, um diesem zeremoniellen Fest beizuwohnen, besonders junge Krieger, die diesen Frauen zuschauten und in ihnen mögliche Ehefrauen sahen. Andere freilich, plumpe, ungeschliffene Männer, waren gekommen, um an diesen Mädchen ihren Übermut auszuprobieren. Die meisten aber erfüllte dieser Anblick mit Stolz, und sie hatten ihre Freude daran, ihre Schwestern sich auf diese Weise unschuldig erklären zu sehen.

Olepi, der unter den Zuschauern stand, spürte Erleichterung, als er sah, daß sich unter diesen zwanzig keine Kiyuksa-Frau befand; nie wird er vergessen, daß eine ähnliche Zeremonie einst diese Gruppe spaltete.

Ein anderer Zuschauer aber empfand es als Kränkung, daß zwischen diesen Frauen nicht eine einzige aus seiner eigenen Gruppe saß. Und so drängte sich Tabloka, dessen Gesicht dunkel wie ein regnerischer Himmel war, vor.

Einen Augenblick stand der Kiyuksa mit verschränkten Armen da und betrachtete die hübsche junge Frau, die an der Reihe war, das Messer zwischen die Zähne zu nehmen. Dann bückte er sich und hob einen Klumpen Lehm von der Erde.

Das Mädchen zuckte mit entsetzten Augen zurück; sie hatte erkannt, was der furchterregende Krieger beabsichtigte. Und dann, als sie den Lehm sich ins Gesicht klatschen fühlte, sah sie auch schon Tablokas Mokassin ihre Fest-Schüssel umstoßen.

Tabloka packte das Mädchen am Arm, zog sie vor den Augen aller heraus und schleuderte ihr verächtlich entgegen: »Nur reine Frauen nehmen an diesem Fest teil. Doch hier hab ich eine, die einen Mann kennt.«

Ein bekümmertes Schreien erhob sich, über dieses Klagen

hinweg aber hörten die Zuschauer höhnische Rufe. Die Gefährtinnen der jungen Frau bedeckten jede ihren Mund mit der Hand und sahen mit Protest in den Augen umher; niemals würde dieses scheue Śiyo-Mädchen heucheln, niemals Unwahres als Wahrheit vortäuschen. Und jetzt warteten sie auf ihre Entgegnung, darauf, daß sie den Kiyuksa herausforderte und von Tabloka verlangte, daß er seinerseits in das Loch griffe, um den Pfeil herauszuholen, auf die Spitze zu beißen und so seine Anschuldigung zu bekräftigen.

Aber das geängstigte Mädchen sagte nichts. Sie stand beschämt mit gesenktem Kopf und niedergeschlagenen Augen da, als hätte sie sich in der Tat unberechtigt an diesem Fest beteiligt.

Tabloka ließ ihren Arm los. Mit harten Augen blickte er zu der zitternden Gestalt hin und wartete darauf, daß jemand ihr verteidigend zu Hilfe käme. Was ist mit ihren Verwandten? Vater, Großvater, Onkel oder sonst jemand von der Sippschaft? Wer wird sich der Stimme Tablokas widersetzen? Der Krieger stand abwartend da.

Keiner hob die Stimme. Wer will mit Sicherheit behaupten, daß dieses Mädchen keusch ist? Und falls Tabloka, dennoch herausgefordert, beteuernd auf den Pfeil beißt, gewiß wird das dann der Familie der jungen Frau übel bekommen.

Ihr Vater schwieg bekümmert. Und ihr Bruder? Ein Junge von acht, der noch Frauensprache spricht, kaum jemand, der gegen einen Krieger selbst dann ankäme, wenn er wirklich begriff, was hier vor sich geht.

Das schmerzverzerrte Gesicht ihrer Mutter wandte sich der Menge zu, aber sie traute sich nicht, auch nur ein Wort zu sagen. Noch werden sich die Brüder dieser Frau dem mächtigen Kiyuksa entgegenstellen und so Unheil über den Ring und den Ort der Sonnenschau bringen.

Mehr als ein Titonwan blickte verächtlich zu Tabloka hin, aber keine dieser Personen wagte den Mund zu öffnen. Sie, ebenso wie Olepi, erinnerten sich des von den Kiyuksa heraufbeschworenen Bruchs; auch wußten sie, daß innere Streitereien den ganzen Stamm schwächen. Aber gewiß doch war den Großvätern bekannt, auf welche Weise man mit Personen wie Tabloka umsprang; vielleicht werden diese Weisen die althergebrachten Prüfungen empfehlen.

Aber wer traut sich, diese harten Prüfungen vorzuschlagen oder diesen Krieger als Lügner abzustempeln, wenn weder das Mädchen noch ihre Verwandtschaft die Stimme erhebt? Und wer wünscht das Mädchen davonlaufen zu sehen, wenn Tabloka den Pfeil-Eid gegen sie auf sich nimmt? Und wer wird sich getrauen, laut – laut – zu fragen, ob der Kiyuksa dem Mädchen Gewalt antat oder ob er den Mann kennt, der Hand an sie legte?

Vier, fünf Krieger blickten nicht ohne Neid auf den unnachgiebigen Tabloka. Offensichtlich scherte sich der Mann keinen Deut um den Ruf des Mädchens; er benutzte einfach nur seinen gewagten Vorwurf, um seine Macht innerhalb der Gruppen auszuprobieren. Offenbar hatte er diese scheue junge Frau als eine Person herausgesucht, die keine Beschwerde führen wird, weil es ihrer Familie an jeder Art von Berühmtheit fehlt und ihre Tiyośpaye es kaum darauf ankommen lassen wird, das Treuebündnis Tablokas und seiner sieben Brüder ernsthaft auf die Probe zu stellen.

Lächelnd streckte Tabloka die Hand aus und berührte das Mädchen freundlich, dann verkündete er, daß er diese Śiyo-Frau, falls sie ihn akzeptiert, als Ehefrau in seinen Wigwam nehmen wird. Er bot ihrem Vater und Bruder als bescheidene Gabe zwei Pferde an, um auf diese Weise die Verlegenheit wettzumachen, in die sie sein Eingreifen brachte. Und zwei weitere Pferde wird er ihrem Onkel zukommen lassen.

»Ich betrachte diese junge Frau nicht als wirklich verderbt«, sagte er jetzt; »hat sie sich nicht um das Vorrecht beworben, die Gesichter der Sonnenschauer mit Salbei zu bestreichen? Ich sehe in ihr eine gute Frau, der es nur entfiel, daß Salbei in den Händen von Unreinen Unheil über die

Sonnenschau-Zeremonie bringt. Und so, meine Freunde, bitte ich euch, keinen Groll gegen diese hübsche junge Frau zu hegen, und sie statt dessen als gut anzuerkennen und zu achten.«

Seine fette Hand ließ die schlanke Hand des Mädchens fahren; er bat sie, ihre Sachen zu holen und zu ihm in seinen Wigwam zu kommen. Und vielleicht macht es ihrem jungen Bruder Vergnügen, sich ein Pferd auszusuchen?

Der Kiyuksa wandte sich ab und begab sich zu seinen Herden, wobei ihm der Bruder des Mädchens mit stolz tanzenden Augen dicht auf den Fersen blieb.

Peśla hatte der Szene staunend beigewohnt. Wer in den Mahto-Lagern kommt diesem Mann an Verwegenheit gleich? Was für ein Krieger, dieser Tabloka. Gewiß, Tawitko führte gegenwärtig die Kiyuksa, aber ebenso gewiß ist, daß sich Tabloka bald an seine Stelle setzen wird. Bald wird Tabloka die Kiyuksa und vielleicht eines Tages alle Titonwan führen. Das ist ein Mann, dem das Volk überall hin folgt. Das ist ein Mann, den Peśla frohen Herzens einen Verwandten nennt.

Der Sohn des Jägers sah zu einer zum Kiyuksa-Lager zurückkehrenden Gruppe von Frauen, von denen drei Ehefrauen von Tabloka waren. Er gewahrte, daß Cuwe, ebenfalls Ehefrau des Kiyuksa, den drei Frauen in einiger Entfernung folgte. Verärgert entsann Peśla sich plötzlich, daß seine zweite, mittlerweile vollreife Schwester Tacincala, noch in dem Wigwam seiner Mutter saß. Warum erbat sich der Kiyuksa nicht Tacincala, auf die er ein Anrecht hatte, statt das Śiyo-Mädchen zu seiner achten Frau zu machen? Selbst Tabloka wußte, daß ihm irgendwo Grenzen gesetzt waren.

Der Rufer forderte die Menge im Auftrag der Seher auf, sich zu zerstreuen; die jungen Frauen sollten fortfahren mit ihrer Feier, um so jedes unter ihnen aufkommende Mißtrauen zu beseitigen.

Der Verfemten jedoch, die jetzt einsam zur Unterkunft ihrer Mutter ging, konnten die Seher weder mit Worten noch mit Taten helfen.

Die junge Śiyo-Frau, während sie das Lager durchquerte, bemühte sich verzweifelt zu begreifen, warum ihr diese Schande widerfahren mußte. Der Kiyuksa-Krieger hatte sie nie zuvor berührt; erst an diesem Tag, als er sie plötzlich am Arm packte, war er ihr nahegetreten. Auch hatte kein Mann je das schützende Band gelöst, das sie um die Schenkel trug. Warum also schwiegen ihre Verwandten?

Erst jetzt ging ihr auf, daß sie selbst es war, die diesen Eindruck erweckt hatte; Tablokas Beschimpfung hatte ihr die Rede verschlagen, und so hatte sie seine Unterstellung nicht zurückgewiesen und nichts gesagt, um sich, ihre Familie und ihre Freunde zu schützen.

Von Verzweiflung gepackt, begann sie zu laufen. Und jetzt hielt sie sich nur noch an einen einzigen Gedanken: einen kräftigen Strick suchen und mit ihm zu einer Stelle außerhalb des Lagers gehen, wo ein verständnisvoller Baum ihre Entscheidung gutheißen wird.

Aber eine Frau holte sie ein, eine Frau mit verhülltem Gesicht, die rasch neben ihr herging. »Ich weiß, was du vorhast«, sagte sie, »aber hör mich an. Geh etwas langsamer, damit ich mit dir sprechen kann. Ich weiß, wie sehr eine solche schandbare Behandlung schmerzt. Und ich weiß, was es heißt, mit einem Mann zu leben, den du dir nicht selbst wähltest. Nimm dir also, was immer du in der kurzen Zeit brauchst, in der er dir den Vorzug gibt. Wichtiger noch ist, daß du dich jeder Zuneigung zu ihm verschließt. Denn nur so wird dir Leid erspart, wenn er dich dann von sich wirft.« Sie berührte den Arm des Mädchens. »Warte ab und stell die Suche nach einem Strick und einem Zweig ein. Vergegenwärtige dir, daß du mehr Grund hast, am Leben zu bleiben, als manche deiner Lakotah-Schwestern.«

Die Frau verschwand ebenso plötzlich, wie sie erschienen war und mit verhülltem Kopf und gedämpfter Stimme zu ihr gesprochen hatte.

Lange stand das Śiyo-Mädchen verwirrt da, nicht durch die Frau, sondern durch das, was sie ihr mitgeteilt hatte. Als sie dann weiterging, wandte sie sich in Richtung ihres elterlichen Wigwams. Dort wird sie ihre Sachen zusammenpacken, aber bevor sie zu diesem Mann Tabloka geht, wird sie eine alte Seherin aufsuchen. Hier wird sie um ein Weiß-Halm Getränk bitten und sich hinterher in den duftenden Rauch von den brennenden Spitzen eben dieser Gräser stellen. Um auf diese Weise sicherzustellen, daß nie ein Kind für Tabloka in ihr wachsen und sie nie Mutter eines Kindes weder von ihm noch von einem anderen Mann werden wird.

Die Frau mit dem verhüllten Kopf kehrte zurück zu dem Lagerplatz, auf dem die Kuya ihre Wigwams hatten; Wiyukcan Mani wird ihr wegen ihrer kurzen Abwesenheit kaum Vorwürfe machen. Hinziwin verließ jetzt selten die Unterkunft, was Iśnas Familie auch wußte; warum ihr strähniges Haar und ihr verändertes Gesicht sehen lassen, ein Gesicht, das der Mahto-Häuptling einst hübsch nannte, sehr hübsch.

Tacincala lächelte zu ihrer Mutter hin. »Ich bin gewählt worden«, sagte sie leise, »als eine der vier, die den Wambli-Tanz vorführen.« Freude spiegelte sich in dem Gesicht der jungen Frau. »Sie baten mich, die Schritte zu üben. So halte ich dabei die Arme ...« – sie streckte die Arme nach beiden Seiten in Schulterhöhe aus – »und so fliege ich ...« Sie bückte sich anmutig, tauchte vor und ahmte so das Kreisen des Wambli-Vogels nach.

Cankuna schaute beifällig zu. Schon seit langem hatte sie Freude an Tacincalas ansprechendem Benehmen; hier, sagte sie sich, reift eine junge Frau heran, für die alle Flöten singen werden. Oder wird Tacincala zu Tabloka gehen, falls der Kiyuksa sie dazu auffordert? Es ist wahr, diese Tochter hat gesagt, daß sie eher sterben als zu dem Krieger gehen würde, aber sicher wird dieser alles tun, um ihrer Familie jede Unannehmlichkeit zu ersparen. Sie sagen, Tabloka hätte eine Śiyo-Frau genommen, die er an diesem Tag bei dem Keuschheits-Fest vor den Kopf stieß; acht Frauen, wahrscheinlich genug für einen Wigwam, und so wird der Kiyuksa sich niemals um Tacincala bemühen.

Die junge Tänzerin, als sie jetzt außerhalb des Wigwams eine Stimme hörte, trat hinaus. Cankuna folgte ihr, und beide hörten sie sich die Anweisungen der Rufer an, die in allen Lagern gleichzeitig dieselbe Botschaft verkündeten.

»Deckt, wenn die Sonne niedergeht, eure Feuer ab. Bedeckt bei Sonnenuntergang alle Feuer. Dann laden sie die geflügelten Mächte zu sich. Deckt eure Feuer ab und wohnt diesem Tanz bei.«

Tacincalas Augen glänzten vor Erregung. »Meine Mutter, zehn Personen singen, während ich und drei weitere Tänzerinnen den Wambli vorführen. Sie verwenden fünf Trommeln, jede mit einem anderen Ton. Und zwei Sänger bei jeder Trommel während dieses Tanzes.« Sie zog sanft am Gewand ihrer Mutter. »Ich geh jetzt. Komm mit zu der Unterkunft, wo die Seher auf ihre Tänzerinnen warten.«

Cankuna ging auf die ermunternden Blicke ein und begleitete ihre Tochter zu dem großen Wigwam, wo Wanaġi die vier unterwies, deren Tanz die Sonnenschau-Zeremonie eröffnen sollte. Sie schaute der Gruppe beim Üben zu, kehrte dann in ihre Unterkunft zurück und bekleidete sich mit einem neuen, sauberen Gewand. Und gewiß stimmte sie mit Tacincala darin überein, daß die alten Dakotah, als sie diese Zeremonie einführten, ein wundervolles Lied und einen ebenso schönen Tanz geschaffen hatten.

Die Sonne setzte sich jenseits all der abgedeckten Feuer auf die Erde, und das Volk, immer eifrigst bereit, einer anregenden und erneuernden Zeremonie beizuwohnen, wanderte zu dem Sonnenschau-Kreis.

Die Männer an den Trommeln schlugen mit den Griffen ihrer Schlegel auf die Ränder, und das Volk hörte eine Stimme, die der Stimme Wanaġis glich: »Geflügelte Macht, die dort lebt, wo die Sonne niedergeht, dir eignen zwei gute Tage. Gib mir einen.«

So begann der Seher das Aufforderungs-Lied.

Und während jetzt die vier jungen Frauen die schwebenden Bewegungen des großen Flügelschlägers tanzten, schickten die Trommler eine Stimme aus, die diese Geflügelten zur Sonnenschau einluden.

»Ye hey ya, ya hey ya«, sangen sie mit sich mischenden Stimmen.

»Wambli gleška«, sangen sie wie mit einer Stimme, »wana mahiyohi« – gefleckter Flügelschläger, der du zu mir kommst.

Der Seher fuhr fort und lud die geflügelte Macht aus allen Richtungen ein, an diesem Zeremoniell teilzunehmen. Und so wandte er sich an die geflügelte Macht in den Gräsern: »Onsimayayc« – ich befehlige eure Macht,- »oyate, nimkte wacin yelo« – das Volk soll leben.

Die Worte waren das Zeichen für alle Sonnenschauer, die sich jetzt in einer Prozession zu Ahblezas Vorbereitungs-Wigwam begaben.

Eine kurze Weile warteten die Sonnenschauer, aufgereckt und mit stolzen Augen, in der Mitte. Dann, als die Trommeln verstummten, brach jeder der Verpflichteten, begleitet von einem Wapiya, zu seinem eigenen Lager und dem besonderen Wigwam auf, den seine Gruppe für ihn als eine Unterkunft errichtet hatte, und in der er drei Tage bleiben wird, um dann seinen Platz am Sonnenpfahl einzunehmen.

Ahbleza wartete außerhalb des Hauptvorbereitungs-Wigwams, bis alle Sonnenschauer außer Sicht waren und die Menge sich zerstreut hatte. Er betrachtete die aufgedeckten und nun wieder aufflammenden Feuer. Und plötzlich ergriff ihn ein Staunen vor dem Mysterium der Flammen auf und unter der Erde. Doch jetzt spürte er sich am Arm berührt, und seine Augen wandten sich zurück zum Wigwam; Wanaġi, der die Eingangsklappe hochhielt, winkte ihn zurück ins Innere.

Leicht gebückt betrat Ahbleza den Wigwam. In seiner Hand hielt er ein Stück Haut, auf das er die Sonnenschau-Zeremonie zu zeichnen begonnen hatte. Sobald er diese Unterkunft wieder verließ, beabsichtigte er, sich jedes am Pfahl verwendete Symbol begreiflich zu machen und auf die Fragen: Warum der Pfahl? Warum die Folter? eine Antwort zu finden.

Auf seiner Suche nach der Wahrheit hatte er das Sonnenschauen als eine Möglichkeit gewählt, den geistigen Antrieb zu entdecken, aus dem heraus diese einigende Zeremonie ursprünglich verwirklicht worden war. Am Sonnenpfahl wird er den Sinn gewahr zu werden versuchen, der hinter den vielen in dieser wichtigen Zeremonie zusammenkommenden Ritualen steckt. Am Sonnenpfahl wird er dasjenige an seiner Jugend-Vision zu begreifen versuchen, was er noch nicht verstanden hat. Und voller Dankbarkeit, wie an dem Tag, an dem er das Gelübde ablegte, wird er zu dem Pfahl gehen, dankend dafür, daß er die Prüfungen überstand, daß das Band zwischen den Bruder-Freunden nicht zerriß, und danken auch wird er für alles empfangene Gute.

Jetzt aber stellte er sich eine Frage, die zu stellen ihm noch nie eingefallen war: danken, gewiß – aber wem?

CARLOS CASTANEDA

Die Lehren des Don Juan

Don Juan sprach selten offen über Mescalito. Jedesmal, wenn ich ihn danach fragte, wich er mir aus, aber immer sagte er genug, um einen Eindruck von Mescalito zu geben, einen Eindruck, der immer ein menschliches Wesen spiegelte. Mescalito war ein männliches Wesen, nicht nur wegen der zwingenden grammatischen Regel, die dem Wort den männlichen Artikel gibt, sondern auch wegen seiner beständigen Eigenschaften, Beschützer und Lehrer zu sein. Don Juan bestätigte diese Charakteristika in verschiedenen Formen, jedesmal wenn wir darüber sprachen.

Sonntag, 24. Dezember 1961

»Die *yerba del diablo* hat niemals jemanden beschützt. Sie ist nur da, um Macht zu geben. Mescalito dagegen ist sanft wie ein Baby.«

»Aber du hast gesagt, Mescalito sei manchmal erschreckend.«

»Natürlich ist er erschreckend, aber wenn du ihn einmal kennst, ist er sanft und gütig.«

»Wie zeigt er seine Güte?«

»Er ist ein Beschützer und Lehrer.«

»Wie beschützt er?«

»Du kannst ihn immer bei dir behalten, und er wird aufpassen, daß dir nichts Böses passiert.«

»Wie kannst du ihn immer bei dir behalten?«

»In einem kleinen Beutel, der mit einer Schnur unter deinem Arm oder dem Hals befestigt ist.«

»Hast du ihn bei dir?«

»Nein, aber ich habe einen Verbündeten. Doch andere Leute haben ihn bei sich.«

»Was lehrt er?«

»Er zeigt die Dinge und sagt dir, was sie sind (*enzeña las cosas y te dice lo que son*)!«

»Wie?«

»Du mußt es selbst sehen.«

Dienstag, 30. Januar 1962

»Was siehst du, wenn Mescalito dich mitnimmt, Don Juan?«

»Diese Dinge sind nichts für so ein Gespräch. Ich kann dir das nicht sagen.«

»Würde dir etwas Schlimmes passieren, wenn du es sagen würdest?«

»Mescalito ist ein Beschützer, ein sanfter, gütiger Beschützer; aber das bedeutet nicht, daß du dich über ihn lustig machen kannst. Da er ein gütiger Beschützer ist, kann er auch für die, die er nicht mag, der Schrecken selbst sein.«

»Ich will mich nicht über ihn lustig machen. Ich möchte nur wissen, was er andere Leute tun oder sehen läßt. Ich habe dir alles beschrieben, was Mescalito mich sehen ließ, Don Juan.«

»Mit dir ist es anders, vielleicht, weil du seine Wege nicht kennst. Seine Wege müssen dir gezeigt werden, so wie man einem Kind das Gehen zeigt.«

»Wie lange muß ich noch lernen?«

»Bis er selbst anfängt, dir verständlich zu sein.«

»Und dann?«

»Dann wirst du von allein verstehen. Du wirst mir nichts mehr erzählen müssen.«

»Kannst du mir wenigstens sagen, wohin Mescalito dich führt?«

»Darüber kann ich nicht sprechen.«

»Ich möchte nur wissen, ob es eine andere Welt gibt, in die er die Leute führt.«

»Ja, es gibt eine.«

»Ist es der Himmel?« (Das spanische Wort für Himmel ist *cielo*, aber das bedeutet auch Firmament.)

»Er führt dich durch das Firmament *(cielo)*.«
»Ich meine, ist es der Himmel (cielo), wo Gott ist?«
»Jetzt wirst du albern. Ich weiß nicht, wo Gott ist.«
»Ist Mescalito Gott – der einzige Gott? Oder ist er einer der Götter?«
»Er ist nur ein Beschützer und ein Lehrer. Er ist eine Macht.«
»Ist er eine Macht in uns selbst?«
»Nein. Mescalito hat nichts mit uns selbst zu tun. Er ist außerhalb von uns.«
»Dann muß jeder, der Mescalito nimmt, ihn in der gleichen Form sehen.«
»Nein, überhaupt nicht. Er ist nicht für jeden dasselbe.«

Donnerstag, 12. April 1962
»Warum erzählst du mir nicht mehr über Mescalito, Don Juan?«
»Es gibt nichts mehr zu erzählen.«
»Es muß Tausende von Dingen geben, die ich wissen sollte, bevor ich ihn wiedertreffe.«
»Nein. Vielleicht gibt es für dich nichts, was du wissen mußt. Wie ich dir schon gesagt habe, er ist nicht für jeden dasselbe.«
»Ich weiß, aber ich möchte immer noch wissen, wie andere über ihn denken.«
»Die Meinung derjenigen, die sich damit abgeben, über ihn zu sprechen, ist nicht viel wert. Du wirst sehen. Du wirst wahrscheinlich bis zu einem bestimmten Punkt über ihn sprechen, und von da an wirst du nie wieder etwas über ihn sagen.«
»Kannst du mir von deinen eigenen ersten Erlebnissen erzählen?«
»Wozu?«
»Dann werde ich wissen, wie ich mit Mescalito umgehen kann.«
»Du weißt schon mehr als ich. Du hast tatsächlich mit ihm

gespielt. Eines Tages wirst du sehen, wie gütig der Beschützer zu dir war. Ich bin sicher, daß er dir dies erste Mal viele, viele Dinge gesagt hat, aber du warst blind und taub.«

Sonnabend, 14. April 1962

»Nimmt Mescalito jede Gestalt an, wenn er sich zeigt?«
»Ja, jede Gestalt.«
»Welches sind denn die gewöhnlichsten Formen, die du kennst?«
»Es gibt keine gewöhnlichen Formen.«
»Meinst du, Don Juan, daß er in jeder Gestalt erscheint, auch denen, die ihn gut kennen?«
»Nein. Er erscheint denen in jeder Gestalt, die ihn nur ein wenig kennen, aber für jene, die ihn gut kennen, ist er immer derselbe.«
»Auf welche Art ist er derselbe?«
»Er erscheint ihnen manchmal als Mensch, so wie wir, oder als ein Licht. Nur als ein Licht.«
»Verändert Mescalito jemals seine gleichbleibende Gestalt für diejenigen, die ihn gut kennen?«
»Davon weiß ich nichts.«

Freitag, 6. Juli 1962

Don Juan und ich brachen am späten Sonnabendnachmittag des 23. Juni zu einer Fahrt auf. Er sagte, wir würden in den Gegenden von Chihuahua nach *honguitos* (Pilzen) suchen. Er sagte, es würde eine lange, schwierige Fahrt sein. Er hatte recht. Wir kamen am Mittwoch, dem 27. Juni, um 10 Uhr abends in einer kleinen Minenstadt im nördlichen Chihuahua an. Das Auto hatten wir am Ortsrand stehenlassen, und von dort gingen wir zum Haus seiner Freunde, einem Tarahumara-Indianer und seiner Frau. Dort schliefen wir.

Am nächsten Morgen weckte uns der Mann ungefähr um fünf. Er brachte uns Haferbrei und Bohnen. Er setzte sich zu uns und sprach, während wir aßen, mit Don Juan, aber er sagte nichts über unsere Fahrt.

Nach dem Frühstück füllte der Mann meine Feldflasche mit Wasser und legte zwei süße Brötchen in meinen Rucksack. Don Juan gab mir die Feldflasche, befestigte den Rucksack mit einer Schnur über seinen Schultern, dankte dem Mann für seine Freundlichkeit, und zu mir gewandt sagte er: »Es ist Zeit zu gehen.« Wir gingen ungefähr eine Meile auf der Landstraße. Dann kürzten wir durch die Felder ab, und in zwei Stunden waren wir am Fuß der Hügel südlich der Stadt. Wir erstiegen die leichten Hänge in südwestlicher Richtung. Als wir die steileren Hänge erreichten, änderte Don Juan die Richtung, und wir folgten einem hohen Tal nach Osten. Trotz seines vorgeschrittenen Alters legte Don Juan ein so unglaubliches Tempo vor, daß ich mittags schon völlig erschöpft war. Wir setzten uns, und er öffnete den Brotbeutel. »Du kannst alles essen, wenn du willst«, sagte er.

»Und du?«

»Ich bin nicht hungrig, und später brauchen wir das Essen nicht mehr.«

Ich war sehr müde und hungrig und nahm sein Angebot an. Ich glaubte, dies sei eine gute Zeit, über den Zweck unserer Fahrt zu sprechen und fragte ganz beiläufig: »Glaubst du, daß wir lange hierbleiben werden?«

»Wir sind hier, um etwas Mescalito zu sammeln. Wir werden bis morgen bleiben.«

»Wo ist Mescalito?«

»Hier überall.«

Viele herrliche Kakteenarten wuchsen überall in der Gegend, aber ich konnte keinen Peyote unter ihnen entdecken.

Wir begannen erneut zu klettern und kamen etwa um drei Uhr zu einem langen, schmalen Tal mit steilen Abhängen. Ich war seltsam erregt bei dem Gedanken, Peyote zu finden, den ich nie in seiner natürlichen Umgebung gesehen hatte. Wir gingen in das Tal, und nach ungefähr einhundertzwanzig Metern entdeckte ich plötzlich drei unverkennbare Peyotepflanzen. Sie wuchsen links vom Pfad einige Zentimeter über dem Boden vor mir. Sie sahen wie runde, grüne Rosen aus. Ich rannte auf sie zu und zeigte sie Don Juan.

Er beachtete mich nicht, drehte mir absichtlich den Rücken zu und ging weiter. Ich wußte, daß ich etwas Falsches getan hatte, und für den Rest des Nachmittags gingen wir schweigend, langsam der flachen Talsohle folgend, auf der kleine, scharfkantige Steine lagen. Wir bewegten uns zwischen Kakteen, scheuchten Scharen von Eidechsen auf und manchmal einen einsamen Vogel. Und ich ging an vielen Peyotepflanzen vorbei, ohne ein Wort zu sagen. Um sechs Uhr waren wir am Fuß des Gebirges angekommen, wo das Tal endete. Wir stiegen zu einem Grat. Don Juan ließ seinen Rucksack fallen und setzte sich.

Ich war wieder hungrig, aber wir hatten nichts übrig; ich schlug vor, den Mescalito zu pflücken und zur Stadt zurückzukehren. Er sah mich ärgerlich an und schnalzte mit den Lippen. Er sagte, wir würden die Nacht hier verbringen.

Wir saßen still. Links von uns war eine Felswand und rechts war das Tal, das wir gerade durchquert hatten. Es reichte ziemlich weit in die Ferne und schien breiter und nicht so flach, wie ich gedacht hatte. Von hier aus war es voller Hügel und Vorsprünge. »Morgen werden wir zurückgehen«, sagte Don Juan, ohne mich anzusehen und zeigte auf das Tal. »Wir werden einen Rückweg finden und ihn auf dem Weg durch die Felder pflücken. Das heißt, wir werden ihn nur pflücken, wenn er auf unserem Weg ist. *Er* wird uns finden und nicht umgekehrt. *Er* wird uns finden – wenn er es will.«

Don Juan lehnte sich mit dem Rücken gegen die Felswand, drehte seinen Kopf auf die Seite und sprach weiter, so als ob außer mir noch jemand da sei. »Noch etwas. Nur *ich* kann ihn pflücken. Du wirst vielleicht den Beutel tragen oder vor mir hergehen – das weiß ich noch nicht, aber morgen wirst du nicht so wie heute auf ihn zeigen!«

»Es tut mir leid, Don Juan.«
»Es ist schon gut. Du wußtest es ja nicht.«
»Hat dein Wohltäter dir all das über Mescalito beigebracht?«
»Nein! Niemand hat es mir beigebracht. Es war der Beschützer selbst, der mein Lehrer war.«
»Dann ist Mescalito wie eine Person, mit der du sprechen kannst?«
»Nein, das ist er nicht.«
»Wie lehrt er dann?«
Eine Weile sagte er nichts.
»Erinnerst du dich daran, als du mit ihm gespielt hast? Du hast doch verstanden, was er meinte, nicht wahr?«
»Ja!«
»So lehrt er. Damals wußtest du es nicht, aber wenn du auf ihn achtgegeben hättest, hätte er mit dir gesprochen.«
»Wann?«
»Als du ihn das erste Mal gesehen hast.«
Er schien sehr ärgerlich über meine Fragen. Ich sagte ihm, daß ich all das fragen müßte, weil ich alles, was möglich war, herausfinden wollte.
»Aber frag *mich* nicht!« Er lächelte böse. »Frag *ihn*. Wenn du ihn das nächste Mal siehst, frag ihn alles, was du wissen willst.«
»Dann *ist* Mescalito wie eine Person, mit der man sprechen kann ...«
Er ließ mich nicht ausreden. Er drehte sich um, hob die Feldflasche auf, kletterte von dem Felsvorsprung und verschwand hinter dem Felsen. Ich wollte nicht allein sein, und obwohl er mich nicht gebeten hatte mitzugehen, folgte ich ihm. Wir gingen ungefähr zweihundert Meter zu einem kleinen Bach. Er wusch sich Hände und Gesicht und füllte die Flasche. Er spülte mit dem Wasser seinen Mund, aber er trank nichts. Ich schöpfte mit den Händen etwas Wasser und trank, aber er hielt mich zurück und sagte, es sei unnötig zu trinken.

Er gab mir die Feldflasche und begann zu dem Felsvorsprung zurückzugehen. Als wir dort ankamen, setzten wir uns wieder mit dem Rücken zur Felswand und sahen auf das Tal. Ich fragte ihn, ob wir ein Feuer machen könnten. Er reagierte darauf, als sei es unvorstellbar, so etwas zu fragen. Er sagte, daß wir für diese Nacht Mescalitos Gäste seien und daß er uns warm halten würde. Es war bereits dunkel. Don Juan zog zwei dünne Baumwolldecken aus seinem Rucksack, warf nur eine in den Schoß, setzte sich mit gekreuzten Beinen und hängte sich die Decke über die Schulter. Unter uns war das dunkle Tal, und die Ränder verschwanden im Abendnebel.

Don Juan saß reglos dem Peyotefeld zugewandt. Ein gleichmäßiger Wind blies mir ins Gesicht.

»Die Dämmerung ist die Trennung zwischen den Welten«, sagte er leise, ohne mich anzusehen.

Ich fragte nicht, was er damit meinte. Meine Augen wurden müde. Plötzlich fühlte ich mich erregt; ich hatte ein merkwürdiges, überwältigendes Verlangen zu weinen!

Ich legte mich auf den Bauch; der Felsboden war hart und unbequem, und ich mußte mich alle paar Minuten wieder umdrehen. Schließlich setzte ich mich auf, kreuzte die Beine und legte die Decke über die Schultern. Zu meinem Erstaunen war diese Stellung äußerst bequem, und ich schlief ein.

Als ich aufwachte, hörte ich Don Juan zu mir sprechen. Es war sehr dunkel. Ich konnte ihn kaum sehen. Ich verstand nicht, was er sagte, aber ich folgte ihm, als er von dem Felsvorsprung herunterkletterte. Wir bewegten uns vorsichtig, oder jedenfalls ich bewegte mich wegen der Dunkelheit vorsichtig. Am Fuß der Felswand blieben wir stehen. Don Juan setzte sich und gab mir ein Zeichen, mich links neben ihn zu setzen. Er öffnete sein Hemd und nahm einen Lederbeutel heraus, den er aufband und vor sich auf den Boden legte. Er enthielt einige getrocknete Peyote-*buttons*.

Nach langer Zeit nahm er einen der *buttons* auf. Er hielt

ihn in seiner rechten Hand und rieb ihn mehrmals zwischen Daumen und Zeigefinger, während er leise sang. Plötzlich stieß er einen ungeheuren Schrei aus.

»Ahiiiii!«

Es war gespenstisch, unerwartet. Er erschreckte mich. Verschwommen sah ich, wie er den Peyote-*button* in seinen Mund nahm und zu kauen begann. Einen Augenblick später nahm er den ganzen Beutel, beugte sich zu mir und flüsterte mir zu, daß ich den Sack nehmen, einen Mescalito aussuchen, den Sack wieder vor uns legen und es ihm gleichtun sollte.

Ich nahm einen Peyote-*button* heraus und rieb ihn, wie er es getan hatte. Er sang die ganze Zeit und wiegte sich hin und her. Ich versuchte mehrere Male, den *button* in den Mund zu nehmen, aber ich war zu verwirrt, um zu schreien. Dann kam wie in einem Traum ein unglaublicher Schrei aus mir: Ahiiii! Einen Augenblick glaubte ich, es sei jemand anders. Wieder fühlte ich die Wirkung eines nervösen Schocks in meinem Magen. Ich fiel nach hinten. Mir wurde schwindlig. Ich nahm den Peyote-*button* in den Mund und kaute ihn. Nach einer Weile nahm Don Juan einen anderen aus dem Beutel. Ich war erleichtert, als ich sah, daß er ihn nach kurzem Gesang in den Mund nahm. Er gab mir den Beutel, und nachdem ich einen *button* genommen hatte, legte ich ihn wieder vor uns hin. Dieser Zyklus wiederholte sich fünf Mal, bevor ich Durst spürte. Ich nahm die Feldflasche, um zu trinken, aber Don Juan sagte mir, ich solle nur meinen Mund auswaschen und nichts trinken, sonst müßte ich mich übergeben. Ich spülte meinen Mund wiederholt mit Wasser. In einem bestimmten Augenblick war das Trinken eine schreckliche Versuchung, und ich schluckte etwas Wasser. Augenblicklich zog sich mein Magen zusammen. Ich erwartete ein schmerzloses und leichtes Fließen von Flüssigkeit aus meinem Mund, so wie bei meinem ersten Peyote-Erlebnis, aber zu meinem Erstaunen hatte ich nur das Gefühl des Erbrechens. Es dauerte jedoch nicht lange.

Don Juan nahm einen neuen *button*, gab mir den Beutel, und der Zyklus wurde erneuert und wiederholt, bis ich vierzehn *buttons* gekaut hatte. Dann waren all meine ersten Empfindungen von Durst, Kälte und Unbehagen verschwunden. Statt dessen verspürte ich ein unbekanntes Gefühl von Wärme und Erregung. Ich nahm die Flasche, um meinen Mund zu erfrischen, aber sie war leer.

»Können wir zum Bach gehen, Don Juan?«

Der Klang meiner Stimme drang nicht heraus, sondern traf auf den Gaumen, sprang in meine Kehle zurück und hallte zwischen Gaumen und Kehle wider. Das Echo war sanft und melodisch, es schien Flügel zu haben, die in meiner Kehle schlugen. Ihre Berührung besänftigte mich. Ich folgte ihren Schwingungen, bis es verschwunden war.

Ich wiederholte die Frage. Meine Stimme klang, als spräche ich in einem Gewölbe.

Don Juan antwortete nicht. Ich stand auf und drehte mich in die Richtung des Baches. Ich sah ihn an, um zu erfahren, ob er mitkäme, aber er schien aufmerksam auf etwas zu lauschen.

Mit einem eindringlichen Zeichen der Hand bedeutete er mir, still zu sein. »Abuhtol (?) ist schon hier!« sagte er.

Ich hatte dieses Wort noch nie zuvor gehört, und ich überlegte, ob ich danach fragen sollte, als ich ein Geräusch bemerkte, das wie ein Summen in meinen Ohren war. Das Geräusch wurde ständig lauter, bis es wie die Vibration einer gewaltigen Rassel war. Es blieb einen kurzen Augenblick und nahm allmählich ab, bis alles wieder still war. Ich zitterte so stark, daß ich kaum stehen konnte, und doch waren meine Gedanken klar. Einige Minuten davor war mir schwindelig gewesen, doch war dieses Gefühl ganz einem Zustand äußerster Klarheit gewichen. Das Geräusch erinnerte mich an einen Science-fiction-Film, in dem eine riesige Biene mit ihren Flügeln schlagend aus einer atomaren Strahlungszone kommt. Ich lachte über den Gedanken. Ich sah Don Juan in seine entspannte Haltung zurückfallen. Und plötzlich näherte sich mir das Bild der riesigen Biene wieder. Es war wirklicher als gewöhnliche Gedanken. Ich sah es allein, umgeben von außergewöhnlicher Klarheit. Alles andere war aus meinen Gedanken gedrängt. Dieser Zustand geistiger Klarheit, der ohne Beispiel in meinem Leben war, erzeugte einen neuen Augenblick der Angst.

Ich begann zu schwitzen. Ich beugte mich zu Don Juan, um ihm zu sagen, daß ich Angst hatte. Sein Gesicht war nur einige Zentimeter von meinem entfernt. Er sah mich an, aber seine Augen waren die Augen einer Biene. Sie sahen wie runde Gläser aus, die ihr eigenes Licht in der Dunkelheit hatten. Seine Lippen waren vorgeschoben und machten ein plapperndes Geräusch: »Pehtu-peh-tu-pet-tuh«. Ich sprang zurück und wäre fast an die Felswand gestoßen. Scheinbar endlos lange spürte ich unerträgliche Furcht. Ich schluchzte und wimmerte. Der Schweiß war auf meiner Haut gefroren, und ich fühlte eine quälende Steifheit. Dann hörte ich Don Juans Stimme: »Steh auf! Beweg dich! Steh auf!«

Das Bild verschwand, und ich konnte wieder sein vertrautes Gesicht sehen. »Ich hole etwas Wasser«, sagte ich nach einem neuen, endlosen Augenblick. Meine Stimme schlug um. Ich konnte die Worte kaum aussprechen. Don Juan nickte. Während ich wegging, merkte ich, daß meine Furcht genauso schnell und geheimnisvoll verschwand, wie sie gekommen war.

Als ich dem Bach näher kam, merkte ich, daß ich jedes Ding auf dem Weg sehen konnte. Ich dachte daran, daß ich Don Juan grade deutlich gesehen hatte, während ich vorher kaum die Umrisse seines Körpers erkennen konnte. Ich blieb stehen und sah in die Ferne, und ich konnte sogar über das ganze Tal hinwegsehen. Einige Felsen auf der anderen Seite waren deutlich erkennbar. Ich glaubte, es sei früher Morgen, aber mir fiel ein, daß ich vielleicht die Zeitorientierung verloren hatte. Ich sah auf meine Uhr. Es war zehn vor Zwölf! Ich prüfte die Uhr, um zu sehen, ob sie ging. Es konnte nicht Mittag sein; also mußte es Mitternacht sein! Ich wollte schnell zum Wasser und dann zu den Felsen zurück, aber ich sah Don Juan herunterkommen und wartete auf ihn. Ich sagte ihm, daß ich durch das Dunkel sehen konnte.

Er starrte mich lange an, ohne ein Wort zu sagen; falls er etwas gesagt hatte, hörte ich ihn vielleicht nicht, denn ich konzentrierte mich auf meine neue, einzigartige Fähigkeit, durch das Dunkel zu sehen. Ich konnte die kleinsten Kiesel im Sand erkennen. Für Augenblicke war alles so klar, daß es früh am Morgen oder Dämmerung zu sein schien. Dann wurde es dunkel; dann wurde es wieder hell. Bald bemerkte ich, daß die Helligkeit der Diastole meines Herzens entsprach und die Dunkelheit seiner Systole. Die Welt veränderte sich von hell zu dunkel und wieder zu hell mit jedem Schlag meines Herzens.

Ich war in diese Entdeckung vertieft, als das gleiche merkwürdige Geräusch, das ich zuvor gehört hatte, wieder hörbar wurde. Meine Muskeln verkrampften sich.

»Anuhctal (so verstand ich das Wort diesmal) ist hier«, sagte Don Juan. Das Brüllen kam mir so donnernd, so überwältigend vor, daß alles andere nicht zählte. Als es verklungen war, entdeckte ich plötzlich, daß das Wasser zugenommen hatte. Der Bach, der grade vor einer Minute nur fußbreit gewesen war, dehnte sich zu einem gewaltigen See aus. Licht, das aus der Höhe über ihm zu kommen schien, berührte die Oberfläche so, als schiene es durch dichtes Laubwerk. Von Zeit zu Zeit glitzerte das Wasser golden und schwarz für eine Sekunde. Dann blieb es dunkel, lichtlos, kaum sichtbar und doch seltsam gegenwärtig.

Ich weiß nicht mehr, wie lange ich dort einfach nur zusehend am Ufer des schwarzen Sees kauerte. Das Gebrüll mußte langsam verklungen sein, denn was mich zurückriß (in die Wirklichkeit?), war wieder ein schreckliches Summen. Ich drehte mich nach Don Juan um. Ich sah ihn hinaufklettern und hinter dem Felsvorsprung verschwinden. Doch das Gefühl, allein zu sein störte mich überhaupt nicht. Ich kauerte dort in einem Zustand von Hingabe und völligem Vertrauen. Wieder wurde das Gebrüll hörbar; es war eindringlich wie das Geräusch eines hohen Windes. Ich hörte ihm so aufmerksam wie möglich zu und konnte eine bestimmte Melodie erkennen. Es war eine Verbindung hoher Töne wie menschliche Stimmen, die von einer tiefen Baßtrommel begleitet wurden. Ich richtete meine ganze Aufmerksamkeit auf die Melodie, und wieder bemerkte ich, daß die Systole und Diastole meines Herzens mit dem Klang der Baßtrommel und der musikalischen Figur übereinstimmten.

Ich stand auf, und die Melodie verstummte. Ich versuchte, auf meinen Herzschlag zu hören, aber ich spürte ihn nicht. Ich kauerte mich wieder hin, weil ich glaubte, daß vielleicht meine Körperhaltung die Klänge bewirkt oder verursacht hatte! Aber nichts geschah! Nicht ein Klang! Nicht einmal von meinem Herzen! Ich glaubte genug zu haben, aber als ich aufstand, um zu gehen, fühlte ich einen Erdstoß. Der Boden unter meinen Füßen zitterte, ich verlor das Gleichgewicht. Ich fiel nach hinten und blieb auf dem Rücken liegen, während die Erde bebte. Ich versuchte, mich an einem Felsen oder einer Pflanze zu halten, aber etwas unter mir rutschte. Ich sprang auf, stand einen Augenblick und fiel wieder hin. Der Boden, auf dem ich saß, bewegte sich, glitt wie ein Floß in das Wasser. Ich blieb reglos, überwältigt von Schrecken, der, wie alles andere auch, einzigartig, ununterbrochen und vollkommen war.

Ich bewegte mich auf einem Stück Boden, das wie ein Baumstamm aus Erde aussah, durch das Wasser des schwarzen Sees. Ich hatte das Gefühl, von der Strömung in südlicher Richtung getragen zu werden. Ich konnte sehen, wie sich das Wasser um mich bewegte und strudelte. Es fühlte sich kalt und merkwürdig schwer an. Ich glaubte, es lebte.

Es gab keine erkennbaren Ufer oder Landzeichen, und ich kann mich nicht an die Gedanken oder Gefühle auf dieser merkwürdigen Reise erinnern. Stunden des Umhertreibens schienen vergangen, als mein Floß eine Drehung im rechten Winkel nach links, nach Osten machte. Eine kurze Strecke glitt es weiter auf dem Wasser, bis es unerwartet auf etwas stieß. Die Wucht warf mich nach vorn. Ich schloß die Augen und spürte einen stechenden Schmerz, als meine Knie und meine ausgestreckten Arme den Boden trafen. Nach einem Augenblick sah ich auf. Ich lag auf dem Sand. Es war, als hätte sich mein steinerner Stamm mit dem Land vereint. Ich setzte mich auf und drehte mich um. Das Wasser wich zurück. Es bewegte sich rückwärts wie eine sich zurückziehende Welle, bis es verschwand.

Lange saß ich dort und versuchte, meine Gedanken zu sammeln und all das, was geschehen war, in einen klaren Zusammenhang zu bringen. Mein ganzer Körper schmerzte. Meine Kehle fühlte sich wie eine offene Wunde an; ich hatte mir auf die Lippen gebissen, als ich »landete«. Ich stand auf. Im Wind spürte ich die Kälte. Meine Kleider waren naß. Meine Hände, mein Kiefer und die Knie zitterten so stark, daß ich mich wieder hinlegen mußte. Schweißtropfen liefen mir in die Augen und brannten, bis ich vor Schmerz schrie.

Nach einer Weile hatte ich wieder etwas Kraft und stand auf. Um mich herum war alles klar im dunklen Zwielicht. Ich ging ein paar Schritte. Ein deutlicher Klang vieler menschlicher Stimmen drang zu mir. Sie schienen laut zu sprechen. Ich folgte dem Klang; ich ging ungefähr dreißig Meter und konnte plötzlich nicht weiter. Ich hatte eine Sackgasse erreicht. Der Ort, an dem ich stand, war ein Kral, den riesige Felsen geformt hatten. Ich konnte eine weitere Felsenreihe erkennen, und dann noch eine und noch eine, bis sie in das Gebirge selbst übergingen. Aus ihnen kam die herrlichste Musik. Es war ein fließender, ununterbrochener, unheimlicher Strom von Klängen.

Am Fuß eines Felsens sah ich einen Mann auf dem Boden sitzen; sein Gesicht war im Profil zu sehen. Ich näherte mich ihm bis auf ungefähr drei Meter; dann drehte er den Kopf und sah mich an. Ich blieb stehen – seine Augen waren das Wasser, das ich grade gesehen hatte! Sie hatten die gleiche, gewaltige Größe, das Glitzern von Gold und Schwarz. Sein Kopf war spitz wie eine Erdbeere; seine Haut war grün, von unzähligen Warzen übersät. Bis auf seine spitze Form war sein Kopf genau wie die Oberfläche einer Peyote-Pflanze. Ich stand vor ihm und starrte ihn an; ich konnte meine Augen nicht von ihm wenden. Ich fühlte, daß er mit dem Gewicht seiner Augen absichtlich auf meine Brust drückte. Ich bekam keine Luft. Ich verlor das Gleichgewicht und fiel zu Boden. Seine Augen wandten sich ab. Ich hörte ihn mit mir reden. Zuerst war seine Stimme wie das sanfte Rascheln einer leichten Brise. Dann hörte ich sie als Musik – als Melodie von Stimmen – und ich »wußte«, sie sagte, »was willst du?« Ich kniete vor ihm, sprach über mein Leben und weinte. Er sah mich wieder an. Ich fühlte, daß seine Augen mich forttrugen, und ich glaubte, dieser Augenblick würde der Augenblick meines Todes sein. Er gab nur ein Zeichen, näher zu kommen. Ich schwankte für einen Augenblick, bevor ich einen Schritt vorwärts machte. Während ich näherkam, wandte er seine Augen von mir ab und zeigte mir seinen Handrücken. Die Melodie sagte »sieh!«. In der Mitte seiner Hand war ein rundes Loch. »Sieh!« sagte die Melodie wieder. Ich sah in das Loch und sah mich selbst. Ich war sehr alt und schwach und lief gebückt, und helle Funken flogen überall um mich herum. Dann trafen mich drei der Funken, zwei in den Kopf und einer in die linke Schulter. Mein Körper in dem Loch richtete sich für einen Augenblick auf, bis er ganz grade war, und verschwand dann zusammen mit dem Loch.

Mescalitos Augen sahen mich wieder an. Sie waren so nahe, daß ich sie sanft rollen »hörte« mit dem sonderbaren Klang, den ich so oft in dieser Nacht gehört hatte. Allmählich beruhigten sie sich, bis sie einem stillen See glichen, der von goldenen und schwarzen Blitzen gekräuselt wurde.

Noch einmal wandte er seine Augen von mir und sprang wie ein Grashüpfer vielleicht fünfzig Meter weit. Er sprang wieder und wieder und war verschwunden. Dann erinnere ich mich, daß ich lief. Klar denkend versuchte ich Markierungspunkte zu erkennen, auch Berge in der Ferne, um mich zurechtzufinden. Während des ganzen Erlebnisses hatten mich Himmelsrichtungen verfolgt, und ich glaubte, daß Norden links von mir sein müßte. Ich ging ziemlich lange in diese Richtung, bevor ich merkte, daß es Tag war und daß ich nicht länger »meine Nachtvision« gebrauchte. Mir fiel ein, daß ich eine Uhr hatte, und ich sah nach, wie spät es war. Es war acht Uhr.

Es war ungefähr zehn, als ich zu dem Felsvorsprung kam, wo ich in der letzten Nacht gewesen war. Don Juan lag auf dem Boden. »Wo bist du gewesen?« fragte er.

Ich setzte mich, um Luft zu holen.

Nach einem langen Schweigen fragte er: »Hast du ihn gesehen?« Ich begann ihm meine Erlebnisse der Reihe nach zu erzählen, aber er unterbrach mich und sagte, wichtig sei nur, ob ich ihn gesehen hätte oder nicht. Er fragte mich, wie nahe Mescalito an mich herangekommen war. Ich sagte ihm, daß ich ihn fast berührt hatte.

Dieser Teil meiner Geschichte interessierte ihn. Er hörte jeder Einzelheit, ohne etwas zu sagen, aufmerksam zu und unterbrach mich nur, um Fragen zu stellen über die Art des Wesens, das ich gesehen hatte, über seine Charakteristika und über andere Einzelheiten. Es war ungefähr Mittag, als Don Juan von meiner Geschichte genug zu wissen schien. Er stand auf und band mir einen Leinenbeutel um die Brust; er sagte mir, ich solle hinter ihm gehen, und er würde Mescalito schneiden, und ich müßte ihn mit den Händen entgegennehmen und ihn sanft in den Beutel legen.

Wir tranken etwas Wasser und gingen los. Als wir den Rand des Tals erreichten, schien er einen Augenblick über die Richtung unsicher. Als er sich entschieden hatte, folgten wir einer graden Linie.

Jedesmal, wenn wir zu einer Peyote-Pflanze kamen, kniete er vor ihr nieder und schnitt mit einem kurzen, gezackten Messer sorgfältig die Spitze ab. Er machte in Bodenhöhe einen Einschnitt und streute auf die »Wunde«, wie er sie nannte, reinen Schwefelpuder, den er in einem Lederbeutel bei sich hatte. Er hielt den frischen *button* in der linken Hand und streute den Puder mit der rechten Hand. Dann stand er auf und gab mir den *button*, den ich, so wie er mir gesagt hatte, mit beiden Händen entgegennahm und in den Beutel legte. »Steh grade und laß den Beutel nicht auf den Boden oder an die Büsche oder sonst irgendwas kommen«, sagte er wiederholt, als glaubte er, ich würde es vergessen.

Wir sammelten fünfundsechzig *buttons*. Als der Beutel ganz voll war, band er ihn mir auf den Rücken und befestigte einen neuen auf meiner Brust. Als wir das Plateau überquert hatten, hatten wir zwei volle Säcke mit einhundertzehn Peyote-*buttons*. Die Beutel waren so schwer und prall, daß ich unter all dem Gewicht und der Masse kaum gehen konnte.

Don Juan flüsterte mir zu, daß die Beutel schwer seien, weil Mescalito zur Erde zurückkehren wolle. Er sagte, die Trauer Mescalitos, der sein Zuhause verließ, mache sie schwer; meine wirkliche Aufgabe war es, die Beutel nicht den Boden berühren zu lassen, denn wenn es passierte, würde Mescalito mir nie wieder erlauben, ihn zu nehmen.

In einem bestimmten Augenblick wurde der Druck der Gurte auf den Schultern unerträglich. Etwas übte gewaltige Kraft aus, um mich auf den Boden zu ziehen. Ich fürchtete mich sehr. Ich bemerkte, daß ich schneller ging, ja beinahe rannte; irgendwie trottete ich hinter Don Juan her.

Plötzlich verringerte sich das Gewicht auf Rücken und Brust. Die Last wurde locker und leicht. Ich rannte unbeschwert, um Don Juan einzuholen, der vor mir war. Ich sagte ihm, daß ich das Gewicht nicht mehr spürte. Er erklärte mir, daß wir Mescalitos Zuhause bereits verlassen hätten.

Dienstag, 3. Juli 1962

»Ich glaube, Mescalito hat dich fast angenommen«, sagte Don Juan.

»Warum sagst du, er hat mich *fast* angenommen, Don Juan?«

»Er hat dich nicht getötet, dich nicht einmal verletzt. Er hat dich ganz schön erschreckt, aber nicht wirklich schlimm. Wenn er dich überhaupt nicht angenommen hätte, wäre er dir ungeheuer und voller Zorn erschienen. Einige Leute haben die Bedeutung des Schreckens erlebt, als sie ihm begegneten und von ihm nicht angenommen wurden.«

»Wenn er so schrecklich ist, warum hast du mir dann nicht davon erzählt, bevor du mich zum Feld mitnahmst?«

»Du hast nicht den Mut, ihn absichtlich zu suchen. Ich dachte, es sei besser, wenn du es nicht wüßtest.«

»Aber ich hätte vielleicht sterben können, Don Juan!«

»Ja, das ist möglich. Aber ich war sicher, daß alles gut ausgehen würde für dich. Er hat einmal mit dir gespielt. Er hat dich nicht verletzt. Ich dachte, er würde auch diesmal Mitgefühl mit dir haben.«

Ich fragte ihn, ob er wirklich glaube, daß Mescalito Mitgefühl mit mir gehabt hatte. Das Erlebnis war so erschreckend gewesen; ich fühlte, daß ich fast vor Furcht gestorben wäre.

Er sagte, daß Mescalito äußerst gütig zu mir gewesen sei; er hätte mir ein Bild gezeigt, das eine Antwort auf eine Frage war. Don Juan sagte, Mescalito hätte mir eine Lehre erteilt. Ich fragte ihn, was die Lehre sei und was sie bedeutete. Er sagte, es sei unmöglich, diese Frage zu beantworten, weil ich mich zu sehr gefürchtet hatte, um genau zu wissen, was ich Mescalito fragte. Don Juan drängte – ich sollte mich erinnern, was ich Mescalito gesagt hatte, bevor er mir das Bild auf seiner Hand zeigte. Aber ich konnte mich nicht erinnern. Ich wußte nur noch, daß ich auf die Knie gefallen war und ihm »meine Sünden gebeichtet« hatte. Don Juan schien nicht weiter interessiert, darüber zu sprechen. Ich fragte ihn:

»Kannst du mir die Worte des Liedes beibringen, das du gesungen hast?«

»Nein, das kann ich nicht. Diese Worte gehören mir, der Beschützer selbst hat sie mir beigebracht. Die Lieder sind *meine* Lieder. Ich kann dir nicht sagen, was sie sind.«

»Warum kannst du es mir nicht sagen, Don Juan?«

»Weil diese Lieder eine Verbindung zwischen dem Beschützer und mir sind. Ich bin sicher, daß er dich eines Tages deine eigenen Lieder lehren wird. Warte darauf; und niemals, wirklich niemals ahme die Lieder nach, die einem anderen Mann gehören; und frage niemals nach ihnen.«

»Was war das für ein Name, den du gerufen hast? Kannst du mir das sagen, Don Juan?«

»Nein. Sein Name darf niemals ausgesprochen werden, außer wenn man ihn ruft.«

»Was ist, wenn ich ihn selbst rufen will?«

»Wenn er dich eines Tages annimmt, wird er dir seinen Namen sagen. Dieser Name wird nur zu deinem eigenen Gebrauch sein, entweder, um ihn laut zu rufen oder um ihn dir leise vorzusprechen. Vielleicht wird er dir sagen, sein Name sei José. Wer weiß?«

»Warum ist es falsch, seinen Namen zu nennen, wenn man über ihn spricht?«

»Du hast doch seine Augen gesehen, nicht wahr? Du kannst mit dem Beschützer nicht herumspielen. Darum kann ich ja nicht begreifen, daß er sich entschloß, mit dir zu spielen!«

»Wie kann er ein Beschützer sein, wenn er manche Leute verletzt?«

»Die Antwort ist sehr einfach. Mescalito ist ein Beschützer, weil er für jeden, der ihn sucht, erreichbar ist.«

»Aber stimmt es nicht auch, daß alles in der Welt erreichbar ist, für jeden, der es sucht?«

»Nein, das ist nicht wahr. Die verbündeten Mächte sind nur den *brujos* erreichbar, aber jeder kann an Mescalito teilhaben.«

»Aber warum verletzt er dann manche Leute?«

»Nicht jeden mag Mescalito; und doch suchen sie ihn alle in der Vorstellung, von ihm zu profitieren, ohne etwas zu tun. Natürlich ist ihre Begegnung mit ihm jedesmal erschreckend.«

»Was geschieht, wenn er einen Mann vollständig annimmt?«

»Er erscheint ihm als ein Mann oder als ein Licht. Wenn ein Mann auf diese Weise angenommen wird, bleibt Mescalito derselbe. Danach verändert er sich nie. Vielleicht wird er, wenn du ihn das nächste Mal triffst, ein Licht sein, und eines Tages fliegt er vielleicht mit dir und zeigt dir all seine Geheimnisse.«

»Was muß ich tun, um bis zu diesem Punkt zu kommen, Don Juan?«

»Du mußt stark sein, und dein Leben muß ehrlich sein.«

»Was ist ein ehrliches Leben?«

»Ein aufmerksames, ein gutes, starkes Leben.«

Die Autoren

Schwarzer Hirsch war ein heiliger Mann der Lakota-Indianer. Er erlebte den Untergang seins Volkes und berichtete dem Historiker John G. Neihardt von der Kultur und dem religiösen Leben seines Volkes.

John Lame Deer wurde Anfang des 20. Jahrhunderts auf der Rosebud Reservation in South Dakota geboren. Er erlebte die Unterdrückung der Indianer aus nächster Nähe. Dem Schriftsteller Richard Erdoes erzählte er sein Leben.

Mari Sandoz schuf den Prärieindianern mit ihren Sachbüchern und Romanen ein bleibendes Denkmal. Ihr Roman »Cheyenne Autumn« wurde von John Ford verfilmt. Ihre Bücher wurden mit zahlreichen Preisen ausgezeichnet.

Thomas Jeier beschäftigt sich seit vielen Jahren mit der Kultur der nordamerikanischen Indianer. Sein Roman »Das Lied der Cheyenne« wurde zu einem Standardwerk der modernen Abenteuerliteratur. Er wurde für seine Bücher mehrfach ausgezeichnet und vom amerikanischen Fernsehen als »bester Kenner des amerikanischen Westens« gelobt.

Walter Hansen brachte die Originalberichte des Prinzen Maximilian zu Wied in eine lesbare Form. Der Prinz bereiste das Indianerland zwischen 1832 und 1834 und schuf ein Standardwerk, das auch Karl May als Vorlage diente.

Amina Agischewa, geboren 1922 in Nordostchina als Kind tatarischer Eltern, übersiedelte 1960 nach Deutschland. Ihr Hauptinteresse gilt der Welt der Mythen, Sagen und Legenden der nordamerikanischen und fernöstlichen Völker.

Adolf Hungry Wolf wurde in Deutschland geboren und war so von der fremden Welt der Indianer fasziniert, daß er zu den Blood-Indianern in Kanada auswanderte und von einem indianischen Lehrmeister in die Geheimnisse der Natur eingeweiht wurde. In späteren Jahren wurde er zum Hüter der heiligen Pfeile ernannt.

Will Henry hieß eigentlich Henry Wilson Allen und gehörte zu den bekanntesten und erfolgreichsten Westernautoren der USA. Viele seiner Bücher wurden verfilmt und erhielten begehrte Auszeichnungen. Seine Indianergeschichten sind so authentisch, daß er von einigen Lesern für einen Indianer gehalten wurde.

James Fenimore Cooper wurde mit seinen »Lederstrumpf«-Geschichten weltberühmt und zeichnete als einer der ersten Autoren das Bild vom edlen Wilden. Er wuchs im späten 18. Jahrhundert auf und beschrieb die Indianer- und Kolonialkriege aus eigener Anschauung.

Thomas Berger stammt aus Ohio und wurde mit seinem Roman »Little Big Man« weltberühmt. Das Buch wurde mit Preisen des National Institute of Arts and Letters und der Western Heritage Foundation ausgezeichnet und mit Dustin Hoffman in der Titelrolle verfilmt.

Dorothy M. Johnson wurde durch »Ein Mann, den sie Pferd nannten« und »Der Galgenbaum« berühmt, die beide erfolgreich verfilmt wurden. Mit ihren Kurzgeschichten korrigierte sie das falsche Indianerbild der meisten Westernautoren bereits in den fünfziger Jahren.

Ruth Beebe Hill beschäftigte sich intensiv mit der Geschichte und Kultur der nordamerikanischen Indianer. Ihre Saga »Hanta Yo« zeichnet sich durch große Detailtreue aus. Sie wurde von dem Dakota-Indianer Chunksa Yuha beraten.

Carlos Castaneda, Ethnologe und Anthropologe, freundete sich Anfang der siebziger Jahre mit einem Schamanen der Yaqui-Indianer an und erforschte eine neue Dimension des Wissens. Seine Berichte wurden von der Hippie-Generation zu Kultbüchern erhoben.

Quellenverzeichnis

AMINA AGISCHEWA: *Auszug aus dem Kapitel »Die Stimme, die mich rief«* aus *Die heilige Büffelfrau*. Indianische Schöpfungsmythen, Hrsg. Agischewa/Schwarz. München 1995. Mit freundlicher Genehmigung des Kösel Verlags, München.

THOMAS BERGER: *Auszug aus Kapitel 6* aus *Little Big Man. Der letzte Held*. Übers. von Johannes Piron. Köln 1970, 1985. Mit freundlicher Genehmigung des Verlags Kiepenheuer & Witsch, Köln.

JAMES FENIMORE COOPER: *Kapitel 26* aus *Der Wildtöter*. Übers. Fritz Steuben. Würzburg 1991. Mit freundlicher Genehmigung des Arena Verlags, Würzburg.

CARLOS CASTANEDA: *Auszug: Kapitel 4* aus *Die Lehren des Don Juan*. Übers. Céline und Heiner Bastian. Frankfurt am Main 1972. Mit freundlicher Genehmigung der Paul & Peter Fritz AG, Zürich.

JOHN LAME DEER/RICHARD ERDOES: *Auszug: »Zu den Eulen und Schmetterlingen sprechen«* aus *Tahca Ushte – Medizinmann der Sioux*. Übers. Claus Biegert. München 1995. Mit freundlicher Genehmigung des Paul List Verlags, München.

WALTER HANSEN: *Auszug: Brauchtum, Mythen und Magie* aus *Die Reise des Prinzen Wied zu den Indianern*. Pfaffenhofen/Ilm 1977.

WILL HENRY: *Auszug* aus *Der lange Winter in Lapwai*. Übers. Hartmut Huff. München 1981.

RUTH BEEBE HILL: *Auszug: Kapitel 21, Drittes Buch* aus *Hanta Yo*. Übers. Kurt Heinrich Hansen. Hamburg 1980.

THOMAS JEIER: *Auszug: Kapitel 18 und 19 »Veho«* aus *Das Lied der Cheyenne*. München 1994. Mit freundlicher Genehmigung des Franz Schneekluth Verlags, München.

DOROTHY M. JOHNSON: *Bittere Medizin*, aus *18 Western-Stories*. Übers. Walter Brumm. München 1966.

MARI SANDOZ: *Auszug: Kapitel 2 »Die Adlergrube«* aus *Schreib es auf die Haut des Büffels*. Übers. Gisela Bischof-Elten. Rüschlikon/Zürich 1982. Copyright © der deutschen Übersetzung by Albert Müller Verlag, AG, Rüschlikon/Zürich.

SCHWARZER HIRSCH: *Auszug: »Das große Gesicht«* aus *Ich rufe mein Volk*. Übers. Siegfried Lang. Zürich/Düsseldorf, 1972. Mit freundlicher Genehmigung des Walter Verlags, Zürich/Düsseldorf.

ADOLF HUNGRY WOLF: *Auszug aus dem Kapitel »Ein alter Indianer erzählt«* aus *Vater Sonne, Mutter Erde*. Übers. Jochen Eggert. Bern, München, Wien 1984. Copyright © der deutschen Übersetzung by Scherz Verlag Bern, München, Wien. Mit freundlicher Genehmigung der Paul & Peter Fritz AG, Zürich.

Tania Blixen

Jenseits von Afrika

Tania Blixen, die große dänische Erzählerin, hat eines der lebendigsten und poetischsten Bücher verfaßt, das je über Afrika geschrieben wurde.

»... ein sehr konzentriertes Buch, wie ein Mythos.«
Doris Lessing

Gleichzeitig als lesefreundliche Großdruck-Ausgabe lieferbar:

21/1

01/8390

Heyne-Taschenbücher

W. & K. Gear

*Die großangelegte
Saga über
die Frühgeschichte
der Ureinwohner
Nordamerikas.*

*»... ein Lesevergnügen
ersten Ranges.«*
OBSERVER

Im Zeichen des Wolfes
01/8796

Das Volk des Feuers
01/9084

Das Volk der Erde
01/9610

Das Volk vom Fluß
01/9947

01/9947

Heyne-Taschenbücher

Große historische Romane

Eine Auswahl:

Tariq Ali
Im Schatten des Granatapfelbaums
Ein Roman aus dem maurischen Spanien
01/9405

01/10548

Michael Ennis
Die Herzogin von Mailand
01/9454

Colin Falconer
Die Sultanin
01/9925

George Herman
Die Straße der Gaukler
Ein Roman aus der italienischen Renaissance
01/9845

Ellen Jones
Die Königin und die Hure
01/10098

Dacia Maraini
Die stumme Herzogin
01/10021

Peter Motram
Myron
Ein Roman aus dem antiken Griechenland
01/9723

Mariella Righini
Die Florentinerin
01/10266

Stephen J. Rivelle
Der Kreuzritter
Das Tagebuch des Roger von Lunel
01/10548

Barry Unsworth
Das Sklavenschiff
01/9681

Heyne-Taschenbücher

Tariq Ali

Im Schatten
des Granat-
apfelbaums

Das maurische Spanien um 1500. »Eine wundervolle, sensibel geschriebene Lebensgeschichte... Tariq Ali ist ein Meister leiser Töne, ganz und gar unaufdringlich und ein spannender Erzähler.«
   SÜDDEUTSCHE ZEITUNG

Gleichzeitig als lesefreundliche Großdruck-Ausgabe lieferbar:

21/11

01/9405

Heyne-Taschenbücher